Revue

des

Langues Romanes

Tome CXVIII

---

année 2014

n° 2

Presses universitaires de la Méditerranée

REVUE

DES

LANGUES ROMANES

REVUE DES LANGUES ROMANES

*

La REVUE DES LANGUES ROMANES publie un tome annuel, numéroté en chiffres romains et livré en deux volumes.

*

Les ABONNEMENTS sont reçus pour une année, soit deux numéros.
Prix de l'abonnement pour 2014 :
Particuliers : 40 € – Prix à l'unité : 27 € – Libraires et institutions : 50 €.
Frais de port : – France : 9 € ; – Étranger : 10 €.

Le paiement peut se faire par chèque bancaire, chèque postal ou virement
TG10071 34000 00001003694 76
Le règlement est à adresser à M. le régisseur des recettes des PULM
Presses universitaires de la Méditerranée — PULM,
17 rue Abbé-de-l'Épée, F-34090 Montpellier (FRANCE)

Table des matières

pages

1. Le désir : ***or se cante, or se conte***

Études réunies par Francis DUBOST, Marcel FAURE & Francis GINGRAS

2. Varia

3. Critique

LE DÉSIR :

OR SE CANTE, OR SE CONTE

Études réunies par Francis DUBOST, Marcel FAURE &
Francis GINGRAS

Avant-propos

Même en réduisant le champ au Moyen Âge roman, la question de la représentation du désir conduit à explorer un vaste espace imaginaire qui couvre à peu près tous les genres littéraires, constitués ou naissants. Il a donc fallu opérer des choix, toujours discutables, tout en assurant à ce thème omniprésent une couverture aussi large que possible, dont ce propos introductif ne pourra qu'esquisser les contours. Inlassablement, nous devrions interroger les textes depuis les premiers troubadours jusqu'à Pétrarque ou Guillaume de Machaut son contemporain, et encore au-delà : des chansons de femmes aux ressassements du sombre Tristan, de l'ouverture tragique de l'*Énéas* au *Jehan de Saintré* où s'abîme le mythe de l'amour unique, en passant par les romans de Chrétien, quelques récits du XIIIe siècle, le *Lancelot-Graal*, le *Perlesvaus*, *Galeran de Bretagne*, *Sone de Nansay*, entre autres.

À prendre les choses avec du recul et dans leur plus grande généralité, en considérant également que la littérature médiévale n'a pas vocation à exprimer directement le réel social ni le réel intime, on pourrait distinguer six ensembles principaux qui cerneraient approximativement le champ du désir tel que le Moyen Âge a pu se le représenter. L'ordre de cette présentation correspond peu ou prou au degré d'élaboration de la pulsion élémentaire considérée comme le noyau du désir.

1) Le registre de la faim : le désir ou besoin de manger et de nourrir sa famille. Il concerne essentiellement le monde d'en bas, celui qui n'a jamais la parole. Sa figure littéraire emblématique est Renart, qui par ailleurs n'a rien du « vilain ».

2) La sphère de l'Éros, dont la palette d'expression est très riche, depuis l'inconvenance provocatrice de certains fabliaux,

la débauche affichée ou dissimulée attribuée à quelques femmes, la brutale sauvagerie du violeur ou sa terrifiante patience parfois, jusqu'à la délicatesse du chevalier courtois, adepte respectueux d'un art d'aimer où le désir de l'amant inclut fidélité, loyauté, patience, discrétion, oubli de soi... en passant par les désirs désespérés, les désirs muets, les désirs retenus, ou ceux qui relèvent d'une « sensibilité oubliée » (l'expression est de C. Stephen Jaeger), telle l'amitié passionnée que Galehaut porte à Lancelot. Faudrait-il distinguer entre amour et désir ? On pourrait peut-être s'en abstenir en songeant que saint Augustin, qui avait une longue expérience en la matière, les associe souvent sans les placer toutefois en situation d'implication réciproque : certes, l'amour est *appetitus,* mais, une fois satisfait, ce dernier ne devient pas nécessairement de l'amour. Selon l'objet auquel s'attache cet « appétit », on trouve dans les *Confessions* une hiérarchie de l'amour, qui s'élève de la *cupiditas* à la *dilectio.* Compte tenu de la discrétion extrême des auteurs en langue vulgaire, lesquels, sur la représentation du désir, pratiquent volontiers l'ellipse ou l'allusion et qui, pour les plus ardents d'entre les troubadours, s'arrêtent à l'évocation du corps sans voiles de la dame sur le mode de l'irréel, on pourrait s'en tenir à l'estimation « basse » donnée par Georges Duby, l'historien des mentalités :

> Il ne faudrait pas se méprendre : ce que les écrits de ce temps [XIIe siècle] nomment « amour », en latin ou dans les dialectes, est tout simplement le désir, le désir d'un homme, et ses prouesses sexuelles. Même dans les romans que l'on dit courtois (*Le Chevalier, la femme et le prêtre,* Hachette, 1981, p. 234).

3) Le domaine de la prouesse chevaleresque : le désir du héros, exacerbé par le code de l'honneur, la recherche du *los* et du *pris*, voire le titre de « meilleur chevalier du monde ».

4) La *libido sciendi,* le désir de voir, de savoir et de faire savoir, connaître, explorer, prédire : Alexandre, pour la connaissance du monde, Merlin, pour la connaissance des choses cachées, et ses élèves, Viviane et Nivienne, qui ont beaucoup de choses à cacher et le désir d'un importun à neutraliser. Désir de voir les merveilles qui lance le chevalier dans l'errance aventureuse...

5) Les registres du sacré, désir du ciel, désir de Dieu : désir qui porte et transporte les saints, les martyrs, les mystiques, le quêteur du Graal, Galaad par exemple animé du seul espoir d'accéder à la vision suprême, *visio Dei,* accompagnée de la révélation des origines sous l'effet de la grâce.

6) Une sixième catégorie plus difficile à caractériser d'un seul mot serait représentée par « le désir de l'artiste » ou plus largement « le désir d'écrire ». Le désir de faire œuvre belle, plaisante, agréable à voir et à entendre, profitable aussi dans l'ordre du bon gouvernement de soi. L'acte d'écrire, le souci de dire et de représenter permet peut-être d'accéder à la forme sinon la plus ambitieuse du moins la plus élaborée du désir. Il ne s'agit pas seulement ici des intentions plus ou moins convenues que les auteurs affichent dans les prologues et leurs proclamations d'excellence. Il faudrait inclure aussi dans cette section les désirs qui, soutenus ou non par des éléments de métalangage, peuvent se manifester au sein de la diégèse. Désir du clerc d'organiser un spectacle hautement divertissant dans les *Trois aveugles de Compiègne,* désir du narrateur, dans *Le Bel inconnu,* d'infléchir le récit dans tel ou tel sens selon que son amie répondra favorablement ou non à ses propres désirs. Par quoi la sixième catégorie rejoint la deuxième, comme elle peut aussi bien rejoindre la première, Renart étant souvent animé du désir de jouer un bon tour, qu'il s'agisse ou non d'apaiser sa faim ! Et qui met en scène de façon farcesque les songes du *biau descouneü* au moment de franchir le seuil de la chambre où l'attend l'initiation érotique.

La caractéristique de cette présentation est, on le voit, d'être fort approximative. Son intérêt se borne à poser quelques balises dans l'espace du désir médiéval. Une description un peu plus affinée se devrait d'être plus complète. Ainsi le désir de vengeance n'a pas été mentionné, alors qu'il joue un rôle très important dans la narration médiévale. On considérera qu'il relève aussi bien de la sphère héroïque (*Raoul de Cambrai, Les Quatre fils Aymon, La Geste des Lorrains*, etc.) que de la sphère de l'Éros (le personnage de Médée, les légendes du « cœur mangé », *Yonec, Équitan, Perlesvaus, La Vengeance Raguidel*, etc.) et même de la « renardie ». Ensuite, il conviendrait d'insister sur les interférences entre les différentes catégories considérées. Sauf exception, voisine de la caricature – on songe par exemple au chevalier Giflet du *Bel inconnu* –, aucun chevalier de premier plan ne se réduit à l'une ou à l'autre de ces catégories dans la perception et la formulation des désirs qui l'animent. Un texte est d'abord un tissage (*textus*), un entrelacs de désirs qui souvent entrent en conflit. Roland n'est pas seulement le prototype de l'homme de guerre engagé corps et âme au service de son seigneur et de son Dieu ; il porte également en lui, exacerbé jusqu'à l'aveuglement, le souci de sa réputation, de la construction de son être héroïque, de l'image que la postérité retiendra de son comportement, de sa gloire que diffuseront les chansons de geste inspirées par ses exploits ; plus secrètement peut-être, il porte aussi en lui la nostalgie de France la « douce » et de la douce amie qu'il espère épouser. De même, Merlin n'est pas seulement le prophète du monde arthurien ou le faiseur de rois tel que le présente Robert de Boron. Les continuateurs feront de lui un être de désir, perdu par la concupiscence. Par ailleurs, adaptant Geoffroy de Monmouth, Robert Wace avait rappelé qu'à l'origine de la légende arthurienne, il y avait un enfant, un bâtard royal, fruit d'un désir impérieux dont l'accomplissement fut favorisé par la magie de Merlin. Les clercs s'efforceront ultérieurement de donner à l'acte sauvage et prédateur du roi Uter une légitimité religieuse et morale, et même une légitimité politique avec Robert de Boron, mais, avant de devenir acte dynastique, l'acte fondateur fut un acte de pur et brutal désir. À creuser quelque peu le terreau des origines lointaines, l'archéologie du texte mettrait probablement en relation cet événement avec le mythe du bâtard divin associé à celui de la naissance du héros. Surdétermination lointaine qui estompe l'efficience des désirs humains.

La sphère de l'Éros est donc infiniment plus complexe que ne le laisse supposer cette approche. Elle recouvre tous les âges de la vie, depuis les enfances de l'amour jusqu'aux désirs hors de saison qui s'emparent parfois de quelque « ancien ». À propos du désir des *juvenes*, de ses jeux de masques et de miroirs dans le roman idyllique médiéval et de l'imbrication des désirs naissants, on se reportera à la belle étude de Marion Vuagnoux-Ulhig, *Le couple en herbe…*, qui recoupe exactement notre propos. Quant au désir hors de saison éprouvé par un vieillard pour une jeunesse, il est dénoncé un peu partout. Le thème récurrent de la jeune fille « donnée » contre son gré par son père à un vieux mari qui lui fait horreur, nourrit la fiction littéraire en vers comme en prose. Ce sujet se prolongera sur toute la durée du « long Moyen Âge », et bien au-delà dans les sociétés bourgeoises. La longue résistance à admettre la légitimité du désir trouve bien sûr des échos contestataires un peu partout, dans les œuvres d'imagination fondées sur le refus du mariage de type féodal comme dans les protestations en forme de charivari, dont les illustrations du *Roman de Fauvel* se font l'écho. Stérile dans le mariage imposé, la jeune femme ne tarde pas en revanche à mettre au monde l'enfant du désir, conçu avec son ami de cœur, ou son amant féerique : Yonec, Tydorel, Caradoc (le jeune) fruit de l'amour adultère de la reine Ysave et de l'enchanteur Éliavré dans la *Première Continuation,* etc.

Sur la question du désir, il y a incontestablement une alliance idéologique entre les récits portés par les langues vernaculaires et l'horizon d'attente tel qu'il se dessine chez leurs lecteurs. Cette alliance vise à l'exaltation du désir lorsque ce dernier correspond à une certaine conformité naturelle et sociale qui reste à définir, et condamne les modes archaïques de formation des couples tels qu'ils sévissaient dans l'ordre ancien : mariages imposés, stratégies matrimoniales de toutes sortes. Exemplaire de cette tendance, *Le Vair palefroi,* avec la scène nocturne du cortège nuptial ramené à sa destination naturelle selon les voies du désir légitime et partagé. Légitimité consacrée par le dénouement qui réunit les amants injustement séparés en organisant la conjonction de circonstances favorables (ivresse du guetteur, erreur sur l'heure du départ, somnolence de l'escorte, « mémoire » du palefroi, complicité des éléments et du décor nocturne). Tout semble suggérer l'œuvre d'une providence attentive à sauver le couple des jeunes gens, portés l'un vers l'autre par un désir que le texte exalte, mais que menace la coalition des vieillards. Il s'agit de substituer au faux miroir de la vieillesse argentée le miroir authentique des âges et des sentiments. Les deux « anciens », le vieux père et le vieux prétendant, avaient tenté une véritable captation à propos de laquelle plane d'ailleurs comme un soupçon d'inceste, surcharge négative pesant sur un désir pervers, comme l'a finement analysé Jean Dufournet, notre maître et ami, dans son édition bilingue. Le récit apparaît ainsi comme une fiction exaltant l'émancipation du désir, la conquête d'une légitimité imaginaire par le désir naturel, opposé à la contrainte intolérable imposée par l'ordre ancien.

Comment la notion de désir si décriée par le discours de l'institution s'est-elle imposée à la culture médiévale au point d'occuper la position prépondérante que l'on sait ? Outre le fait que, dans les milieux cléricaux, certains penseurs ont reconnu assez tôt l'importance de l'inclination réciproque à l'intérieur du mariage, on pourrait retenir trois facteurs principaux dans cette évolution : l'accès des langues vernaculaires au rang de langues littéraires, la promotion de l'amour considéré comme une valeur morale dans la littérature courtoise d'oc et d'oïl depuis au moins Guillaume de Poitiers, et l'association de la prouesse et de l'amour chez des êtres d'exception comme Tristan et Lancelot et d'une manière générale les héros de romans à travers lesquels s'exaltent les grands thèmes de l'amour en miroir, de l'amour unique, mais aussi de l'amour désespéré où la consonance *l'amor/la mort* commence en image pour finir en réalité.

La folie du désir,

Tristan, Lancelot, Galehaut *et alii*...

...c'est toujours la tension entre le désir et la loi qui se raconte...
(Romaine Wolf-Bonvin, *Textus,* 1998, p. 305)

La loi. Elle s'énonce dès le texte inaugural. Récit de la création du monde, la Genèse est aussi récit de la naissance du désir, du premier interdit, de la première tentation, de la première transgression, du premier péché. À la suite des translations linguistiques, géographiques et culturelles que l'on sait, le mythe parvient aux médiévaux dans le latin de la Vulgate qui attribue au geste d'Ève un rôle fatal. En ce point originel se fixent les notions de faute, de chute, de culpabilité et de mort. À côté de ces lourdes charges négatives bien connues, le drame du désir fait apparaître quelques éléments plus opératifs d'une remarquable récurrence dans la chrétienté, en particulier la présence d'un habile médiateur ondulant et susurrant, le serpent, qui inaugure la chaîne du désir depuis la femme jusqu'à l'homme, une femme que l'on devine déjà charnelle, serpentine, ondulante elle aussi, telle que représentée à Autun ou telle Mélusine. D'emblée, et pour des siècles, se met en place en considération de la loi religieuse l'enracinement du désir dans la culpabilité. Un désir appelé quelquefois à prévaloir sur les valeurs les plus hautes de l'esprit, de la morale, des institutions et même de la foi, par quoi il rejoint la folie. Non pas la folie du *forsené* qui a perdu conscience de tout sous l'effet d'une déception amoureuse comme ce fut le cas pour Yvain ou pour Amadas, mais la folie froide qui implique une large part de choix, la décision de renoncer aux valeurs du monde les plus recherchées par l'être chevaleresque et de renoncer même aux valeurs spirituelles. Tristan et Lancelot, qui tous deux aimèrent leur reine de *fole amor*[1] jusqu'à en perdre le sens de leur statut féodal et même de leur propre salut, le noble Galehaut qui porta à Lancelot un amour tout aussi démesuré, pourraient être évoqués ici comme représentatifs des positions extrêmes du désir tel que l'imaginaire médiéval a pu le concevoir. Du côté féminin, il faudrait se tourner vers la figure incertaine d'Héloïse pour rencontrer une voix que le désir submerge au point d'effacer toutes les autres valeurs et de venir se glisser en perturbateur obsédant jusque dans les moments en principe consacrés au recueillement[2].

Dans l'espace littéraire médiéval où se situent nos analyses, le désir peut-il rester un événement purement verbal et/ou musical, un fait d'écriture porté par des conventions qui en canalisent l'expression, par une topique, par divers effets d'emphase, d'ornement, de dramatisation, etc., ? N'emporte-t-il pas aussi dans le foisonnement de ses variations un enjeu idéologique majeur ? Au-delà de la pure représentation mentale qui le constitue, le mystère et la force du désir ne résident-ils pas dans une vertigineuse oscillation entre vie et mort ? *Ben es mortz qui d'amor non sen al cor calque doussa sabor*[3], laquelle « saveur » n'est autre que le *talan d'amor,* le désir amoureux (v. 16). Comment se situer entre ces deux (pro)positions contradictoires : pour poètes et romanciers le désir, c'est la valeur suprême, un rêve de plénitude qui donne saveur à la vie ; mais c'est le néant, le péché et la mort pour le discours clérical et vertueux ?

Vernaculaire

Chaque texte a quelque chose de singulier à nous dire sur la représentation du désir, sa nature, son ancrage mythique, son langage, sa vie, ses limites, alors que de son mouvement propre il tend vers l'illimité. De ce point de vue, la poésie lyrique qui le chante, le roman qui le parle lui ont attribué une place privilégiée. Le genre romanesque naissant entretient ainsi une relation consubstantielle avec la représentation du désir amoureux. Dans le dernier ouvrage consacré à cette importante question, Francis Gingras a bien montré comment le récit en langue vulgaire de l'époque, le « roman » donc, « donne à entendre en un même lieu toutes les modulations du désir[4] ». Un désir auquel l'auteur reconnaît « un rôle fondamentalement perturbateur dans l'histoire humaine » aussi bien que dans les histoires singulières portées par la mémoire narrative.

Il y a par exemple chez Thomas une réflexion tourmentée autour du désir en souffrance que l'on ne trouve nulle part ailleurs. L'idée, entre autres, que le comportement amoureux est régi par deux instances, la *volenté* ou *voleir,* d'une part, et le *desir,* d'autre part : les neuro-sciences nous diraient probablement aujourd'hui qu'elles émanent de deux zones différentes du cerveau. Thomas l'ignorait, bien sûr ! Mais il percevait que les deux n'étaient pas du même ordre. C'est ainsi que dans le monologue qui ouvre le fragment dit du « mariage », *desir* renvoie majoritairement à Iseut la Blonde tandis que *voleir/volenté* renvoie à Iseut aux Blanches Mains et au mariage expérimental contracté par Tristan[5] à la fois par curiosité, par désespoir et pour tenter de reconstituer avec une autre Iseut l'intimité sexuelle que ses fantasmes de jalousie le conduisent à imaginer entre le roi Marc et la reine. L'échec de la nuit de noces et l'irruption métonymique d'Iseut la Blonde sous la forme de l'anneau offert jadis comme gage d'amour viennent consacrer le triomphe du *desir* sur le *voleir* : *le desir qu'ad vers la reïne / tolt le voleir vers la meschine*[6]. Ce que vient confirmer l'adage occitan selon lequel « la volonté suit le désir » (*La voluntatz sec lo talen*)[7]. Dans cette perspective, le désir serait l'emprise alors que le *voleir* tendrait vers la prise.

Partout présent, visible quelquefois, le désir charnel cherche sa place et son langage entre le mode ostentatoire, le mode allusif (le fameux « surplus » par exemple) et les divers codes littéraires. Les langues vernaculaires lui ont offert un mode d'expression privilégié, du moins en Europe occidentale à partir de la fin du XIe siècle avec l'invention de la *canso*. Dans les diverses provinces qui relèvent du vernaculaire occitan, une abondante production poétique propose en effet mille variations thématiques et formelles d'un chant voué à célébrer, quelquefois à maudire, le doux désir amoureux (*dolz desirs amoros*). Jaufré Rudel, le poète de l'amour de loin, souligne bien qu'il compose en *lenga romana* à l'intention des gens du Poitou, du Berry, de la Guyenne et même de la Bretagne[8].

Dans le Nord, à peu près à la même époque, à l'instar d'un mouvement amorcé dans le monde anglo-normand, on s'engage plutôt dans « une culture de la translation »[9]. On transpose d'abord en « roman » de grands récits antiques où la passion est partout présente, poussée parfois jusqu'au tragique dans ses manifestations extrêmes – l'affrontement des frères ennemis, nés d'une double faute, parricide puis inceste (*Thèbes*), dans lesquelles le hasard se fait complice du désir ; le suicide de Didon victime d'un désir dont elle n'avait su se garder (*Énéas*). Le premier vernaculaire français n'est donc pas autochtone, il tire sa substance du latin. S'étagent en outre dans le temps les transpositions en langue vulgaire de contes ovidiens également sous-tendus par les drames du désir (*Narcisse, Pyrame et Thisbé, Philomèle…)* ou l'élaboration de légendes traditionnelles (*Légende du pape Grégoire, Saint Julien l'Hospitalier…*), qui se présentent à leur tour comme autant de nouvelles tragiques dans lesquelles les jeux du désir et de la *mescheance* constituent le moteur essentiel. À l'instar des premières narrations romanes qui associent étroitement le désir au tragique, tous les récits originels consacrés à la passion dévastatrice qui caractérise la légende de Tristan et Iseut, « légende de désir et de mort »[10], sont rédigés en langue vernaculaire, anglo-normand et germanique essentiellement.

À partir du XIVe siècle, et dans un tout autre registre, des voix de femmes s'élèvent enflammées d'un brûlant désir d'âme pour la divinité : les mystiques (Mechthild de Magdebourg, Marguerite Porete) s'expriment en vernaculaire, allemand pour l'une, français pour l'autre. Et la « mise en latin » qui diffusera leur œuvre dans les milieux lettrés est ici langue seconde. Bien qu'il s'agisse alors d'un tout autre désir, la mystique en vient à parler de l'âme avec les mots du corps. Son être n'est que désir, un désir qui s'exprime en termes de faim, de soif, de brûlure, d'absence qui déchire, de présence qui comble[11]. Même en tenant compte de la dimension métaphorique du discours, il faut bien reconnaître qu'on se trouve en présence d'un vocabulaire et d'un phrasé beaucoup plus sensuels que dans nombre de textes exaltant l'amour profane. Cherchant à se dire, le plus spirituel des désirs rencontre ainsi inévitablement l'imagerie charnelle. S'agirait-il de la réponse vernaculaire, hors théologie, à la question *Cur deus-homo ?* Sur l'autre versant de l'alternative, la littérature du Graal n'avait inventé que la vision totalement dématérialisée qui s'offre à Galaad au terme de la *Queste.*

Un peu plus tard, au cœur du quatorzième siècle, quand il entend rimer d'amour, tel clerc parmi les plus célèbres délaisse volontiers la langue de l'école pour revenir au vernaculaire toscan des premiers émois. L'influence des troubadours a pu jouer également. Quoi qu'il en soit, Pétrarque rédigea les *rime sparse* de son *Canzoniere* – ainsi que les *Trionfi* – en langue vulgaire alors qu'il composa en latin (souvent critiqué d'ailleurs) presque tout le reste de son œuvre, de bien plus haute dignité selon lui[12]. Toute nimbée d'or et d'irréalité, la Laura du *Canzoniere* offre une autre illustration de l'alternative que l'on vient d'évoquer, nettement perceptible quand on confronte les deux parties de l'œuvre et la double personnalité poétique construite par le recueil. De l'une à l'autre se dessine l'évolution du désir vers la recherche d'une purification salutaire. Du vivant de Laure, le premier tableau est consacré aux souffrances du jeune poète dont les ardeurs juvéniles sont repoussées par la Dame. Il se présente comme ayant vécu sous la (douce) tyrannie du désir, un désir « vorace, aveugle et sourd[13] » qui « l'éperonne et le courbe[14] ». Dans le second volet du diptyque, après la disparition de Laure suivie de son assomption imaginaire, le poète aux cheveux blancs en vient à louer son « beau trésor » de lui avoir résisté. Dans les derniers sonnets, son désir changé, assagi, prend volontiers la forme de litanies pour s'orienter vers le souhait de rejoindre son inspiratrice dans le séjour paradisiaque, désir spiritualisé qui culmine dans la pièce finale adressée à la Vierge Marie et dans laquelle il n'est pratiquement plus question de Laure si ce n'est pour évoquer la « beauté périssable, les actes et les paroles qui ont pris possession de son âme[15]. » Pas de luxure dans le *Canzoniere* ; le désir de s'y livrer est mis au compte des folies de jeunesse, mais aucun regret de ce qui n'eut pas lieu, bien au contraire. Ici se célèbre la mort du désir en de mélodieuses élégies qui inspireront le sage lyrisme amoureux de la Renaissance. À se demander si Pétrarque ne se reproche pas finalement une activité de plume dévoyée vers les fantasmes du désir, plutôt que de réels égarements du corps et de l'esprit. Péché d'écriture plutôt que péché de luxure, remords de clerc détourné du désir de Dieu par le désir des belles lettres ? En tout cas, ce qu'il offre à la Vierge à titre d'expiation pour avoir composé au bord de la Sorgue, et sous le signe du Laurier « des pensées élégantes et élevées »[16], c'est son talent d'écrivain, la part apollinienne de son génie : *Vergine, i' sacro e purgo / al tuo nome et penseri e 'ngegno et stile / la lingua e 'l cor, le lagrime e i sospiri*[17]. Chacun propose une offrande pénitentielle à la mesure de ce qu'il est et de ce qu'il sait faire. Le jongleur de Notre-Dame offrait pirouettes et acrobaties.

Il y aurait toutefois quelque artifice méthodologique à isoler le champ du latin de celui du vernaculaire. Tel n'est pas notre propos. La poésie des troubadours s'adosse à la littérature médio-latine dont elle fait son profit, au moins sur le plan stylistique, ainsi que le souligne Carla Cremonesi à propos de Marcabru, actif avant 1150. Suivent quelques années plus tard nos premiers « romans », qui furent « d'antiquité » ainsi qu'on vient de le rappeler. Mais n'est-il pas opportun de rappeler également que la passion amoureuse y fait l'objet de développements beaucoup plus amples que dans les textes sources ? On a souvent évoqué par ailleurs l'influence ovidienne, la transmission des récits d'amour et de désir par l'intermédiaire des mythographes. Les réminiscences antiques, de première ou de seconde main, émaillent le texte médiéval. On se souvient des fables savantes et populaires ; on sait, pour s'en divertir ou s'en offusquer, que le désir peut transformer en pourceau le commun des mortels, en objet de risée le plus sage des philosophes, en criminel le tristement célèbre Sextus Tarquin dont la légende a peut-être inspiré Chrétien de Troyes dans son adaptation du mythe de Térée, Procné et Philomèle d'après les *Métamorphoses* d'Ovide[18].

Le latin goliardique parlait du désir parfois sans détours, parfois avec une réelle verve poétique comme dans telle chanson attribuée à un certain Pierre de Blois[19]. Il faudrait aussi prendre en compte les grands modèles bibliques à caractère plus narratif. Les fruits défendus de la Genèse, l'amour fou de David pour Bethsabée[20], la convoitise sexuelle qui enflamme la femme de Putiphar… tous ces récits à valeur exemplaire ont incontestablement marqué les esprits, notamment dans les lais narratifs (*Lanval, Graelent, Guingamor*), ou dans la *Châtelaine de Vergy*, chef-d'œuvre de la nouvelle tragique. Quant aux vieillards libidineux qui épient quotidiennement Suzanne dans son jardin et imaginent un jour de lui faire violence alors qu'elle prend son bain, tout en prévoyant de porter contre elle un faux témoignage accablant, honteux de leur propre désir, confondus par la sagesse du jeune Daniel, le scénario de leur tentative rejoint celui qui concerne la femme de Putiphar avec inversion des rôles masculins et féminins. On ne serait pas embarrassé pour leur trouver des répliques dans la littérature médiévale, avec les différences inhérentes aux contextes historiques bien entendu, à commencer par la conspiration des deux « anciens » dans le *Vair Palefroi*. Dans *Sone de Nansay*, la reine d'Irlande réussit à obtenir de Sone, à son corps défendant[21], ce que les reines des lais bretons n'avaient pu obtenir des jeunes hommes par elles convoités. Encore que l'ellipse soit totale sur cette nuit qui ressemble fort au viol en douceur d'un homme par une femme. On n'apprendra que bien plus tard en effet la naissance de l'enfant ainsi conçu. Au chapitre de ces mauvais désirs qui rendent fou d'amour et poussent au meurtre, il faudrait ranger encore ces histoires tragiques offrant quelque analogie avec le modèle davidien, dans lesquelles un roi se prend d'une passion incoercible pour la femme de son vassal (Uter fou de désir pour Igerne) ou pour la femme de son sénéchal (*Équitan*), ou l'inverse lorsque le sénéchal s'éprend de la reine, cumulant concupiscence, faute vassalique et régicide (Maragot dans *Floriant et Florete*[22]).

Parlons d'autre chose...

À évoquer le latin de la Vulgate et l'influence exercée par la tradition vétérotestamentaire sur la thématique qui nous occupe, il conviendrait de faire une place à part au *Poème des Poèmes* (selon la traduction de Chouraqui prise directement sur l'Hébreu) que le Moyen Âge a connu sous le nom de *Canticus Canticorum*. Il offre en effet un ensemble de textes délicatement sensuels qui dans leur sens littéral figurent parmi les plus ardents consacrés au désir amoureux. En tant que tels, ils restèrent irrecevables depuis l'origine jusqu'à Ignace de Loyola et même bien au-delà, sauf à les orienter systématiquement vers un sens allégorique. Cette captation du texte dérivé vers autre chose que lui-même fut déjà réalisée d'ailleurs dès les premiers commentaires produits par le monde hébraïque qui en donnaient une interprétation cosmologique et religieuse.

Nous sommes pourtant en présence d'un texte de pur désir, exaltant la beauté des corps, la jeunesse, les forces vitales de la nature, mais d'un texte que personne ne comprend tout à fait de la même manière. Les médiévaux l'ont lu dans le latin de la Vulgate et furent culturellement empêchés de le prendre à la lettre. Le jalon essentiel dans cette tradition dont l'objectif fut d'écarter le sens littéral selon l'usage de l'exégèse sacrée, est représenté par les sermons et commentaires de saint Bernard de Clervaux. Visant à instaurer une nouvelle théologie fondée sur l'amour, le désir de rencontrer Dieu, et la conviction d'un renouvellement permanent de la manifestation divine - alors que la théologie eschatologique des siècles monastiques antérieurs était plutôt fondée sur le « désir du ciel[23] » –, il s'appuie sur les versets du Cantique parlant de l'Époux, de son corps, de son absence, de l'attente de son retour, du mystère de sa présence, qui lui offraient un support des plus favorables au travail de l'analogie d'inspiration mystique. Le plus important peut-être est que ces poèmes sont composés sur le mode du murmure, qu'ils évoquent l'intimité des deux personnes concernées. Le dialogue des amants développe l'échange entre Je et Tu en forme de duo lyrique, que les sermons de saint Bernard, bien entendu, ne peuvent ni reprendre ni commenter dans le sens du désir humain : *Ecce tu pulchra es amica mea…* (I, 14) ; *Ecce tu pulcher es dilecte mi, et decorus. Lectulus noster floridus* (I, 15). Une telle situation de discours, qui caractérise précisément, à partir d'un sémantisme élémentaire, la substance verbale, répétitive, litanique du désir (on dira plus tard que les amants « roucoulent »), est rarement réalisée dans la période médiévale, même chez les troubadours. Le Cantique présente l'intérêt de faire entendre le discours du désir directement sous forme subjective, à la première personne en donnant alternativement la parole à l'aimé et à l'aimée. Alors que ce que l'on appelle « le grand chant courtois » relève plutôt d'une forme poétique incorporant une part de récit lyrique dans lequel le poète exalte l'amour, célèbre sa dame, la « joie » qu'elle lui apporte, la souffrance qu'elle lui inflige, une souffrance ambiguë, inséparable de la joie de souffrir. Il s'adresse presque toujours à tout le monde et à personne. Bien que son corps *car et gent* soit assez souvent évoqué, la dame reste la personne absente du poème (*illaei/elle*), ou la personne masquée par un *senhal* ou par une désignation métaphorique. De toute façon, elle ne peut répondre. Le chant du désir s'y apparente ainsi à un monologue, si bien qu'en forçant à peine la réalité de la situation d'énonciation, on pourrait considérer que, dans ce contexte, tout amour est « un amour de loin ». Le Cantique, quant à lui, se développe dans une ardente proximité entre Je et Tu. Pour l'essentiel, il est poème de la présence, plus rarement de l'attente ; il contient des éléments intéressant à la fois le discours amoureux, le murmure du désir et l'évocation du corps aimé dont la célébration se présente souvent en forme de blason voluptueux[24]. Ce velouté du discours amoureux joint à la qualité des images célébrant tour à tour non seulement la beauté des corps mais aussi celle de leurs ornements (fleurs, onguents, parfums) et à la luxuriance des décors orientaux (jeunes animaux, champs, vignes et collines), culmine avec la promesse du don : *alors je te ferai le don de mes amours*[25]. Don qui préfigure la *merces* et le *joy* que le troubadour évoque comme le bien suprême.

On comprend que le sens premier soit occulté et que l'imagerie amoureuse soit dérivée, pour ainsi dire spontanément, vers une interprétation purement spirituelle, translation nourrie par une prodigieuse connaissance des Écritures. Il importe de *parler d'autre chose,* de la consommation de l'alliance entre Yahvé et Israël, de l'union mystique du Christ et de l'Église, par exemple. De là tout un courant religieux ou parareligieux, représenté essentiellement par des voix de femmes, moniales et béguines, qui retrouvent pour parler de leur foi l'imagerie et les accents du Cantique. L'une d'elles, Marguerite Porete, fera même à plusieurs reprises très explicitement référence à la *fin'amor.* On sait ce qu'il advint d'elle et de son livre !

Reste tout de même - héritage culturel, réflexe de bonne éducation ou d'inhibition - la difficulté à parler du corps dans sa relation aux désirs. De cet héritage, les auteurs modernes ou contemporains sont parvenus à se libérer au prix des difficultés que l'on connaît, et cette libération, interprétable précisément comme l'un des signes les plus visibles de notre modernité, ne va pas sans provocation. Cependant, en guise de parcours métacritique au sein de notre discipline, on pourrait se proposer d'analyser réticences, dérobades, évitements, transpositions... que les glossateurs de toutes les époques ont pratiqués dans l'analyse du texte portant la représentation du désir, comme si un tel texte ne pouvait offrir de sens « propre » et qu'il était plus convenable en effet de parler d'autre chose.

On se souvient des réflexes de bienséance qui ont paralysé l'expression de nos grands médiévistes. Pour Joseph Bédier, Iseut ne pouvait avoir pris Tristan qu'entre ses bras, alors que chez Béroul la formule de l'*escondit* prononcée sur les saintes reliques est audacieusement réitérée de façon beaucoup plus précise[26]. Réitération qui relève à la fois de la provocation et de la stratégie oratoire : attirant l'attention générale sur un simulacre d'acte sexuel alors qu'elle vient de chevaucher son ami déguisé en faux lépreux, Iseut « la guivre » détourne l'esprit de tous ces hommes. Jouant de sa beauté, de l'éclat de sa parure, de la séduction qui émane de toute sa personne, elle les place tous en état de sidération - état dans lequel on « s'oublie » volontiers - et les conduit à oublier également le contenu juridique d'un serment qu'elle a substitué à la formule requise par le roi Arthur. Chargé de vérifier par l'ordalie s'il y eut ou non quelque désir impur dans la conduite de la reine, le roi juge se trouve ainsi complètement déstabilisé par l'image érotique que cette même reine a eu l'habileté d'évoquer dans son discours, et le tour de passe-passe lui échappe totalement. Finalement, ce qui reste surprenant dans cet épisode, ce n'est pas tellement le silence de Dieu mais plutôt le silence des hommes, qui pensent à *autre chose* !

« ... *plus que l'honneur du monde* »

Un immense médiéviste comme Jean Frappier a été également très embarrassé par le désir d'homme qui porte Galehaut vers Lancelot dans le *Lancelot* en prose. Avec toute la déférence qui sied à l'égard d'un tel savant, sa lecture a été redressée naguère par Francis Gingras[27]. On est donc très surpris de voir qu'à date beaucoup plus récente François Mosès se contente de parler « d'amitié » à propos de ce qui est certainement l'un des plus beaux exemples d'amour homosexuel de toute la littérature médiévale[28], laquelle d'ailleurs n'en compte pas beaucoup. S'arrêter à la notion d'amitié, quelle que soit la force reconnue à cette « passion médiévale », paraît pour le moins réducteur en regard de la réalité textuelle. Rien ici n'est homologable à la légende d'*Ami et Amile* !

Nous devons en effet tenir compte de l'écran narratif que le récit à la troisième personne interpose nécessairement entre le lecteur et l'intimité du personnage. Pour des raisons évidentes, cette intimité ne peut pas se livrer au public, surtout dans le siècle de Thomas d'Aquin. Au narrateur de s'accommoder de l'indicible tout en jouant avec la tendance interprétative du lecteur, en disposant des indices contradictoires qui maintiennent toujours la possibilité d'une lecture « douteuse ». Arrivés en Sorelois, où Galehaut voudrait bien pouvoir retenir son ami, les deux hommes décident de dormir dans le même lit afin de prolonger le plaisir de la conversation, *et antre Galehot et Lancelot jurent par aus en une couche por avoir loisir de parler*[29]. Mais en une autre circonstance, lorsque Galehaut attend que Lancelot soit endormi pour se glisser subrepticement dans son lit et passe toute la nuit à l'écouter dans son sommeil pousser des soupirs qui ne vont pas vers lui, s'agit-il encore du plaisir de la conversation ? L'épisode, qui évoque irrésistiblement l'*assag* occitan, attribue à Galehaut la place de l'ami courtois qui fait preuve en l'occurrence d'une maîtrise supérieure. Toutefois le doute est maintenu et les apparences sauves car il est bien précisé que dans la même chambre, deux autres chevaliers occupent deux autres couches, mais chacun reste dans la sienne ! Ajouter à cela la tendresse des appellatifs utilisés par Galehaut, la délicatesse de ses attentions, sa sollicitude constante à l'égard de Lancelot, les moments de pamoison qu'il connaît lorsqu'il songe que bientôt il sera séparé de son ami[30], l'effondrement de ses forteresses lorsqu'il revient en Sorelois, l'énigmatique *demonstrance* associée à cette *merveille* et l'on comprend qu'il n'y ait aucun doute sur la nature des sentiments qui agitent Galehaut.

Dans ce type de narration ironique, il y a en permanence un jeu entre ce qui est dit et ce qui est donné à imaginer. Cette narration reste toujours dans le cadre de la décence et de « l'honnêteté » sans s'interdire cependant d'en explorer le seuil, les zones indécises. Quitte à jouer sur les ambiguïtés du langage. Ainsi entre « amitié » et « amour » le traducteur moderne doit choisir, car les deux termes ont perdu leur ambivalence d'antan et ont même fini par s'opposer. Chaque fois que le mot « amour » apparaît pour traduire les sentiments que Galehaut porte à Lancelot, la traduction en français moderne donne « amitié »[31]. Toutefois, déclarer, comme le fait Galehaut en s'adressant directement à Lancelot « *Je vous ai aimé plus que l'honneur du monde*[32] » se situe bien au-delà de l'amitié, au-delà même du désir, dans une sorte d'absolu de l'amour qui ne saurait être comparé qu'à l'amour de Dieu, avec cette reconnaissance primordiale que tout « l'honneur du monde » au double sens de « possessions, puissance » et de « considération, réputation », n'est que *nient,* néant, dès lors que l'absolu de l'amour est en jeu. La *terriene honor,* c'est précisément ce à quoi le Lancelot de Chrétien avait renoncé en montant sur la charrette d'infamie, après une imperceptible hésitation. Galehaut, lui, n'a pas hésité à renverser totalement la situation acquise sur le terrain, à reconnaître le roi Arthur comme son vainqueur, à faire acte de soumission, à réduire à *rien* la supériorité chevaleresque, ses prétentions de conquête et sa réputation. Acte de dépossession de soi qui se présente comme l'exact équivalent de l'épisode de la charrette en tant que plus haute preuve d'amour que puisse donner un chevalier, sacrifier dignité, honneur, réputation et accepter de n'être plus rien. La similitude des attitudes parle d'elle-même : Galehaut se comporte à l'égard de Lancelot comme Lancelot s'est comporté à l'égard de Guenièvre. La grande différence entre les deux histoires s'inscrit en termes de *merveille.* Lancelot connaîtra avec Guenièvre la merveille d'une nuit d'amour. Galehaut ne connaîtra que la *merveille* de l'effondrement soudain de ses propres défenses, signe d'un engagement inutile sans espoir et sans retour. Signe de destruction et prélude à sa propre mort.

La forme la plus exigeante de l'amour commence en effet avec l'expérience du « rien », du dépouillement, du renoncement total afin que, dans ce vide, l'âme soit tout entière à l'objet de son désir. Idée solidement implantée dans l'imaginaire chrétien depuis les temps où l'hagiographie avait introduit l'apologie du dépouillement, du double renoncement aux biens matériels et aux sollicitations des désirs profanes, nécessaire rejet de la chair et du monde, réaffirmé avec force dans les *Confessions* de saint Augustin. Le héros du « rien » se distingue de l'amant frappé de folie (Yvain, Lancelot, Amadas…) comme l'obsession se distingue du vide. L'amoureux frappé de folie a l'esprit vide ; l'amoureux hanté par le souci de n'être *rien,* y compris celui qui simule la folie tel Tristan, a l'esprit tout entier rempli de son objet. Un objet unique.

Resterait à interpréter l'imperceptible hésitation manifestée par Lancelot au moment de monter sur la charrette d'infamie. On hésite entre deux lectures qui ne sont pas forcément exclusives l'une de l'autre. Du côté de l'amant réduit à l'état de servitude volontaire, il s'agirait de la dernière parcelle de moi social, « honneur du monde », instinctivement rebelle à l'expérience du « rien ». Du côté de la dame, le mécontentement de voir que par cette parcelle lui échappe l'être dont elle pensait, et souhaitait même, que son désir fût totalement aliéné au sien. On sait que la situation conforme à ses vœux se rétablit pour le pire et le meilleur et se manifeste publiquement lors du tournoi de Noauz.

Ar s'espan la flors enversa... Cal flors ?

La catégorie de l'unique, si hautement valorisée au Moyen Âge, réfère au sujet désirant dans la relation en principe indéfectible qu'il entretient avec l'objet de son désir : le poète à l'égard de sa Dame[33], la *troubairiz* à l'égard de son *amic,* Tristan à l'égard d'Yseut la Blonde, Lancelot à l'égard de Guenièvre, Galehaut à l'égard de Lancelot[34], Josiane à l'égard de Buevon, Galeran à l'égard de Frêne (et réciproquement), Héloïse à l'égard d'Abélard... Ailleurs ce sera l'instance énonciatrice, le « Je » du *Canzoniere* à l'égard de « Laure » par exemple. L'unicité du désir est encore plus affirmée dans l'imaginaire mystique lorsque l'Âme s'adresse à l'Époux, ou lorsque Galaad s'engage dans l'aventure du Salut figuré par le « saint veissel ». L'idée que l'on ne désire bien que ce que l'on ne désire qu'une fois et pour toujours représenterait en quelque sorte un absolu du désir, apte à assurer le contact, mais aussi bien le divorce, entre amour humain et amour de Dieu.

Ces témoignages littéraires n'empêchent pas que le désir reste hors de portée de l'histoire : « De *l'ardor,* de l'inflammation du désir nous n'avons le droit de rien dire », reconnaît Georges Duby[35]. Et pourtant, à quoi se réduirait l'histoire culturelle sans les histoires de désir ? Restons donc dans l'imaginaire. Il y a effectivement une part de mystère dans le désir. Un mystère représenté peut-être par la magie du philtre et que le *Tristan* de

Thomas met en évidence. Le héros se proposait naïvement de réduire ce mystère. Mais le fragment du mariage montre bien que le désir échappe à toutes les circonstances réunies pour le susciter. Il ne suffit pas de jouer sur les ressemblances et les similitudes entre les deux Iseut. Rien ne sert d'épouser un signifiant ou telle beauté à une autre pareille. Pour le véritable héros de l'amour unique, Tristan - mais aussi bien Lancelot qui résiste à la fée Morgue, à la dame de Malehaut, à la demoiselle d'Escalot et à bien d'autres demoiselles entreprenantes du *Perlesvaus*... -, le désir ne se paie pas de fausse monnaie, fût-elle parfaitement imitée. Arthur sera moins clairvoyant, qui cèdera à la fausse Guenièvre ainsi qu'à l'enchanteresse Camille. Finalement, si la main de Tristan ne se porte pas là où elle était attendue - outrage à l'égard de la fausse Iseut comme à l'égard de son clan ; hommage pour la véritable Iseut - c'est probablement en raison de ce mystère irréductible qui fonde et préserve le mythe de l'amour unique. Condition déterminante dans un cheminement vers la légitimation de l'amour, y compris dans les circonstances cumulant les traits illégitimes.

Au Moyen Âge, les grands péchés sont de l'ordre du concupiscible et se traduisent par une dynamique incontrôlée du désir, désir sexuel en particulier, avec tous les plaisirs et les désordres qui résultent de ce relâchement. Le désir serait donc en quelque sorte *la fleur inverse* du discours de l'institution[36]. De cette fleur paradoxale qu'aucune reverdie traditionnelle ne voit s'épanouir et que Robert Lafont assimilait à la fleur du *gay savoir*, il a les séductions et les dangers. Les séductions « du plus doux et du plus beau des péchés », selon le Lancelot du *Perlesvaus,* tandis que l'ermite, beaucoup plus radical que l'ermite Ogrin du *Tristan* de Béroul, lui renvoie avec véhémence la version orthodoxe lui promettant les pires dangers dans l'Au-delà :

> Nule valor ne poet venir de tel luxure qui ne li soit vendue molt chiere ! Vos iestes traïstres a vostre saignor terrien et omicides al Sauveor ! Vos avés des .VII. pechiés cremineus l'un des greignors encargié ; li deduis en est molt faus, si le conperreis molt chier se vos n'en estes repentans hastivement ! [37]

Lancelot s'opiniâtre à défendre la cause du désir contre le représentant de la doctrine ecclésiale : non seulement ce péché est délectable, mais encore il est source de valeur humaine et chevaleresque ; du bout des lèvres, il veut bien admettre qu'il y a faute, mais dans son cœur il ne s'en repentira jamais. Ainsi se prolonge entre l'ascète chrétien et le chevalier courtois ce qu'Armand Strubel a appelé un « dialogue de sourds » : l'ermite ne peut entendre parler de désir charnel, Lancelot ne peut entendre parler de repentance. Les valeurs de l'un sont inversées par le désir de l'autre, car, avec la récurrence des termes *voleir* (transitif direct), *volenté,* Lancelot ne parle que de désir :

> ...je voil bien ma dame la roine plus que nule riens qui vive, et si l'a un des meilleurs rois del monde a feme ; la volentés moi semble si bone et si haute que je ne la puis laissier, et si m'est enrachinee el coer qu'ele ne s'en poet partir[38].

Contrairement à certains prédateurs du récit arthurien (le Chevalier Vermeil du *Conte du Graal* par exemple), Lancelot échappe à la structure triangulaire de l'envie. Il ne désire pas Guenièvre *parce qu'*elle est l'épouse du roi, mais *en dépit du fait qu'*elle est l'épouse du roi (la particule « si » à valeur adversative prend ici toute son importance). On notera l'emploi de l'adjectif « haut » (au féminin) pour caractériser le désir qui inspire la réponse du héros. Or cet adjectif n'est pas anodin puisqu'il apparaît dans le titre même de l'œuvre. Le désir de Lancelot serait-il exalté à la « hauteur » du « Haut livre » ? Il dira ailleurs, au château du Graal précisément, que revoir la reine reste son plus grand désir (*ses graindres desiriers,* br. VIII, éd. Strubel, p. 470, l. 5).

Dans la discussion qui vient d'être évoquée, la portée du propos dépasse infiniment les deux personnages en présence. On a l'impression d'assister au moment où la civilisation monastique bascule sur ses fondements, tandis que s'annonce l'avènement d'un autre système de références morales et spirituelles. Désormais, selon la morale « terrienne » des chevaliers, amour humain, désir et plaisir font l'objet d'une valorisation, tendent à occuper une place de premier plan et accèdent au rang de noble valeur. C'est cette dernière nuance d'excellence qu'il faut certainement attribuer à l'adjectif « bone » plutôt que de le reléguer dans l'insignifiance. Cette promotion mérite d'être signalée dans un contexte très généralement marqué par la prohibition du plaisir[39].

Une voix de femme fait écho à la déclaration de Lancelot, celle d'Héloïse, écrivant à son « unique » avec courage et haute lucidité combien, au-delà du temps, de l'absence, de la séparation, de voluptueux désirs l'obsèdent encore au point de lui interdire tout regret et toute repentance. Bien plus qu'un écho d'ailleurs, il s'agit d'une amplification en belle prose latine de la toute-puissance du désir qui conduit une âme pieuse jusqu'à une sorte de reddition par rapport aux impératifs de la loi :

> [...] ces voluptés chères aux amants que nous avons goûtées ensemble me furent douces et je ne peux ni les détester, ni les chasser de ma mémoire. Où que je me tourne elles s'imposent à mes yeux avec les désirs qui les accompagnent. Même quand je dors elles ne m'épargnent pas leurs illusions. En pleine solennité de la messe, lorsque la prière doit être plus pure, les représentations obscènes de ces voluptés captivent totalement mon âme si bien que je m'abandonne plus à ces turpitudes qu'à la prière. Alors que je devrais gémir des fautes commises, je soupire plutôt après les plaisirs perdus. Non seulement les actes réalisés, mais aussi les lieux et les moments où je les ai vécus avec toi sont à ce point fixés dans mon esprit que je refais tout avec toi dans les mêmes circonstances, et même dans mon sommeil ils ne me laissent pas en paix[40].

Tel est le désir médiéval dans ses formulations les plus déterminées, par delà le bien et le mal, au-dessus des lois de l'Église, au-dessus des valeurs féodales, au-dessus même du Salut. Quel qu'en soit le prix à payer, fût-ce au prix du paradis perdu[41], le désir illumine la vie. Il l'*expose* aussi. Et l'on rejoint ainsi le poème de Raimbaut d'Orange. Le chevalier et son désir forment une entité indissociable. Une fleur précieuse, unique, mystérieuse, mais une *fleur inverse* : fleur promise à souffrance, *gels, neus et conglapis / que cois e destreing e trenca / don vei morz quils, critz, brais, siscles / els fueillz, els rams et els giscles*[42]. Fleur inverse qui tue la floraison saisonnière, qui interdit tout espoir de reverdie, et peut-être tout espoir de résurrection ? Qu'importe, sous le signe de cette fleur qui ne resplendit que pour lui[43], le poète accède à l'état privilégié qui exprime l'essence de son désir, à la reverdie intérieure du *joy* d'amour : *mi ten vert et jauzen jois.* Les aspérités de la fleur inverse métaphoriseraient alors non seulement le discours de l'ermite sur la luxure, mais tous les discours similaires développés par la pensée chrétienne sur ce même péché. Elle énumère à sa manière (*gel, neige, grésil…*) les tourments de l'enfer annoncés par la menace « *si le conperreis molt chier* » brandie par le saint homme, et qui était déjà un poncif de « la pastorale de la peur ».

Entre la jouissance et la loi, le héros du désir est ainsi un être déchiré dont le roman médiéval exprime la profonde humanité. On remarquera que dans la configuration due à Thomas, chacun des protagonistes est animé d'un amour unique : Marc n'aime qu'Iseut, Iseut n'aime que Tristan, Tristan n'aime qu'Iseut la Blonde, Iseut aux Blanches Mains n'aime que Tristan. Les couples sont mal faits ; la proximité des corps est trompeuse ; on vit ici, on aime ailleurs ; Tristan et Iseut sont voués à l'amour de loin, à des rencontres épisodiques qui donnent lieu parfois à de véritables remembrances de leur histoire, comme dans la *Folie d'Oxford* où le jeu de masques est poussé à l'extrême. Entre franc parler et bel mentir, l'*amerus* devra assumer bien des rôles : aventurier grimé, fou carnavalesque, provocateur audacieux, poète surréaliste, conteur malicieux, acteur prodigieux… avant de retrouver ses prérogatives d'amant de cœur. Emporté par la folle dynamique du désir, le fragment en vient, paradoxalement, à contenir le tout et le passé s'actualise en discours. L'évocation de chaque épisode de la geste du désir prend ainsi la forme d'une audacieuse « folie » accomplie par Tristan pour retrouver, protéger, conserver Iseut… au risque de la perdre. D'épisode en épisode, les fragments évoqués deviennent autant de *pièces* d'identité que Tristan présente ou *représente* à l'intention d'Iseut qui les reçoit d'abord comme de faux papiers ou de farcesques provocations. Puis dans la parole bouffonne du désir, elle finit par reconnaître le jongleur insensé. La mise en scène de la totalité narrative - bien inutile pour le chien Husdent ! - débouche ici sur la reconnaissance et les retrouvailles heureuses de la nuit. De temps à autre en effet, le temps d'une *folie* et au péril de sa vie, Tristan retrouve Iseut pour un moment d'amour *enterine,* nu à nue *soz la cortine*[44]. Mais le discours narratif ne saurait aller plus loin.

Plus encore que le Lancelot de Chrétien chez qui la dimension ludique vient biaiser l'appréciation - n'a-t-on pas évoqué à propos du *Chevalier de la Charrette* une certaine analogie avec *La Femme et le Pantin ?* –, le Lancelot des proses du Graal – qui ne sont rien moins qu'ironiques –, celui du *Perlesvaus* en particulier, est lui aussi un héros de la condition humaine, non pas un héros du défi, mais un héros du libre arbitre, du choix difficile assumé en accord avec son désir d'homme calmement mais fermement déclaré et soutenu. Choix qui le conduit à se détourner des voies du Salut, ainsi que le montre bien l'aphanie du Graal consécutive à cette déclaration. Héloïse représente un autre aspect de la condition humaine dans son impuissance à résister aux séductions du désir et à la mémoire de la chair. Quant à Galehaut, animé d'une passion qui ne peut ni se taire ni se dire, son renoncement à tout « l'honneur du monde » fait de lui un héros du désir qui rejoint dans le dépouillement les plus hautes figures de la sainteté. Une pareille audace de pensée, qui exalte la folie du désir à l'instar de la folie de la foi, pouvait-elle s'exprimer ailleurs que sous couvert des plus prestigieuses figures du *trobar*, de la culture médiévale et de l'imaginaire chevaleresque ? Pour de moindres audaces, il y a les Fabliaux, les Goliards, le *Décaméron*…

Francis Dubost,
Professeur honoraire,
Université Paul-Valéry
Montpellier 3

NOTES

[1] Récurrente dans le *Tristan* de Béroul, l'expression apparaît par exemple dans *La Mort le roi Artu* en ce qui concerne Lancelot, éd. Jean Frappier, Droz-Minard, 1964, p. 3 : *Lancelos amoit la reïne de fole amor.* Cette idée, on le sait, occupe les pensées d'Agravain qui joue ici le rôle du délateur dévolu au nain Frocin et aux barons jaloux dans le *Tristan.*

[2] Pour l'évaluation de l'importance reconnue aux désordres du désir dans la vie religieuse et morale, on peut se reporter à deux lectures contrastées : Paul Zumthor, *Abélard et Héloïse, Correspondance,* Paris, Union Générale d'Éditions, 1979, et Georges Duby, *Dames du XIIe siècle,* Gallimard, 1995, t. I, p. 73-110.

[3] Bernard de Ventadorn, *Non es meravilla s'ieu chan...,* II, v. 9-10. « Il est vraiment mort celui qui n'éprouve dans son cœur quelque douce saveur ». Je remercie Gérard Gouiran d'avoir mis généreusement à ma disposition l'anthologie des troubadours – édition, présentation des textes et traductions – qu'il a établie (et à paraître), *Chansons bleues des troubadours,* d'où proviennent, sauf indication différente, la plupart des références exploitées dans cet article. La pièce en question figure dans la section « auteurs », p. 106.

[4] Voir Francis Gingras, *Le Bâtard conquérant. Essor et expansion du genre romanesque au Moyen Âge,* Paris, Honoré Champion, « Nouvelle bibliothèque du Moyen Âge » 106, 2011, chap. 3, p. 119 et suiv.

[5] Cette répartition n'a pas un caractère absolu ; il arrive que les deux mots, au lieu de s'opposer, se renforcent mutuellement en une sorte de doublet sémantique : « Pur le nun e pur la belté / Que Tristrans i ad trové / Chiet en desir e en voleir / Que la meschine volt aveir. » (Pour le nom et pour la beauté que Tristan a trouvés en elle, il succombe au désir et à la volonté de posséder la jeune fille.) (Fragment Sneyd 1, v. 230-233). Thomas, *Le Roman de Tristan,* édition bilingue présentée et annotée par Emmanuèle Baumgartner et Ian Short, suivi de la *Folie de Berne* et de la *Folie d'Oxford,* qui reprend, avec quelques corrections, le texte établi par Félix Lecoy (1991), augmenté du fragment de Carlisle (Paris, Honoré Champion, 2001).

[6] *Ibid.,* v. 802-803.

[7] « Las Novas del Papagay », *Nouvelles courtoises occitanes et françaises,* éditées, traduites et présentées par Suzanne Méjean-Thiolier et Marie-Françoise Notz-Grob, Paris, « Lettres Gothiques », p. 190-191.

[8] *Qan lo rius de la fontana...,* V, 31.

[9] Voir Francis Gingras, *Le Bâtard conquérant..., op. cit.,* chap. 3, p. 119 et suiv. L'auteur examine la montée en dignité des langues vernaculaires, leur légitimation et l'accès qui leur est ainsi ouvert aux activités créatrices.

[10] Tel est bien selon Daniel Poirion le thème dominant du récit dans lequel il distingue même une structure œdipéenne. Voir les premières versions européennes, dans *Tristan et Yseut*, dir. Christiane Marchello-Nizia, Paris, Gallimard, Pléiade, 1995. Antérieure à cette date (elle fut rédigée en 1989

pour l'édition de l'Imprimerie Nationale), la très suggestive analyse du *Tristan* de Béroul donnée par D. Poirion figure p. 1127-1150. La notion de désir y est récurrente.

[11] Pendant plusieurs années, au cœur du XIIIe siècle, Mechthild de Magdebourg rédige son œuvre, *Cette Lumière de ma divinité* (titre abrégé) en vernaculaire bas allemand (source perdue, très tôt transposée en moyen haut allemand et en latin), en forme d'autobiographie spirituelle et visionnaire où elle s'attribue le rôle de l'épouse de Dieu : « Ô Dieu, toi qui te déverses en ton don, ô Dieu, toi qui t'épanches en ton amour, ô Dieu, toi qui brûles en ton désir, ô Dieu toi qui fonds dans l'union avec ton aimée, ô Dieu, toi qui reposes entre mes seins, sans toi je ne puis être. » Voir *Voix de femmes au Moyen Âge,* sous la direction de Danielle Régnier-Bohler, Paris, Robert Laffont (collection Bouquins), 2006 ; Mechthild de Magdebourg, *Cette lumière de ma divinité* (extraits) par René Pérennec, p. 205-281.

[12] Jean-Michel Gardair note que « Pétrarque appelle *rime* les vers rimés en langue vulgaire, et *versi* les vers latins mesurés ». Pétrarque, *Canzoniere,* Préface et notes de J. M. Gardair (trad. du comte Ferdinand L. de Gramont, 1842), Paris, NRF, Gallimard, 1983, p. 27.

[13] «*...l'engordo / voler ch'è cieco et sordo...* » (CXXXV, 41-42). Les références renvoient à l'édition italienne, du *Canzoniere,* introd. di Ugo Foscolo, note di Giacomo Leopardi, cura di Ugo Dotti, Milano, Feltrinelli ed., 1992, 2010. p. 172.

[14] « *... 'l gran desio mi sprona e 'nchina* » (CLI, 4), *ibid.,* p. 183.

[15] « *Mortal bellezza, atti e parole m'anno / tutta ingombrata l'alma* » (XXXLXVI, 85-86).

[16] « *Cosi cresca il bel lauro in fresca riva, / e chi 'l pianto pensier' leggiadri et alti / ne la dolce ombra al suon de l'acque scriva* » (CXLVIII, 12-14). « Qu'ainsi croisse le beau laurier sur le rivage frais ; et que celui qui l'a pleuré écrive sous son doux ombrage, au murmure des eaux, des pensées élégantes et élevées » (trad. du comte Ferdinand L. de Gramont, *op. cit.,* p. 137.

[17] *Canzoniere,* pièce finale, Hymne à la Vierge, (CCCLXVI, 126-128).

[18] Le texte source reste bien entendu le récit latin consigné au livre VI des *Métamorphoses* d'Ovide.

[19] Petrus Blesensis (*ca* 1135–*ca* 1204), *Grates ago Veneri...,* traduction de cette chanson de viol, où l'expression métaphorique révèle et masque tout à la fois la grivoiserie comme dans les récits licencieux du XVIIIe siècle, par J.-P. Letort-Trégaro, dans *Pierre Abélard,* Paris, éd. Payot & Rivages, 2002, p. 46-47.

[20] Voir par exemple l'épisode du *Lancelot* en prose où Claudas, ayant séduit la femme de Pharien, cherche à éliminer ce dernier.

[21] Claude Lachet a analysé cette scène en relation avec la situation similaire exploitée avec ironie par Chrétien de Troyes dans *Le Chevalier au Lion* : une veuve détentrice du pouvoir et amoureuse du meurtrier de son mari. Dans le récit du XIIIe siècle, le jeu du désir est à la fois plus impérieux et plus incertain. Plus impérieux car la reine d'Irlande, plus proche en cela du modèle

biblique, est vraiment présentée dans le rôle de la « veuve luxurieuse ». Plus incertain aussi, car on ne sait pas au juste ce qui s'est passé entre les deux personnages au cours de cette nuit qui a commencé par quelques baisers et à l'issue de laquelle on retrouve au matin le héros tout habillé (on songe aux *braies* de Tristan), tandis que la reine, qui paraît apaisée, est enfin disposée à le laisser partir. On notera que le rôle traditionnel de l'entremetteuse est tenu ici par… un maître Templier !

[22] *Floriant et Florete,* édition bilingue établie, traduite, présentée et annotée par Annie Combes et Richard Trachsler, Paris, Champion, 2003.

[23] Voir Gaetano Raciti, Ocso, « Le message spirituel de saint Bernard », *Collectanea Cisterciensia,* 72 (2010), p. 217.

[24] Voir par exemple V, 16 : « *guttur illius suavissimum et totus desiderabilis talis est dilectus meus et iste est amicus meus filiae Hierusalem* ». (« Son sein est douceurs, son tout désirable, voilà mon amant, voilà mon compagnon, filles de Jérusalem », trad. de Chouraqui). L'École biblique de Jérusalem propose : « Ses discours sont la suavité même, et tout en lui n'est que charme. Tel est mon bien-aimé, tel est mon ami, filles de Jérusalem ». La Sainte Bible, Club français du Livre, 1965, t. II, p. 2035.

[25] Voici l'ensemble du verset VII, 12, *Mane surgamus ad vineas videamus si floruit vinea si flores fructus parturiunt si floruerunt mala punica ibi dabo tibi ubera mea.* Chouraqui traduit *ibi dabo tibi ubera mea* par « là, je te donnerai mes étreintes ».

[26] « Or esccoutez que je ci jure /… Q'entre mes cuises n'entra home, / Fors le ladre qui fist sorsome, / Qui me porta outre les guez…/ Li ladres fu entre mes janbes. (Béroul, *Tristan et Iseut,* v. 4199-4212).

[27] Francis Gingras, *Érotisme et merveilles dans le récit français des XIIe et XIIIe siècles.* Paris, Champion, 2002, « Nouvelle bibliothèque du Moyen Âge », 63, p. 181-188.

[28] *Lancelot du Lac,* d'après l'édition d'Elspeth Kennedy, texte présenté, traduit et annoté par François Mosès, Paris, Librairie Générale Française, 1991, « Lettres Gothiques ». Dans son introduction, l'auteur parle de l'amitié et refuse tout autre interprétation. Il signale que « plus encore que l'Antiquité, le Moyen Âge a porté à l'extrême le culte de cette passion, ou pour mieux dire de cette vertu, dont Galehaut, le seigneur des Étranges Îles, est le plus romantique exemple » (p. 26).

[29] *Ibid.,* t. II, p. 596.

[30] *Ibid.* t. II, p. 584.

[31] Exemple caractéristique : *ibid.,* t. II, p. 584.

[32] « Plus vos ai-je amé que terriene honor », *ibid.,* II, p. 582. Voir également éd. A. Micha, T. VIII, LIIa, 74.

[33] Parmi les multiples déclarations de fidélité absolue chez les troubadours, isolons celle-ci due à Guillem de Cabestany : « *Tot jorn m'azire / Amors que·us mi defen, / s'ieu ja·l cor vire / ves autra, ni·m desmen.* » (« Qu'à jamais me haïsse / Amour qui vous refuse à moi / si jamais je tourne mon cœur / vers une autre ou si je me démens »). (*Lo dous cossire…* BdT, 213.5).

[34] Malgré le flirt avec la dame de Malehaut.

[35] Georges Duby, *Mâle Moyen Âge, De l'Amour et autres essais,* Paris, Flammarion, 1988 et Champs Flammarion, 1990, p. 90.

[36] Sur cet obscur et célèbre poème, les commentaires ne manquent pas. On lira avec intérêt l'article très documenté de Michel Stanesco, « La fleur inverse et la "belle folie" de Raimbaut d'Orange », *Cahiers de civilisation médiévale,* 1997, n° 40, p. 233-252.

[37] *Le Haut Livre du Graal* (*Perlesvaus*), éd. Armand Strubel, Paris, 2007, « Lettres Gothiques », br. VIII, p. 460.

[38] « Je désire ma dame la reine plus qu'aucune créature vivante, et pourtant l'un des meilleurs rois du monde l'a pour épouse ; ce désir me semble si noble et si estimable que je ne peux y renoncer, enraciné qu'il est dans mon cœur au point qu'il ne s'en peut séparer. »

[39] Voir Jacques Le Goff, « Le refus du plaisir », *L'Imaginaire médiéval,* NRF, Gallimard, 1985, p. 136-148.

[40] *Héloïse et Abélard. Lettres et vies,* Introduction, traduction, notes, bibliographie et chronologie par Yves Ferroul, Paris, G-F Flammarion, 1996, p. 123-124.

[41] « *S'ieu per crezensa / estes vas Dieu tan fis, / vius, ses falhensa, / intrer'em paradis.* » (« Si, en matière de foi, / j'étais aussi fidèle à Dieu, / sans faute j'entrerais / tout vif en paradis. ») Guillem de Cabestany, (*Lo dous cossire...* str. IV, v. 50-53, BdT, 213.5). Trad. G. Gouiran, *op. cit.,* p. 489.

[42] « Le gel, la neige, le grésil, / qui cuisent, tourmentent et tranchent, / et tuent gazouillis, cris, roulades et sifflements / dans les feuillages, les ramures et les branches. » Trad. Gérard Gouiran, *op. cit.,* section « Thèmes », p. 31 (BdT 389.16).

[43] Une variante de l'incipit donne : *Ar* resplan *la flors enversa...*

[44] *Folie de Berne, op. cit.,* v. 571.

Un manteau sur la chemise :

Blanchefleur et ses sœurs, d'Ovide au *Conte du Graal*

Amie n'est fine ne pure
Ke ne se met en aventure
E en perilus hardement
S'ele aime del tut lealment[1]

Pulsion inquiétante car souvent destructrice, le désir érotique fait l'objet d'une promotion remarquable dans la littérature médiévale dès le XIIe siècle, notamment dans le sillage des poèmes du grand chant courtois et sous l'influence des modèles transmis par l'œuvre d'Ovide. Ces accents lyriques se retrouvent dans les romans antiques et arthuriens et servent à exprimer le trouble délicieux et le malaise fascinant que procure l'émoi d'un amour naissant[2]. Mais de tels plaisirs du cœur et de semblables délices de l'expression se déclinent le plus souvent au masculin singulier. Du fait même de la transgression qu'ils supposent par rapport aux normes de la bienséance, ils paraissent peu compatibles avec la toujours fragile dignité féminine. Pris dans les convenances de la civilité courtoise, le désir féminin et plus particulièrement le désir féminin juvénile reste en bonne partie hors de prise d'une rhétorique amoureuse qui, pour raviver sans cesse la diction d'une *fin'amor* largement centrée sur une subjectivité virile, s'appuie le plus souvent sur l'impassibilité d'une dame lointaine.

Cependant, quelques récits épars mettent en scène des figures de demoiselles entreprenantes capables d'outrepasser les bornes de la réserve féminine pour se jeter dans les bras ou à la tête de l'élu de leur cœur. Bélissant dans *Ami et Amile* et Blanchefleur dans le *Conte du Graal* n'hésitent pas à aller se glisser dans le lit de l'homme qui a su éveiller leurs sens. Comment et pourquoi une telle fougue peut-elle venir au jour dans un contexte qui fait de la timidité des jeunes filles la meilleure garantie de leur honneur ?[3]

Émoi nocturne et pulsion mortelle : Ovide et le désir inquiétant de la jeune fille

La situation de ces héroïnes hardies est donc bien périlleuse si, placé dans la bouche d'une jeune fille, l'aveu d'amour anticipé, la confession d'un trouble passionnel, bien loin de conférer à son énonciatrice un attrait séducteur la rabaisse immanquablement au niveau des amours « vilaines »[4]. La noblesse de la passion se conjugue malaisément au féminin. D'autant que les modèles qui s'offrent à la peinture du désarroi amoureux sont tout sauf édifiants. Renate Blumenfeld-Kosinski a montré que, dans le *Roman d'Énéas*, la peinture, pourtant bien réservée dans ses effets, du trouble que ressent Lavinie à la vue d'Énée s'inspire des errances criminelles de Byblis, Myrrha et Scylla, rapportées dans les *Métamorphoses* d'Ovide[5]. La contemplation du héros séduisant depuis la tour du palais paternel[6], l'aveu difficile voire impossible, obtenu syllabe par syllabe, lettre par lettre, du nom de l'objet d'un amour interdit[7], la rédaction d'une lettre destinée à l'amant désiré[8] sont autant de motifs que l'auteur du *Roman d'Énéas* intègre à son récit tout en inversant les signes de ces audaces et de ces repentirs juvéniles : loin de vouer la jeune fille dont il s'empare aux horreurs de l'inceste (Byblis, Myrrha) ou de la trahison (Scylla), le désir de Lavinie ne fait que confirmer les intentions politiques de son père et sert finalement ses intérêts[9].

Dans les *Métamorphoses*, en effet, le désir des jeunes filles, souvent criminel ou du moins transgressif, précipite celles qui y succombent dans le châtiment ou la mort. Il n'en demeure pas moins que le texte ovidien fournit les codes d'une représentation de la folie amoureuse au féminin. Le décor nocturne qui s'impose dans ces scènes, mais aussi le sommeil agité et le repos troublé par des rêves indécents révèlent combien l'éveil des sens d'une adolescente constitue non seulement une perturbation psychique singulière, mais sans doute aussi une grave atteinte à l'ordre social :

> *Noctis erat medium curasque et corpora somnus*
> *Soluerat ; at virgo Cinyreia pervigil igni*
> *Carpitur indomito furiosaque vota retractat*
> *Et modo desperat, modo vult temptare ; pudetque*
> *Et cupit et, quid agat, non invenit.*
> (Ovide, *Métamorphoses* X, 368-372)[10]

(La nuit avait déjà accompli la moitié de sa course ; le sommeil avait détendu les soucis et les corps des mortels ; mais la fille de Cinyras veille toujours, en proie à une flamme indomptable, et elle revient sans cesse à ses désirs insensés ; tantôt elle désespère, tantôt elle est prête à tout oser ; elle est partagée entre la honte et la passion et elle se demande quel parti elle doit prendre.)

Parfois, comme dans le cas de Thisbé ou de Myrrha, la jeune fille, après avoir longuement interrogé son cœur et délibéré sur son sort, échappe à la surveillance parentale et sort nuitamment, dans le but de rejoindre l'élu de son cœur. Même si une sanction cruelle l'attend au bout de sa course, cette fugue nocturne condense en elle tout l'attrait d'une expérience intensément vécue. Afin de rejoindre son jeune amant, Thisbé se faufile hors des murs de Babylone :

> *Callida per tenebras, versato cardine, Thisbe*
> *Egreditur fallitque suos adopertaque vultum*
> *Pervenit ad tumulum dictaque sub arbore sedit.*
> (Ovide, *Métamorphoses* IV, 93-95)[11]

(Adroitement, au milieu des ténèbres, Thisbé fait tourner la porte sur ses gonds ; elle sort, trompant la surveillance de sa famille ; le visage caché par un voile, elle parvient au tombeau et s'assied sous l'arbre désigné.)

Plus inquiétante, Scylla se glisse, toujours de nuit, dans la chambre de son père pour lui dérober le cheveu de pourpre qui garantit l'autorité du roi d'Alcathoé (ou Mégare) afin de l'offrir à l'ennemi qu'elle adore (VIII, 82-89). Quant à Myrrha, elle enfreint toutes les lois humaines et divines, malgré les présages effrayants qui accompagnent sa marche nocturne, en franchissant, poussée par une passion impie, le seuil de la chambre paternelle (X, 446-470).

Il est sans doute remarquable, de ce point de vue, que l'auteur du *Roman d'Énéas* renonce à donner aux actions de Lavinie un décor nocturne. C'est en plein jour que la fille de Latinus tirera la flèche porteuse du message d'amour adressé au bel Énéas.

Thisbé et Dané : la pucelle amoureuse ou le salut *in extremis*

Il n'en demeure pas moins que le thème de l'escapade amoureuse au clair de lune, empreinte de sensualité, se présente sous la plume des écrivains du XIIe siècle français et qu'elle semble, à en juger du moins par les exemples déjà mentionnés de Blanchefleur et de Bélissant, faire l'objet d'une condamnation moins rigoureuse que celle qui pèse sur les adolescentes ovidiennes.

Les lais ovidiens qui transposent dans un cadre courtois les histoires de Pyrame et de Narcisse permettent d'en juger, même si l'exemple de Thisbé semble à première vue peu probant. La trame ovidienne du récit ne laisse pas une grande marge de manœuvre à l'adaptateur roman, dont le talent est pourtant unanimement reconnu par les critiques. La parfaite maîtrise des techniques rhétoriques de l'*amplificatio* fait de cette pièce aux dimensions modestes un chef-d'œuvre de la littérature courtoise naissante. Sur ce chapitre, le passage qui rapporte l'évasion de Thisbé est plein d'enseignements. Comme l'a remarqué Madeleine Tyssens[12], les dangers auxquels s'expose Thisbé sont mis en évidence par la mention des mauvais présages que suscite cette fugue :

> Quant fu issue dou palais
> Et elle devaloit em pais,
> Si mist avant le pié senestre,
> Puis esgarda par devers destre :
> Senti tout le palais fermir,
> Et vit la lune empalir. (*Pyrame et Thisbé*, v. 610-615)[13]

Absents de la version originale, le mouvement descendant de la course, le départ du pied gauche, le tremblement de terre, à quoi s'ajoutent, selon la leçon du manuscrit édité par Francesco Branciforti[14], le bruit du tonnerre et la présence d'oiseaux de mauvais augure, ont pourtant une source ovidienne : de semblables avertissements accompagnent en effet la coupable entreprise de Myrrha (livre X, 448-454). Cet ajout semble donc noircir le tableau et accentuer la valeur funeste de l'initiative laissée au désir féminin. Cependant d'autres aménagements viennent contrebalancer cet effet. Inspiré sans doute par la mention du v. 96 (IV), « *Audacem faciebat amor* », le traducteur glose positivement le courage amoureux qui caractérise Thisbé ainsi que toutes les jeunes filles qui, à sa suite, se « mettent en aventure »[15] :

> Lieve dou lit ou elle gist,
> Tout belement de la chambre ist ;
> Ne la tint huis ne fermeüre.

De la chambre ist toute segure,
Sole par nuit et sans paour :
Tel hardement li done Amour ! (*op. cit.*, v. 604-609)

Lorsque le guetteur aperçoit la silhouette qui se glisse entre les murs de la ville, il la prend pour une déesse, façon de souligner l'apparence insolite, mais aussi teintée de merveilleux, que la course nocturne confère à cette démonstration d'audace amoureuse. La jeune fille qui prend la route de son désir ne se laisse arrêter par aucun obstacle. Elle sait profiter de la moindre brèche pour passer outre les défenses et les interdits que lui imposent les convenances[16] :

Ja ert desi qu'as murs venue
Quant une gaite l'a veüe ;
Et quant a cele hore la voit,
Cuide une deesse soit.
Trait soi ariere, ne l'apele.
Ensi s'en vait la demoisele
Devant les iex de cele guaite ;
S'en ala bien par une fraite
Et vint au leu sans demorance
Ou fu prise la convenance. (*op. cit.*, v. 620-629)

Le *Lai de Narcisse*[17] se distingue par une plus grande liberté d'invention rhétorique puisqu'il impose à sa source ovidienne un remaniement substantiel. La nymphe Écho est remplacée par une jeune fille, Dané, fille du roi de Thèbes, qui s'éprend de Narcisse, le beau *jovencel* qu'elle contemple depuis les fenêtres du palais paternel (on se souviendra, ici encore, de la Scylla ovidienne) :

La fille au roi de la cité
Des fenestres a jus gardé.
Dané ot non la damoisele,
En tote Tebles n'ot si bele.
Ele coisist le damoisel,
Voit le si fier, si gent, si bel,
Graisle par flans, espés par pis,
Les bras bien fais, auques fornis ;
Lons et grailes avoit les dois
Et les jambes et les piés drois ;
Voit le ceval qui se desroie
Et fait fremir toute la voie (*Narcisse*, *op. cit.*, v. 127-138)

Le portrait de Narcisse, présenté en focalisation interne, est construit de manière assez traditionnelle, par adjonction successives de mentions des parties du corps masculin qui s'offrent au regard de la princesse. Il permet au lecteur d'épouser la montée du désir de la spectatrice. L'érotisation du portrait culmine dans la mention de l'écart du cheval et du frémissement qui, en écho à l'émoi de la jeune fille, semble s'emparer de tout le paysage[18]. Plus loin, la jeune fille témoigne ouvertement de sa fascination, sans faire mystère du rôle érotique que joue la monture dans l'admiration qu'elle voue à l'objet de ses vœux :

> Ques piés vi es estriers d'argent,
> Quel vis, quel cors, ques bras, ques mains !
> Ques ert sa sele et ses lorains !
> Ques ex, quel bouce por baisier !
> Com il seoit bel au destrier ! (*Narcisse, op. cit.*, v. 284-288)

L'orgueilleux d'amour se présente en outre tout « *escaufés* » par les plaisirs de la chasse, si bien que le spectacle de la beauté sensuelle du jeune cavalier semble provoquer une circulation du désir entre l'objet de la contemplation, le sujet contemplant et les témoins de la scène, l'ardeur de l'un excitant les transports de l'autre en une ronde qui emporte à son tour le lecteur.

Il n'en demeure pas moins que, dans le *Lai de Narcisse* comme dans le *Lai de Pyrame et Thisbé*, l'initiative féminine reste vouée à l'échec. « Aimer tue », telle semble être la sévère mise en garde que dispense les récits du suicide des amants de Babylone, de l'épuisement amoureux de Narcisse et de l'étreinte désespérée de Dané qui « Du cors se fait l'ame partir » en embrassant le corps sans vie de son amant :

> La pucele plus pres se trait,
> Vers soi le trait par tel aïr
> Du cors se fait l'ame partir.
> Ç'a fait Amor qui l'a souprise.
> Andui sont mort en itel guise.
> Or s'i gardent tuit autre amant
> Qu'il ne muirent en tel samblant !
> (*Narcisse, op. cit.*, v. 1004-1010)

Cependant, comme le montre Emmanuèle Baumgartner, les dénouements des deux lais laissent entrevoir une possibilité d'union aux portes de la mort qui tempère la valeur tragique de ces itinéraires. Thisbé en effet, « première des amoureuses de la littérature médiévale à prendre en main - à le tenter du moins - son destin, à vouloir son bonheur », « suscite le miracle : l'ultime dialogue avec un amant qui, à la différence de Tristan, meurt dans les bras de l'aimée, et meurt heureux de la croire ressuscitée. »[19] :

> Adont s'encline la pucele,
> Bese sa bouche, si l'apele :
> *Pyramus, vesci vostre amie,*
> *Quar l'esgardez, si ert garie !*
> Li jovenciaux, la ou moroit,
> Entr'œuvre les iex et si voit
> Que ce iere Tysbé s'amie,
> Qui l'apeloit toute esmarie.
> Parler i veult, mes il ne puet,
> Quar la mort, qui le tient, ne let.
> Mes tant a dit : *Tysbé, amie,*
> *Pour Dieu, qui vous remist en vie ?*
> (*Pyrame et Thisbé, op. cit.*, v. 858-869)

Le *Lai de Narcisse*, en remplaçant la nymphe Écho par la séduisante fille du roi de Thèbes, permet de créer un effet de symétrie avec l'histoire de Pyrame et Thisbé, que souligne d'ailleurs une similitude dans les attitudes du mourant. Il laisse ainsi entrevoir, *in extremis*, le remords de Narcisse, voire sa conversion à une logique du désir hétérosexuel :

> Mais dont ne m'a nus esgardé
> Qui plaigne moi et ma biauté ?
> Certes, oïl, viax la pucele
> Que je trovai l'autrier si bele,
> Ki se clamoit cetive et lasse
> Et me prioit que je l'amaisse.
> Or me puis je caitis clamer
> Por çou que ne la voil amer.
> [...]
> Et la parole a ja perdue.
> Ovre les ex, s'a ja veüe
> Dané, qui vient tote esgaree,

Qu'Amors avoit si escaufee
Que toute nue en son mantel
Aloit querre le jevencel.
Il le regarde, ne dist mot,
Car parler veut, mais il ne pot.
[...]
Les bras li tent, les levres muet,
Les ex ovre si com il puet ;
Sanblant li fait que se repent. (*Narcisse*, *op. cit.*, v. 939-983)

Nue sous le manteau : rhétorique et érotique du désir féminin

L'évocation du corps désirant de la jeune Dané, « *nue en son mantel* », recycle un élément d'une description précédente, celle précisément qui retrace la course folle de l'amoureuse qui « *a la cambre desfremee* » et « *par un guicet s'en est enblee* » (v. 425-426) et se précipite dans la forêt pour s'offrir à son amant « *tote nue fors de cemisse / et affublee d'un mantel* » (v. 434-435). Cet accoutrement singulier alliant le manteau, vêtement de cérémonie réservé à l'aristocratie, à la chemise portée dans l'intimité du lit est éloquent[20]. En conjuguant la splendeur du corps paré, la sensualité d'un vêtement suggestif et l'éclat de la nudité, il fait de la révélation du désir féminin un événement essentiellement plastique. Cette topique revient avec constance sous la plume des auteurs français des XIIe et XIIIe siècles, si bien que les corps amoureux des adolescentes en viennent à prendre en charge, par le biais de cette rhétorique vestimentaire, l'expression de leur audace. Blanchefleur ne déroge pas à la règle :

Un mantel cort de soie en graigne
Ha afublé sor sa chemise,
Si s'et en avanture mise
Come hardie et coraigeuse.
(Chrétien de Troyes, *Conte du Graal*, *op. cit.*, v. 1910-1913)

Quant à Bélissant, ses tentatives de séduction répétées la présentent tantôt « *en pure [s]a chemise* », comme elle le rappelle au comte Amile (v. 614)[21], tantôt « *a mienuit toute seule* », jetant sur elle « *un chier mantel osterin* » (v. 664, 666). Se dessine alors comme le protocole de l'escapade amoureuse : les pieds nus dans la rosée[22], un manteau sur les épaules et un corps en grande partie dénudé, dont les vêtements de nuit, la chemise en particulier, laissent apparaître la splendeur. Cette convention vestimentaire souligne la parenté entre le corps juvénile de l'adolescente fugueuse et celui de la fée, qui se donne à voir dans un appareil fort semblable :

> Dedenz cel tref fu la pucele ;
> Flur de lis e rose nuvele,
> Quant ele pert al tens d'esté,
> Trespassot ele de beauté.
> Ele jut sur un lit mult bel –
> Li drap valeient un chastel –
> En sa chemise senglement.
> Mult ot le cors bien fait et gent !
> Un chier mantel de blanc hermine
> Covert de purpre alexandrine,
> Ot pur le chaut sur li geté ;
> Tut ot descovert le costé,
> Le vis, le col et la peitrine :
> Plus blanche ert que flur d'espine !
> (Marie de France, *Lanval*, v. 93-106)[23]

La fée, qui est ici directement placée sous le regard de l'amant, déploie ses attraits selon le même dispositif de mise en tension de l'apparat et de la nudité. Dans le cas de la pucelle hardie, la contemplation du désir féminin, dérobée le plus souvent au regard de l'amant, est offerte à la jouissance du lecteur. Nous aurons à revenir sur les similitudes qui apparentent le type de la pucelle entreprenante à celui de la demoiselle à la tente. Notons simplement pour l'instant que l'évocation visuelle du trouble érotique de la jeune fille produit avant toute chose, par un mouvement d'objectivation de l'émoi féminin, des images propres à rendre désirables ces corps investis par le désir.

Orgueilleux d'amour et pucelle hardie

L'intrigue du *Lai de Narcisse* nous permet de percevoir un des ressorts narratifs qui motivent le scénario de la jeune fille aventurière. La figure de l'orgueilleux d'amour et l'impassibilité qu'oppose à la présence fascinante de la beauté juvénile le désintérêt masculin pour les jeux érotiques motivent la démarche nocturne de ces amantes en mal de sollicitations :

Quant ele l'ot, vers lui se trait,
Sospire, pleure, - rien ne fait -
Et gete ariere son mantel :
Tote nue est, le cors a bel.
[…]
- Cil l'esgarde, si la voit bien,
Et dist que ce ne li vaut rien -
[…]
Nule pités ne l'en est prise.
Dix ! si duer cuer et si felon !
(*Narcisse, op. cit.*, v. 511-514 ; 521-522 ; 528-529)

Il nous faut revenir à Bélissant et Blanchefleur qui, contrairement à leurs modèles malheureux, parviendront à leurs fins. Car les conditions de cette étonnante réussite restent à interroger. La confrontation de leurs agissements avec ceux de Dané confirme l'importance du motif de l'indifférence masculine. Qu'il s'agisse d'Amile, tout entier adonné à sa passion pour son compagnon Ami ou de Perceval le *nice*, les « amants » de nos héroïnes entreprenantes se caractérisent par une forme de résistance à la logique de conquête amoureuse que les rencontres avec la fille de Charles ou avec la belle héritière de Beaurepaire semblent pourtant induire.

1. Bélissant : une épouse en devenir

Le cas de Bélissant est particulièrement frappant, car il engage les enjeux de l'ensemble de la chanson de geste. Comme le montre bien Silke Winst, la chanson de geste française appartient à un groupe bien particulier et assez restreint de versions de la légende qui se situent à mi-chemin entre une lecture religieuse et une lecture féodale du récit[24].

Si la coloration hagiographique de l'itinéraire spirituel des deux compagnons domine clairement au début et à la fin de la chanson, celle-ci accorde pourtant un intérêt très remarquable aux enjeux lignagers et, par voie de conséquence, aux alliances matrimoniales que contractent les deux héros. Loin de défendre unilatéralement les vertus de l'amitié et des alliances homosociales que celle-ci idéalise, le texte s'appuie sur l'imagerie courtoise pour façonner une intrigue amoureuse entre Amile et Bélissant. En dépit des mises en garde d'Ami qui compare la fille de Charles à une grappe de raisin trop haut placée pour que son ami puisse s'en saisir (v. 571-574), offrant ainsi une formulation imagée à la tentation d'une alliance hypergamique, l'amour d'Amile et Bélissant recevra une appréciation positive, puisque la princesse hardie deviendra une épouse modèle. Le dénouement de l'intrigue, qui repose sur la guérison d'Ami lépreux grâce au sang des enfants d'Amile et de Bélissant, ne laisse pas de doute sur les vertus de la dame de Riviers : dévouée à son mari jusqu'au sacrifice, elle approuve, malgré l'ardeur de ses sentiments maternels (v. 3183-3187), le geste meurtrier, mais salvateur de son mari (v. 3228-3232). Bélissant connaît donc au cours du récit une sorte de promotion symbolique qui lui permet d'endosser, en fin de compte, une identité sociale fortement valorisée.

L'audace juvénile qui la pousse à se glisser dans le lit d'Amile offre donc un contraste saisissant avec la dignité qui la caractérise à la fin de la chanson. Pourtant, cette provocation érotique ne fait l'objet d'aucune condamnation de la part du narrateur, qui s'attache simplement à disculper Amile de toute complicité avec les élans de la jeune fille. Il faut se souvenir que l'entreprise de séduction de Bélissant a lieu dans un contexte de compétition avec le traître Hardré qui lui aussi cherche, en l'absence d'Ami, à faire alliance avec Amile :

> Lors li ra dit Hardréz li losengiers :
> « Sire, de voz me voldroie acointier
> Et le païs et la terre enseingnier. »
> (*Ami et Amile, op. cit,* v. 600-602)

Bélissant s'insurge contre ce pacte périlleux et inscrit ses offres érotiques dans le contexte de cette rivalité avec Hardré :

> « Biaus sire Amile, dist la franche meschinne,
> Je voz offri l'autre jor mon service
> Dedens ma chambre en pure ma chemise.
> Bien voz seüstez de m'amor escondire.
> Envers Hardré nel feïstez voz mie,
> Qui tant est fel et crueuls et traïtres.
> (*Ami et Amile, op. cit.,* v. 612-617)

Les efforts d'Hardré pour supplanter Amile dans le cœur d'Ami laissent soupçonner que le compagnonnage épique, qui institue une sociabilité entièrement masculine, ne garantit pas plus que l'amour une transparence absolue des relations interpersonnelles.

Somme toute, le piège que tend Bélissant à Amile en se faisant passer pour une « *beasse ou chamberiere* » (v. 680) que l'on peut retenir dans son lit contre « *cent sols en [l]'aumosniere* » (v. 683), est bien plus innocent que les manigances du traître qui habille sa haine des couleurs de l'amitié. Si Amile succombe (« *si enchaït li ber une foïe* » v. 691) aux attraits de Bélissant « *graislete et deloïe* » (v. 687), ses petits seins, « *ses mamelettes dures com pierres* » (v. 689-690) dressés contre la poitrine du chevalier, c'est à l'occasion d'une méprise qui ne diffère pas fondamentalement de l'échange des identités auquel les compagnons fidèles auront recours pour tirer Amile du mauvais pas où il s'est fourré. Contrairement aux projets du traître, la ruse de Bélissant n'a d'autre fondement que la bienveillance de la fille de Charles à l'égard des héros de la chanson. Elle se solde par la conclusion d'un véritable pacte aux allures féodales entre Bélissant et Amile :

> La gentiz damme a le conte appellé :
> « Sire, dist elle, un petit m'entendéz.
> Voz aviiéz le mien cors refusé,
> Par bel engieng voz ai prins et maté.
> D'or en avant, s'il voz plaist, si m'améz
> Et si soiéz mes drus et mes privéz. »
> (*Ami et Amile, op. cit,* v. 695-700)

La relation hétérosexuelle et érotique étend sa signification jusque dans la sphère publique. Ainsi, contrairement à ce que l'on pourrait penser, la chanson ne se situe pas entièrement dans une perspective de valorisation misogyne de l'amitié virile. Elle inclut une forme de pacte hétérosexuel dont la figure de Bélissant est la principale et efficace garante. La course nocturne de la fille de Charles relève d'un stratagème narratif qui trouve sa raison d'être dans les réticences chevaleresques à s'engager dans la voie d'une alliance entre les sexes.

Cette valorisation politique d'une union matrimoniale fondée sur une mutuelle attirance sexuelle fait de la chanson un important témoin de l'institution d'une « culture hétérosexuelle » qui apparaît comme l'un des effets profanes les plus remarquables de la réforme grégorienne[25].

2. Blanchefleur ou les promesses de l'idylle

La règle qui veut que les agissements de la demoiselle hardie trouvent leur origine dans l'indifférence masculine à l'égard des codes de la conquête amoureuse se vérifie encore dans le cas de Blanchefleur[26]. Les commentateurs sont nombreux à avoir relevé le silence de Perceval à Beaurepaire, qui annonce évidemment le mutisme fatal au château du Graal :

> […] il virent celui qui se sist
> Delez la dame et mot ne dist.
> Por ce de parler se tenoit
> Que do chasti li sovenoit
> Que li prodom li avoit fait.
> (Chrétien de Troyes, *Conte du Graal*, *op. cit.*, v. 1813-1817)

Mais les conséquences de l'attitude du nouveau chevalier ne se résument pas à cet effet d'annonce. La réserve dont fait preuve Perceval crée pour son hôtesse une sorte d'obligation sociale ; c'est à elle de faire le premier pas et d'engager la conversation :

> Ansin des .II. qui se taisoient
> Trestuit grant parole tenoient,
> Et la damoisele cuidoit
> Que l'araignast de que que soit,
> Tant qu'ele vit tres bien et sot
> Que il ne li diroit ja mot
> S'ele ne l'araignoit avant,
> Et dit molt debonairement :
> « Sire, don venistes vos hui ? »
> (Chrétien de Troyes, *Conte du Graal*, *op. cit.*, v. 1833-1841)

L'agencement de la scène de lit qui va suivre ne fera donc qu'obéir à un principe de communication qui s'est déjà mis en place dans les interactions publiques entre les deux acteurs. De même, au moment des préparatifs nocturnes, le confort de la couche offerte au jeune homme évoque les plaisirs érotiques, ce que le narrateur ne manque pas de souligner :

> Li autre molt se traveillierent
> De lor oste bien aaisier.
> Bons dras et covertor molt chier
> Et oreillier au chief li metent
> Cil qui do cochier s'antremetent.
> Trestote l'aise et lo delit

> Qu'an saiche deviser en lit
> Ot li chevaliers cele nuit,
> Fors que solemant le deduit
> De pucele que il aüst
> O de dame se lui plaüst.
> (Chrétien de Troyes, *Conte du Graal*, *op. cit.*, v. 1888-1898)

C'est l'occasion de réactiver le modèle de l'orgueilleux d'amour, à l'exemple de Narcisse :

> Mais il ne savoit nule rien
> D'amor ne de nule autre rien,
> Si s'andormi auques par tans,
> Qu'il n'estoit de rien en espanz.
> (Chrétien de Troyes, *Conte du Graal*, *op. cit.*, v. 1899-1902)[27]

Cet agencement narratif particulier suffit-il à éviter les reproches que les critiques adressent à Blanchefleur ? Jean Frappier s'interroge sur « la juste interprétation de cette scène si curieuse et d'une fraîcheur acide ». Il souligne que « Chrétien n'a pas trop compromis la décence de son héroïne, mais il n'a pas dissimulé, il s'est même amusé à peindre les manèges d'une coquette experte à obtenir ce qu'elle veut en faisant le calcul inavoué que sa beauté et ses larmes toucheront le cœur d'un insensible. »[28]

Mais là encore, on trouvera difficilement trace d'une condamnation explicite de la demoiselle dans la lettre du texte. Le narrateur joue habilement le jeu de l'ingénuité. Tout en épousant le point de vue de la jeune fille[29], il convoque chacun des éléments d'une topique ovidienne qui nous est à présent bien connue. L'hôtesse du valet gallois, loin de jouir de la sérénité de Perceval, est en proie aux troubles qui assaillent les autres demoiselles hardies, insomnie et agitation nocturne :

> Mais s'ostesse pas ne repose
> Qui dedanz sa chanbre est enclose.
> Cil dort a aise et cele panse,
> Qui n'a en li nule desfanse
> D'une bataille qui l'asaut.
> Molt se trestorne et molt tressaut,
> Molt se giete, molt se demaine.
> (Chrétien de Troyes, *Conte du Graal*, *op. cit.*, v. 1903-1909)

Ainsi que nous l'avons déjà mentionné, Blanchefleur adopte les codes du « langage vestimentaire »[30] commun aux pucelles entreprenantes dont elle reprend aussi la démarche lorsqu'elle s'avance, tremblante, dans la nuit :

> Lors [s']est de son lit departie
> Et issue ors de la chambre,
> S'a tel paor que tuit li mambre
> Li tranblent et li cors li sue.
> Plorant est de la chanbre issue.
> (Chrétien de Troyes, *Conte du Graal, op. cit.*, v. 1918-1922)

Le contraste entre les deux jeunes gens, l'un endormi et l'autre en éveil, révèle toute l'ambivalence de la scène. Selon que l'on voudra voir dans le sommeil sans trouble de Perceval le signe de l'innocence d'une âme ignorante du péché ou dans l'éveil de la demoiselle, celui de la vigilance d'une conscience attentive aux dangers qui la guette, selon donc le système de valeur dans lequel on inscrira l'opposition entre le sommeil et la veille, on considérera les actions de Blanchefleur avec plus ou moins d'indulgence. Cependant ce contraste entre le repos tranquille du jeune homme et l'inquiétude de la jeune fille prend une saveur particulière pour tout connaisseur de l'œuvre de Chrétien. Comment ne pas relever la ressemblance entre le v. 1905 « *cil dort a aise et cele panse* » et le fameux « *cil dormi et cele veilla* » d'*Érec et Énide* (v. 2475)[31] ? À la lumière de ce rapprochement, on sera tentée de considérer que, même si elle use (ou abuse ?) de ses charmes et de ses larmes, Blanchefleur joue un rôle similaire à celui d'Énide, dans la mesure où son intervention a pour conséquence d'éveiller le jeune chevalier aux impératifs de la vaillance chevaleresque.

Toujours est-il que, comme c'est le cas pour Bélissant, l'entreprise de Blanchefleur est couronnée de succès. La question de savoir si, durant la nuit que les jeunes gens passent ensemble, ils respectent ou non la chasteté a fait couler beaucoup d'encre[32]. La valeur érotique de la description ne laisse pas, à notre sens, beaucoup de doutes sur ce point :

> […] Et il la baisoit
> Et en ses braz la tenoit prise,
> Si l'a soz lo covertor mise
> Tot soavet et tot a aise,
> Et cele soefre qu'il la baise,
> Ne ne cuit pas qu'il li anuit.
> (Chrétien de Troyes, *Conte du Graal, op. cit.*, v. 2016-2021)

Au moment de conclure cet assaut de séduction, l'action revient entièrement à l'initiative masculine. « Prise » entre les bras de son amant et « mise » sous la couverture (on notera l'insistance sur ses deux participes passés placés à la rime), la pucelle courageuse se soumet au désir du jeune homme. Le sommeil qui les saisit « bouche à bouche, bras à bras » impose un dessin des corps enlacés qui explicite clairement la nature de cette union. Une telle posture rappelle celle à laquelle s'abandonnent Floire et Blanchefleur lorsqu'ils se retrouvent à Babylone, chez l'émir qui retient Blanchefleur prisonnière :

> Li enfant doucement dormoient,
> Estroit acolé se tenoient ;
> Bouce a bouce ert cascuns dormans.
> (*Le Conte de Floire et Blanchefleur*, v. 2639-2641)[33]

Le nom de l'amie de Perceval trouve peut-être ici une certaine motivation. Les amours idylliques de Floire et Blanchefleur fonctionnent sans doute comme un modèle pour le couple formé par Perceval et Blanchefleur, qui, comme le remarquent les convives du repas pris à Beaurepaire, « semblent faits l'un pour l'autre » :

> « Molt avient bien delez ma dame,
> Et ma dame assez delez lui.
> [...]
> Tant est cist biax et cele bele
> C'onques chevaliers ne pucele
> Si bien n'avinrent mes ensanble,
> Et de l'un et de l'autre sanble
> Que Dex l'un et l'autre feïst
> Por ce qu'ansanble les meïst. »
> (Chrétien de Troyes, *Conte du Graal*, *op. cit.*, v. 1824-1832)[34]

Le modèle idyllique des amours gémellaires, que Chrétien applique aussi à Érec et Énide et à Cligès et Fénice[35], permet de dédramatiser la dimension charnelle de la relation entre les amants. Les sèmes de l'union amoureuse, voire de la fusion des identités, sont susceptibles de faire passer l'inquiétude suscitée par une pratique précoce de la sexualité à l'arrière-plan des préoccupations imaginaires en œuvrant en faveur d'une représentation édénique du lien d'amour noué entre de tout jeunes amants[36].

Prendre et surprendre la fée : Blanchefleur, ou le don d'un viol

Ainsi dans *Ami et Amile* comme dans le *Conte du Graal,* les surprenantes escapades nocturnes de pucelles aussi nobles que Bélissant et Blanchefleur trouvent-elles une évaluation globalement positive dans la mesure où elles offrent au héros l'occasion d'une initiation amoureuse qui le laisse en fin de compte maître du jeu érotique tout en procurant au lecteur le plaisir d'une scène délicieusement sensuelle. Telle pourrait être la conclusion du parcours de lecture effectué jusqu'à présent. Mais ce serait compter sans la subtilité qui caractérise le jeu de la narration chez Chrétien de Troyes. Car finalement, ce n'est pas tant l'amour que la crainte qui rend Blanchefleur si vaillante. Contrairement à Bélissant, Dané ou Thisbé, Blanchefleur ne se laisse pas guider par les seuls émois de son cœur. Là encore, la fine ironie de la voix narrative réussit à désamorcer les soupçons de « coquetterie intéressée »[37] qui pourraient peser sur la dame de Beaurepaire. L'« *avanture* » en laquelle « se met » la jeune fille n'est pas motivée par « *oiseuse* », c'est de son « *afaire* » que Blanchefleur veut parler à son hôte (v. 1914-1917). Son discours réintroduit, par un biais nouveau, la question de la violence et la conscience d'un danger de mort qui plane sur les escapades nocturnes de Thisbé et de ses sœurs. La nudité érotique de la jeune fille connaît alors une inquiétante réinterprétation. Il faut sans doute tenir compte de la distance ironique introduite par l'instance d'énonciation lorsque celle-ci place dans la bouche de la jeune fille une excuse qui peut paraître maladroite ou faussement ingénue. Il n'en demeure pas moins que le dénudement de la jeune princesse se présente aussi, selon Blanchefleur, comme un symptôme du dénuement et du désarroi que lui cause l'agression d'Aguingueron et Clamadieu :

Por ce que je sui pres que nue
Je n'i pansai onques folie
Ne malvoistié ne vilenie,
Qu'il n'a ou monde rien qui vive
Tant dolante ne tant chaitive
Que je ne soie plus dolante.
Rien que j'aie ne m'atalante,
C'onques un jor sanz mal ne fui.
Ensi malaüree sui,

Ne je ne verrai jamais nuit
Que solemant cele d'anuit,
Ne jor que celui de demain,
Ançois m'occirai de ma main.
(Chrétien de Troyes, *Conte du Graal, op. cit.*, v. 1944-1956)

Sortie de son contexte, cette tirade pourrait facilement être placée dans la bouche de l'une des amoureuses ovidiennes et passer pour l'expression de la douleur d'un amour sans espoir. Cependant le motif de la tentation suicidaire se greffe ici sur un récit de violence armée exercée contre la figure de la demoiselle *desconseillée*. C'est parce qu'elle n'entrevoit d'autre issue que la mort que Blanchefleur entreprend de se jeter au cou de Perceval (v. 1933-1934, [...] *si lo tenoit / par le col enbracié estroit*). Si elle prend le risque de la défloration, c'est dans le contexte d'une alternative qui se révèle d'emblée fatale. En se glissant hors de sa chambre, la jeune fille place son entreprise de séduction dans l'axe de la résistance qu'elle oppose à son agresseur. Elle en fait l'expression de son refus du mariage forcé. Le risque qu'elle accepte de courir détermine le prix qu'elle accorde à sa liberté. Nous sommes bien loin de la coquetterie supposée de Blanchefleur. La scène répond, comme souvent chez Chrétien, à une double logique. En privilégiant le point de vue de la jeune fille téméraire, le narrateur met en place les éléments de l'intrigue amoureuse dont le parcours initiatique du jeune gallois ne peut se passer. Mais il fait aussi voir sur quel fond de violence et de contrainte se construit la fable de l'amour courtois.

En ce sens, il est indéniable que l'arrivée à Beaurepaire entretient des rapports d'homologie très forts avec l'épisode de la demoiselle à la tente qui l'a précédé[38]. L'agresseur virtuel est ici Perceval lui-même et si le tort causé à la pucelle semble respecter les limites des recommandations maternelles en matière de comportement vis-à-vis de la gent féminine (v. 5107-5139), le baiser et le pâté volés laissent peu de doutes sur le fait que cette scène peut se lire comme la description euphémique d'un viol[39] :

Li vallez avoit les bras fors,
Si l'enbraça molt nicemant,
Qu'il ne le sot faire autremant,
Mist la soz lui tote estandue
Et cele s'et bien desfandue
Et gandilla quant qu'ele pot,

Mais desfanse mestier n'i ot,
Que li vallez tot de randon
La baissa, vosist ele o non,
Vint foiz.
(Chrétien de Troyes, *Conte du Graal*, *op. cit.*, v. 664-673)

On sait que la *Première Continuation de Perceval* et le *Lancelot* en prose utiliseront le motif de la demoiselle à la tente pour introduire des personnages féminins dont l'identité repose entièrement sur le désir qu'elles éprouvent pour Gauvain. La pucelle de Lis et la fille du roi de Norgales proposent une nouvelle interprétation, plus statique, du thème de la demoiselle hardie. Elles ne s'aventurent plus dans la nuit périlleuse, elles se contentent d'attendre, à l'abri de leur tente ou dans leur chambre, l'élu de leur cœur. Mais elles ne renoncent pas pour autant à leur désir :

Vers lui [Gauvain] vient molt tost, si l'embrace,
Baise lui ix et bouce et face
Plus de cent fois en un randon.
« Amis, fait ele, en abandon
Vos met mon cors et vos present
M'amor a tos jors loiaument. »
(*Première Continuation de Perceval*, v. 1687-1692)[40]

« Elle ne dessirre tant rien de trestot lo siegle com elle fait vos. » (*Lancelot du Lac* II, p. 362)[41]

On ne saurait alors s'étonner du fait que la demoiselle à la tente est un avatar de la fée, mystérieusement venue à la rencontre de l'amant qu'elle s'est choisi[42], tout aussi bien d'ailleurs que Blanchefleur, dont plusieurs critiques relèvent les accointances avec les apparitions féeriques[43]. J'ai essayé de montrer ailleurs quels liens imaginaires se tissent entre la demoiselle hardie portée par son désir et la fée[44]. Retenons pour ce qui nous concerne ici que, dans les lais, la rencontre entre le chevalier et la fée induit un curieux rapport de force. L'éblouissement d'amour qui attend le chevalier auprès de la fontaine merveilleuse survient indubitablement du fait de la décision souveraine de la fée. Cependant, il arrive que le don gratuit d'amour et de bénédiction que la fée réserve à son amant ne se réalise qu'à partir d'un viol ou d'un simulacre de viol[45] :

> Tant la prie, tant la blandi
> A ce qu'a icele embeli,
> Qu'en l'espoisse de la forest
> A fet de li ce qu'il li plest.
> Quant de li ot fet son talent,
> Si li prie molt doucement
> Que vers lui ne soit trop irie.
> (*Graelent*, éd. Koble et Séguy, *op. cit.*, v. 293-299)[46]

Dans le *Lancelot* en prose, la pucelle chargée de conduire Gauvain auprès de la fille du roi de Norgales apparaît baignée par la lumière de la lune, à l'orée de la forêt, réactivant à l'évidence un scénario féerique :

> Si oirrent ansi com par aventure grant piece de la nuit, tant que il vinrent an l'oroille d'une forest. Et lors encommance la lune a luire mout clerement. Et Guiflez esgarde, si voit a l'antree de la forest, a la clarté de la lune, deus damoiselles [qui trop belles] li sanbloient estre. (*Lancelot du Lac* II, p. 360)

La beauté de ces deux créatures merveilleuses n'a d'autre fonction que d'annoncer, comme dans le *Lai de Lanval* de Marie de France[47], la valeur supérieure d'une troisième, plus noble et plus attirante encore :

> « Ge suis une pucelle povre et po belle. Mais ge vos donrai anmie la plus belle que vos veïssiez onques de voz iauz, et la plus gentil fame de moi. » (*Lancelot du Lac* II, p. 362)

Malgré cette promesse, Gauvain n'hésite pas à tenter sa chance auprès de la jeune fille :

> Et messire Gauvains commance a rire, si la prant antre ses braz, si l'an commence a baisier au plus doucement qu'il puet, et la met entre lui et la terre, si li volt faire. Et elle dit que ce est por noiant, que ce ne puet avenir. (*Lancelot du Lac* II, p. 362)[48]

Cette surprenante configuration trahit la difficulté de la prise en compte narrative du désir féminin. La contrainte exercée par le partenaire masculin sur la demoiselle aux traits féeriques s'inscrit dans un jeu d'échange très complexe. La rencontre de la fée au coin d'un bois donne au personnage féminin un visage de déesse, mais aussi de pastoure. La puissance de la fée est grande, elle a le pouvoir de doter richement et gratuitement celui qu'elle élit, mais quelque chose dans les textes résiste à cette forme d'échange basé sur une extrême libéralité. C'est toute l'ambigüité d'un système de valeur chevaleresque qui s'exprime dans ce rapport amoureux. Le monde dit courtois repose sur une forme d'« économie de la dépense » pour reprendre les termes de Marcel Mauss[49] : le don en est la valeur première. L'exercice de la largesse et de la générosité est au centre des pratiques sociales. Mais il est clair, et l'*Essai sur le don* le montre bien, qu'un rapport de force s'établit entre le donataire et le donateur. La violence qui sous-tend le rapport amoureux entre le chevalier et la fée est assez emblématique de cette ambivalence. La fée va tout donner au chevalier, mais le chevalier expérimente cette rencontre comme une conquête de sa part. L'anxiété générée chez le donataire par la puissance du donateur est projetée sur la figure féminine de la fée dont on peut fantasmatiquement faire sa proie[50].

Dans la mesure où la visite de Perceval à Beaurepaire recycle les données du problème posé par l'épisode de la demoiselle à la tente, il devient évident que la scène de la rencontre avec Blanchefleur s'inscrit elle aussi dans le contexte d'une méditation sur le caractère indépassable de la violence chevaleresque.

Tout l'art de Chrétien tient alors dans sa capacité à mobiliser avec subtilité les instances d'énonciation afin de doubler une scène de genre érotique d'une démonstration portant sur l'universalité des rapports de force dans le monde féodal[51]. Le mélange inextricable du désir et de la crainte qui semble à l'origine de la course nocturne de Blanchefleur ne constitue d'ailleurs pas un cas unique dans la littérature médiévale. L'auteur anonyme d'*Aucassin et Nicolette* propose lui aussi une lecture d'un amour juvénile au féminin conjuguant effroi et éveil des sens. La prose XIV place dans la bouche d'Aucassin, à l'occasion d'une sorte de compétition entre les deux adolescents, une comparaison entre l'amour de la femme et l'amour de l'homme qui donne nettement l'avantage à l'expérience masculine :

> Avoi ! fait Aucassins, bele douce amie, ce ne porroit estre que vos m'amissiés tant que je fac vos. Fenme ne puet tant amer l'oume con li hom fait le fenme ; car li amors de le fenme est en son oeul et en son le cateron de sa mamele et en son l'orteil del pié, mais li amors de l'oume est ens el cué plantee dont ele ne puet iscir. (*Aucassin et Nicolette,* XIV, l. 19-25)

Le récit semble confirmer cet avis puisque, lorsque Aucassin, blessé à l'épaule, retrouve Nicolette dans la loge de feuillage, il déclare à l'exemple de Tristan « *ne sentir ne mal ne dolor* » parce qu'il a retrouvé son amie[52]. Or la même expression apparaît déjà à la prose XVI qui raconte la fuite de Nicolette hors des murs de Beaucaire. Dans ce cas, la jeune fille est insensible au mal et à la douleur, non pas à cause de l'amour, mais à cause de la peur :

> Ele segna son cief, si se laissa glacier aval le fossé, et quant ele vint u fons, si bel pié et ses beles mains, qui n'avoient mie apris c'on les bleçast, furent quaissies et escorcies et li sans en sali bien en dose lius, et ne por quant ele ne santi ne mal ne dolor por le grant paor qu'ele avoit. (XVI, l. 17-22)

La « *grant paor* » de Nicolette apparaît comme le principal moteur de son action, ce qui semble disqualifier celle-ci en regard de la noblesse des motivations amoureuses de la quête d'Aucassin. Cependant il convient de bien comprendre la logique à laquelle obéit la jeune fille qui se trouve en réalité prise en tenaille entre deux dangers :

> Nicolete o le vis cler
> fu montee le fossé,
> si se prent a dementer
> et Jhesum a reclamer :
> « Peres, rois de maïsté,
> or ne sai quel part aler :
> se je vois u gaut ramé,
> ja me mengeront li lé,
> li lïon et li sengler
> dont il i a a plenté ;
> et se j'atent le jor cler
> que on me puist ci trover,
> li fus sera alumés
> dont mes cors iert enbrasés.
> Mais, par Diu de maïsté,
> encor aim jou mix assés
> que me mengucent li lé,
> li lïon et li sengler,
> que je voisse en la cité :
> je n'irai mie. » (XVII, l. 1-20)

La peur de Nicolette se résout finalement en une preuve de courage : c'est elle qui incitera la jeune fille à affronter l'espace extérieur terrifiant, un peu à la manière d'une sainte affrontant le martyre. Les blessures qui couvrent « ses belles mains et ses beaux pieds » (XVI, 17) inscrivent son exploit dans un registre héroïque qui désamorce ironiquement le jugement méprisant d'Aucassin sur la superficialité de l'amour féminin. La narration vient faire mentir les sarcasmes de l'amant en montrant que la jeune fille est amoureuse, non pas « du bout des ongles », mais « jusqu'au bout des ongles » et qu'elle est prête à en payer le prix dans sa chair. Si Aucassin est mû par l'amour et Nicolette par la peur, cette différence qui semble tout d'abord nier la valeur épique du personnage de la jeune fille, ne se solde donc pas par une valorisation unilatérale du héros, bien au contraire. Finalement, la frayeur de Nicolette en vient à gouverner toute l'intrigue en déterminant la fuite solitaire de l'héroïne dans la forêt. Les petits pastoureaux qu'elle rencontre à l'orée du bois la prennent très significativement pour une fée :

> « une pucele vint ci, li plus bele riens du monde, si que nos quidames que ce fust une fee », (XXII, l. 33-34)

Nicolette donne une lecture amoureuse de sa peur, elle en fait une émotion créative, inventive, qui lui permet de mettre en place les conditions de ses retrouvailles avec Aucassin.

Dans le même ordre d'idée, on considérera qu'en épousant le point de vue de la demoiselle hardie, le narrateur du *Conte du Graal* réussit l'exploit de faire voir, au cœur même du désir de Blanchefleur, l'expression des craintes d'une jeune fille consciente de son statut de proie potentielle. Bien plus, il confère à la jeune vierge en émoi le pouvoir de prendre l'initiative d'une scène d'amour qui a valeur de révélation pour le bel endormi :

> Tant a ploré que cil s'esvoille. (*Conte du Graal,* v. 1929)

Yasmina Foehr-Janssens
Université de Genève

NOTES

[1] *Tristan rossignol*, éd. Philippe Walter, dans *Tristan et Iseut, les poèmes français*, Paris, Libraire générale française, 1989 (Lettres gothiques), v. 207-210. Extrait du *Donnei des amants.*

[2] Sur la charge érotique qui caractérise l'écriture d'obédience courtoise, voir la belle introduction du livre de Francis Gingras, *Érotisme et merveilles dans le récit français des XIIe et XIIIe siècles*, Paris, Champion, 2002.

[3] Le monologue de Soredamor au début du *Cligès* donne bien la mesure de cet impératif de retenue : « [...] Prierai le je donques ?/ Nenil ! –Por coi ? –Ce n'avint onques/ Que fame tel forsen feïst/ Que d'amer home requeïst/ Se plus d'autre ne fu desvee. » (Chrétien de Troyes, *Cligès*, trad. et notes par Charles Méla et Olivier Collet, introd. par Charles Méla, Paris, Librairie générale française, 1994, (Lettres gothiques), v. 993-997).

[4] Toujours selon Soredamor : « Ja ne soit amors si vileine/ Que je pri cestui premeraine/ Des qu'avoir m'en devroit plus vil. » (Chrétien de Troyes, *Cligès*, *op. cit.*, v.1005-1007).

[5] Renate Blumenfeld-Kosinski, *Classical Mythology and its Interpretation in Medieval French Literature*, Stanford, Stanford Univ. Press, 1997, p. 38-43.

[6] *Le Roman d'Énéas*, éd. par Aimé Petit, Paris, Librairie générale française, 1997, (Lettres gothiques), v. 8109-8144 ; Ovide, *Métamorphoses* VIII, t. II (l. VI-X), texte établi et traduit par Georges Lahaye, Paris, Les Belles Lettres, 1979 (5e tirage revu et corrigé), 14-42 (Scylla).

[7] *Énéas*, *op. cit.*, v. 8499-8615 ; Ovide *Métamorphoses* X, *op. cit.*, 384-431.

[8] *Énéas*, *op. cit.*, v. 8821-8852 ; Ovide *Métamorphoses* IX, *op. cit.*, 515-572.

[9] « Thus the whole Ovidian vocabulary, which would lead us to expect an Ovidian type of love, that is, a finally unstable love relationship, is put to the service of creating a stable marriage. » (Renate Blumenfeld-Kosinski, *Classical Mythology, op. cit.*, p. 42)

[10] Voir aussi le songe incestueux de Byblis (Ovide, *Métamorphoses* IX, *op. cit.*, 468-473) : « *Spes tamen obscenas animo demittere non est/ Ausa suo vigilans ; placida resoluta quiete/ Saepe videt quod amat ; visa est quoque iungere fratri/ Corpus et erubuit, quamvis sopita iacebat./ Somnus abit ; silet illa diu repetitque quietis/ Ipsa suae speciem.* » (Cependant, elle n'ose pas ouvrir son âme à d'impures espérances, tant qu'elle est éveillée ; mais souvent, quand elle s'abandonne à un doux repos, elle voit l'objet aimé ; il lui a même semblé que son corps s'unissait à celui de son frère et elle en a rougi, quoiqu'elle fût assoupie dans sa couche. Le sommeil s'enfuit ; elle reste longtemps silencieuse, cherchant à ressaisir les image de son rêve.)

[11] Ovide, *Métamorphoses*, t. I (l. I-V), texte établi et traduit par Georges Lahaye, Paris, Les Belles Lettres, 1969.

[12] Madeleine Tyssens, « Les sources du *Piramus* », *Et c'est la fin pour quoy sommes ensemble. Hommage à Jean Dufournet*, Paris, Champion, 1993, p. 1411-1419.

[13] *Pyrame et Thisbé, Narcisse, Philomena, trois contes du XIIe siècle français imités d'Ovide*, présentés, éd. et trad. par Emmanuèle Baumgartner, éd. bilingue, Paris, Gallimard, 2000 (Folio classique).

[14] *Piramus et Tisbé*, introd., testo critico, trad. et note a cura di Francesco Branciforti, Florence, Olschki, 1959.

[15] Nous reprenons ici l'expression choisie par Chrétien de Troyes pour désigner l'initiative amoureuse que prend Blanchefleur dans *Le Conte du Graal* ou *Le Roman de Perceval*, trad., prés. et notes de Charles Méla, Paris, Librairie générale française, 1990 (Lettres gothiques), v. 1912-1913 : « Si s'et en avanture mise/ Come hardie et coraigeuse. »

[16] Les héroïnes « fugueuses » des *Lais* de Marie de France comme l'amie du héros dans le *Lai de Guigemar* ou la malmariée du *Lai de Yonec* se distinguent elles aussi par l'élan qu'elles donnent à leur fuite et qui semble de nature à faire tomber toutes les barrières : « Dunc lieve sus ;/ Tute esbaïe vient a l'hus,/ Ne treve cleif ne sereüre,/ Fors s'en eissi ; par aventure/ Unques nuls ne la desturba. » (Marie de France, *Guigemar*, v. 673-677 ; dans *Lais bretons (XIIe-XIIIe siècles) : Marie de France et ses contemporains*, éd. bilingue établie par Nathalie Koble et Mireille Séguy, Paris, Champion, 2011, Champion classiques).

Sur ce point, je me permets de renvoyer à Yasmina Foehr-Janssens, *La Jeune fille et l'amour : pour une poétique courtoise de l'évasion*, Genève, Droz, 2010, p. 179-204.

[17] Emmanuèle Baumgartner, *Pyrame et Thisbé, Narcisse, Philomena*, *op. cit.*

[18] Un premier portrait pris en charge par le narrateur (v. 59-112) prépare pour le lecteur ou la lectrice l'effet bouleversant de l'apparition de Narcisse sous la fenêtre de Dané.

[19] Emmanuèle Baumgartner, *Pyrame et Thisbé, Narcisse, Philomena*, *op. cit.*, p. 262-263.

[20] *Cf.* Eunice B. Goddard, *Women's Costume in French Texts of the Eleventh and Twelfth Centuries*, Baltimore, Paris, John Hopkins Press, Presses universitaires de France, 1927 [reprint New York, Londres, 1973], p. 91-97 ; 163-170.

[21] *Ami et Amile, chanson de geste*, publ. par Peter F. Dembowski, Paris, Champion, 1987.

[22] On songe ici à la fugue de Nicolette narrée à la prose XII de la chantefable d'*Aucassin et Nicolette* : « Les flors des margerites qu'ele ronpoit as ortex de ses piés, qui li gissoient sor le menuisse du pié par deseure, estoient droites noires avers ses piés et ses ganbes, tant par estoit blance la mescinete. » (*Aucassin et Nicolette,* éd. par Jean Dufournet, Paris, Garnier-Flammarion, 1973, XII, l. 27-30).

[23] Dans le dernier épisode du lai, l'arrivée de la fée à la cour d'Arthur est l'occasion de réitérer ce jeu vestimentaire : « Ele iert vestue en itel guise/ De chainse blanc e de chemise/ Que tuit li costé li pareient. […]/ Sis manteus fu de purpre bis ;/ Les pans en ot entur li mis » (Marie de France, *Lanval*, *op. cit.*, v. 559-572).

[24] Silke Winst, *Amicus und Amelius : Kriegerfreundschaft und Gewalt im mittelalterlicher Erzähltradition*, Berlin. New York, W. de Gruyter, 2009, p. 5-31.
[25] Sur l'importance des relations d'amour entre hommes et femmes dans *Ami et Amile*, voir mon article « Amour, amitié et *druerie* : grammaire des affinités électives dans le récit médiéval », *Philologia ancilla litteraturae : mélanges de philologie et de littérature françaises du Moyen Âge offerts au Professeur Gilles Eckard par ses collègues et anciens élèves*, éd. par Alain Corbellari, Yan Greub et Marion Uhlig, Genève, Droz, 2013, p. 89-106 (Université de Neuchâtel. Recueil des travaux publiés par la Faculté des Lettes et Sciences humaines ; 57). L'expression « culture hétérosexuelle » est empruntée à Louis-Georges Tin, *L'Invention de la culture hétérosexuelle*, Paris, Autrement, 2008.
[26] Comme le fait remarquer Corinne Pierreville, Blanchefleur est appelée Bélissant au v. 2910 de la copie Guiot éditée par Félix Lecoy (Paris, Champion, 1973). *Cf.* « Figures féminines dans le *Conte du Graal* », *Le Conte du Graal, Chrétien de Troyes*, ouvrage dirigé par Danielle Quéruel, Paris, Ellipses, 1998, p. 90. Cette erreur de copiste peut très bien pointer une ressemblance entre Blanchefleur et Clarissant, comme Corinne Pierreville en fait l'hypothèse, mais elle est aussi révélatrice dans le contexte de notre étude sur le motif de la demoiselle hardie.
[27] *Narcisse*, *op. cit.*, v. 119-120 : « D'amer n'a soing ne rien n'en set,/ Dames en canbres fuit et het. »
[28] Jean Frappier, *Chrétien de Troyes et le mythe du Graal : étude sur* Perceval *ou le* Conte du Graal, Paris, SEDES, 1972, p. 102. Sur la « coquetterie » de Blanchefleur, voir aussi Marie-Noëlle Lefay-Toury, « Romans bretons et mythes courtois. L'évolution du personnage féminin dans les romans de Chrétien de Troyes », *Cahiers de civilisation médiévale* 15, 1972, 193-204 ; 283-293, en particulier p. 283-284. Dans son article intitulé « L'amour au féminin dans les romans de Chrétien de Troyes », *Amour et chevalerie dans les romans de Chrétien de Troyes*, publ. sous la dir. de Danielle Quéruel, Paris, Belles Lettres, 1995, p. 105, Anne Paupert s'oppose à cette interprétation, mais sans expliquer ce qui motive son refus.
[29] On se reportera aux judicieuses remarques de Francis Dubost sur le « dédoublement du point de vue » dans le *Conte du Graal* dans *Le Conte du Graal et l'art de faire signe*, Paris, Champion, 1998, p. 61-63.
[30] Pour Francis Dubost, « le déshabillé constitue un langage précis et un jeune homme moins "endormi" que Perceval pourrait aisément interpréter la scène selon le code du dévergondage », *Le Conte du Graal et l'art de faire signe*, *op. cit.*, p. 141.
[31] Chrétien de Troyes, *Érec et Énide*, éd. Jean-Marie Fritz, Paris, Librairie générale française, 1992 (Lettres gothiques).
[32] Frappier, *op. cit.*, p. 99-102 ; Amelia Klenke, « The Blancheflor-Perceval question », *Romance Philogy* VI, 1952-1953, p. 173-178 ; Helaine Newstead,

« The Blanchefleur-Perceval question again », *Romance Philology* VII, 1953-1954, p. 171-175.

[33] Robert d'Orbigny, *Le Conte de Floire et Blanchefleur*, nouvelle éd. critique du texte du manuscrit A (Paris, BnF, fr. 375), publ., trad., prés. et annoté par Jean-Luc Leclanche, Paris, Champion, 2003 (Champion classiques).

[34] *Cf. Le Conte de Floire et Blanchefleur*, *op. cit.*, v. 219-220 et 238-240 : « Li doi enfant molt s'entramoient/ Et de biauté s'entresambloient./ [...]/ Li uns baise l'autre et acole./ Ensamble vont, ensamble vienent,/ et lor joie d'amor maintienent ».

[35] « Si estoient igal et per/ De cortoisie et de beauté/ Et de grant debonaireté,/ Si estoient d'une matiere,/ D'unes mors et d'une meniere,/ Que nuns, qui le voir en vuet dire,/ N'en porroit le meillor eslire,/ Ne le plus bel, ne le plus sage./ Mout estoient d'igal corage/ Et mout avenoient ensamble. » (Chrétien de Troyes, *Érec et Énide*, *op. cit.*, v. 1500-1509).

« Mes tant estoient bel andui,/ Entre la pucele et celui,/ C'uns rais de lor biauté issoit / Dont li palais resplendissoit / Tout ensement com li soleuz / Raiast molt clers et molt vermeuz. » (Chrétien de Troyes, *Cligès*, *op. cit.*, v. 2709-2714).

[36] Yasmina Foehr-Janssens, *La Jeune fille et l'amour*, *op. cit.*, p. 100-112.

[37] Marie-Noëlle Lefay-Toury, « Romans bretons et mythes courtois », art. cit.

[38] Daniel Poirion, « Du sang sur la neige : nature et fonction de l'image dans le *Conte du Graal* », *Voices of Conscience : Essays on Medieval and Moderne French Literature in memory of James D. Powell and Rosemary Hodgins*, ed. by Raymond J. Cormier, Philadelphia, Temple University Press, 1977, p. 161. Francis Dubost, *Le Conte du Graal et l'art de faire signe*, *op. cit.*, p. 123-124.

[39] Francis Gingras, *Érotisme et merveille*, *op. cit.*, p. 278-279 ; Matilda Tomaryn Bruckner, *Chrétien Continued : a Study of the* Conte du Graal *and its Verse Continuations*, Oxford, Oxford University Press, 2009.

[40] *Première continuation de Perceval (Continuation-Gauvain)*, édité par William Roach, traduit et commenté par Colette-Anne Van Coolput-Storms, Paris, Librairie générale française, 1993 (Lettres gothiques).

[41] *Lancelot du Lac* II, prés., trad. et annoté par Marie-Luce Chênerie, d'après l'édition d'Elspeth Kennedy, Paris, Librairie générale française, 1993 (Lettres gothiques).

[42] Francis Gingras, *Érotisme et merveille*, *op. cit.*, p. 265-277.

[43] Roger Sherman Loomis, *Arthurian Tradition and Chrétien de Troyes*, New York, 1949, p. 364-371; Jean Marx, *La Légende arthurienne et le Graal*, Paris, PUF, 1952, p. 210-212. H. Newstead, art. cit. ; François Suard, « L'épisode de Blanchefleur dans le *Conte du Graal* », *Mélanges de langue et de littérature médiévales offerts à Pierre Le Gentil*, Paris, SEDES CDU, 1973, p. 809. Charles Méla, « Préface », dans Chrétien de Troyes, *Le Conte du Graal*, éd. de Charles Méla, Paris, Librairie générale française, 1990, p. 13-15.

[44] Yasmina Foehr-Janssens, *La Jeune fille*, *op. cit.*, p. 68-72.

[45] Sur l'importance du motif du viol dans l'épisode de la demoiselle à la tente aussi bien que dans ses réécritures, voir Bruckner, *Chrétien Continued*, *op.*

cit., chap. 2, « Telling tales, of maidens in tents », p. 86-115. La question du viol et de sa représentation dans la littérature médiévale a été posée par l'étude pionnière de Kathryn Gravdal, *Ravishing Maidens : Writing Rape in Medieval French Literature and Law*, Philadelpia, Université of Pennsylvania Press, 1991.

[46] Le récit *Cygni*, enchâssé dans le *Dolopathos*, présente une scène semblable dans la version latine aussi bien que dans l'adaptation française du début du XIIe siècle (Jean de Haute-Seille, *Dolopathos ou le roi et les sept sages*, éd. Alfons Hilka, trad. et présentation de Yasmina Foehr-Janssens et Emmanuelle Métry, Turnhout, Brepols, 2000, p. 186-187 ; Herbert, *Le Roman de Dolopathos*, éd. publ. par Jean-Luc Leclanche, Paris, Champion, 1997, vol. II, v. 9295-9300).

[47] Marie de France, *Lanval*, *op. cit.*, v. 471-580.

[48] La nuit suivante, la demoiselle offrira à Gauvain l'hospitalité d'un très beau pavillon, manière, bien entendu, de raviver le souvenir de la demoiselle à la tente (p. 364).

[49] Marcel Mauss, *Essai sur le don : forme et raison de l'échange dans les sociétés archaïques*, Paris, Presses universitaires de France, 2007 [première parution dans *Sociologie et anthropologie*].

[50] Francis Dubost, *Le Conte du Graal et l'art de faire signe*, *op. cit.*, p. 124-125, met en évidence la présence de la violence à l'origine de l'amour chez Chrétien.

[51] À propos de la demoiselle à la tente, Bruckner *(Chrétien Continued*, *op. cit.*, p. 94) propose une interprétation du même ordre : « Romance situates itself at this boundary, discretely titillates and hints at sex, while idealizing and ennobling it within the context of "courtly love" [...] Long before Kathryn Gradval raised the issue in *Ravishing Maidens: Writing rape in Medieval French Literature and Law*, I believe Chrétien's last romance intentionally forced his reading public, medieval and modern, to ask what happens as we move along the continuum linking desire, seduction and *Jouissance*. »

[52] « Ha ! douce amie, fait Aucassins, j'estoie ore molt bleciés en m'espaulle, et or ne senc ne mal ne dolor, pui que je vos ai. » (*Aucassin et Nicolette*, *op. cit.*, XXVI, l. 7-9. L'expression « ne sentir ne mal ne dolor » fait écho à la manière dont Béroul caractérise l'expérience de Tristan et Iseut dans le Morois : « Aspre vie meinent et dure :/ Tant s'entraiment de bone amor/ L'un por l'autre ne sent dolor. » (Béroul, *Le Roman de Tristan, poème du XIIe siècle*, éd. par Ernest Muret, 4e éd. revue par L. M. Defourques, Paris, Champion, 1974 (Classiques français du Moyen Âge), v. 1364-1366)

Voies du désir et vocalité désirante dans les chansons de femme d'oc et d'oïl (XIIe et XIIIe siècles)

« Au théâtre de la mémoire, les femmes sont ombre légère »
M. Perrot, *Les Femmes ou les silences de l'Histoire,*
Flammarion, p. 11.

À bien des égards, trois genres lyrico-narratifs ou dramatiques, l'*alba,* la chanson de malmariée et la chanson de toile, entretiennent de fortes « interférences registrales et formelles » (Pierre Bec, 1977) : tonalité pathétique, facture monologuée (plus rarement dialoguée), voix de femme (originellement la dame), composition vocale et monodique (à une seule voix). On dénombre, de l'*alba* à la chanson d'aube, vingt pièces du domaine d'oc, cinq en langue d'oïl, ainsi que deux compositions musicales de troubadour. La chanson de malmariée est attestée dans différents manuscrits occitans et français. Quant à la chanson de toile, thématiquement proche, elle ne s'est développée qu'au nord de la France, et se rencontre pour l'essentiel dans le manuscrit de Paris, BnF fr. 20050, première moitié du XIIIe siècle[1]. On en connaît une vingtaine de pièces.

Ces poèmes, dont l'acteur principal est une femme, sont de courts ouvrages strophiques où s'affirme toujours par la voix du *je* parlant, l'expression solitaire d'un désir humain, confronté à ce qui semble invariablement y faire obstacle. Une voix féminine, fictive ou parfois supposée réelle, s'entend. La femme se plaint de l'aube qui vient la séparer de son amant, elle pleure sa condition d'épouse auprès d'un homme qui ne saurait la combler, elle se répand en sanglots tout en s'occupant de broderie, car nul ne lui permet de vivre aux côtés de l'être vers qui vont ses pensées.

Quelques auteurs occitans ont pratiqué cet art : nous connaissons en particulier une *alba* dialoguée de Giraut de Bornelh (qui composa entre 1160-1200), plusieurs *albas* anonymes dont « En un vergier...[2] », deux *albas* de Giraut Riquier, dernier des troubadours (né en 1230)[3]. De ce large corpus, nous citerons une chanson d'aube attribuée au trouvère Gace Brulé « Can voi l'aube dou jor venir », une chanson de malmariée ou de toile « En un vergier, lez une fontenele[4] » et sa notation musicale, ainsi qu'une chanson de toile « Bele Doette as fenestres se siet » également notée[5].

À la lecture de ces textes, n'est-il pas fondé d'explorer le désir subjectivement féminin[6], sans forcément nous interroger sur une éventuelle attribution de ces compositions à des femmes poétesses ou *trobairitz* ? Auquel cas, on cherchera à évaluer comment cette étrange « vanité » amoureuse, générique et profane, est susceptible de trouver sa propre légitimité au sein de textes que les siècles ont miraculeusement portés jusqu'à nous, en raison de leur vocalité première ? La chanson de femme porte-t-elle la représentation du désir en des voies singulières ? L'aiguillon de la douleur pointe-t-il quelque objet particulier que ne saurait ou ne voudrait ressaisir la voix-personnage de l'homme[7] ? *Je* est-il véritablement autre quand la plainte est celle d'une femme ?

Affirmation générique et positionnement thématique

Les trois formes lyriques observées semblent relativement bien affirmées[8], c'est-à-dire reconnaissables par certains traits thématiques comme le motif de l'aube, celui du guetteur ou celui de la femme mariée à l'ouvrage, pour ne citer que les aspects les plus saillants (ce qui n'exclut pas des interférences). Ils présentent de surcroît une excellente vitalité en dépit des maigres traces écrites dont nous disposons et relèvent d'un même type originel...

> ...archaïsant et traditionnel, qui a généré, depuis le Moyen Âge jusqu'à nos jours, un nombre varié de genres et de sous-genres entre lesquels il assure une certaine cohérence typologique ; ces genres étant au Moyen Âge : l'aube, la chanson de toile, la chanson d'ami (avec les sous-genres : chanson de délaissée et chanson de départie), la chanson de malmariée[9].

À l'examen, on constate une forte communauté formelle, c'est-à-dire qu'il n'apparaît pas d'un genre à l'autre de marquage suffisamment appuyé pour supposer que la forme ait pu garantir une distinction générique. En effet tous ces poèmes sont strophiques, écrits en quatrains, incluant respectivement dans le poème occitan (pièce n° 1) le refrain d'un seul vers, ou bien dans les compositions d'oïl, le rejetant à sa suite (pièces n° 2 à 4) et en l'étoffant d'une seconde ligne. Le mètre est soit octosyllabique, soit décasyllabique, avec, pour les pièces n° 1 et 3, des homophonies (assonances ou rimes) au sein de *coblas unissonans*.

L'*alba* retenue est un court poème composé de six quatrains décasyllabiques. Le quatrième vers « *Oy Dieus, oy Dieus, de l'alba ! tan tost ve !*[10] » est le refrain qui crée la récurrence, significativement sous l'accent, de *alba*. Dans une première strophe d'ouverture - plus précisément un exorde printanier qui situe sous le feuillage d'une aubépine et dans la clôture d'un verger l'étreinte de la dame et de son amant - se noue « un petit drame de la séparation ». Le veilleur crie la naissance de l'aube, tel un prélude à l'éloignement et à l'inévitable solitude de la dame.

Fait suite à ce premier poème l'aube attribuée à Gace Brulé, qui révèle sans modifications thématiques majeures quelques variations techniques : le nom *aube* ne figure pas dans le refrain, mais à la césure du premier vers servant d'*incipit* « Cant voi l'*aube* dou jor venir ». L'ouvrage invite sans plus de préambule à entendre la voix plaintive de la dame délaissée au petit jour. Il contient cinq quatrains d'octosyllabes, tous suivis d'un refrain en forme de distique, exactement répété en fin de chaque strophe. La déploration est immédiate.

> I. Cant voi l'aube dou jor venir,
> Nulle rien ne doi tant haïr,
> K'elle fait de moi departir
> Mon amin cui j'ain per amors.
> *Or ne hais rien tant com le jour,*
> *Amins, ke me depairt de vos.* (v. 1-6)

Par ailleurs, la chanson de malmariée offre sans ambiguïté le déploiement d'un petit drame qui prend rapidement l'allure d'un constat malheureux et qui mêle à l'expression du désarroi profond de la dame le récit, rapporté par une voix narratrice, des méfaits commis par le vieil époux. Le poème est composé de six quatrains qui s'achèvent sur un refrain de deux vers :

> I. En un vergier, lez une fontenele,
> Dont clere est l'onde et blanche la gravele,
> Siet fille a roi, sa main a sa maxele.

En sospirant son douz ami rapele.
Ae, cuens Guis, amis,
La vostre amors me tout solaz et ris ! (v. 1-6)

À bien des égards, les chansons de malmariée et de toile s'interpénètrent pour constituer deux sous-genres d'une même source d'écriture lyrico-dramatique. Formellement et thématiquement les pièces sont proches.

La dernière pièce du corpus dont l'*incipit* est *Bele Doette as fenestre se siet* est composée de huit quatrains décasyllabiques. Cette chanson de toile a pour même sujet la plainte d'une jeune femme désireuse de retrouver son ami. S'il n'est pas question d'époux abusif, l'attente du chevalier parti en terres étrangères est un thème constant. Or, en une légère différence formelle, le lamento n'est pas seulement porté par un monologue, même si le refrain offre un cadre exclusif à la voix unique de la dame : *E, or en ai dol* (strophes I, II, III, IV, V) et *E, or en ai dol ! / Por vos devenrai nonne en l'eglyse Saint Pol* (strophes VI, VII, VIII) ; c'est aussi cette même voix qui affleure lors de l'échange qu'elle tient avec son messager (strophes III à V) :

« Ou est mes sires que ne vi tel pieç'a » (v. 12)
(...)
« Ou est mes sires cui je doi tant amer ?
– En non Deu, dame, nel vos quier mais celer,
Morz est mes sires, ocis fu au joster. » (v. 22-24)

Néanmoins, si *je* féminin est isotopique, un réel plurivocalisme, conforme à celui de la *tenson* (ou *débat*), autre genre dialogué[11], est engagé et permet un ancrage à la fois dramatique et narratif, emblématique du genre. Le narrateur désigne la dame et la nomme : il s'agit du consensuel *Doette* introduit par *Bele,* qui se trouve systématiquement à l'initiale du premier vers de chaque strophe : *Bele Doette as fenestres se siet.* « Cette caractéristique de la chanson de toile la rend aisément reconnaissable », précise F. Ferrand[12]. Le narrateur la décrit dans l'exorde occupée à lire « en un livre » sans y parvenir, car sa pensée s'évade ; puis il consigne en guise d'envoi la fin exemplaire de cette dame rendue à sa solitude (strophe VIII).

Dans ces chansons, tous genres confondus, *je* est une femme, un corps de femme que porte la voix perçue – de même que dans les chansons à danser, qui sont de facture proche, c'est le mouvement corporel de la femme qui en assoit la présence. Les poèmes retenus sont assurément l'expression d'une subjectivité féminine, contrairement à la *canso* et au grand chant courtois « qui [n'admettent] que très rarement la femme comme centre subjectif de la pièce chantée[13] ». Elles disent toutes, en de subtiles nuances thématiques et formelles, qu'elles sont vouées à l'amour, à leur désir d'aimer, c'est-à-dire à cet élan vital, à cette « aspiration profonde vers un objet qui réponde à une attente », « une aspiration instinctive de l'être à combler le sentiment d'un manque, d'une incomplétude[14] ». Elles disent toutes en éprouver le mouvement interne, le souffle intérieur se faisant textuellement *soupir* : « En sospirant son douz ami rapele » (pièce n° 3, v. 4), ou douce brise, « doss'aura » (pièce n° 1, v. 17), ou haleine subtile et quasi liquide « del sèu alen ai begut un dous ray » (pièce n° 1, v. 19).

Dans chaque poème, cet amour est ressenti en l'absence de l'autre, « parti de soi » à l'aube (pièces n° 1 et 2), quand s'est révélée mortifère la surveillance exercée par un époux envieux, par un jaloux (« li envious, les medixans, les mavais maris jalous »), en raison d'une forme de bannissement de l'ami (pièce n° 3), la jeune femme ayant été contrainte d'épouser un « mals mariz » (pièce n° 3, v. 13), en raison d'un lointain tournoi qui a attiré l'amant (pièce n° 4). Elles rapportent derechef que la trajectoire du désir fut interrompue à la fin de « la nueitz » (pièce n° 1, v. 5), à la vue de l'aube (pièce n° 2, v. 3), en raison d'une situation conjugale exécrable et pérenne, par la mort de l'ami dont elles espéraient le retour (pièce n° 4, v. 24).

Le désir amoureux naît du manque ; au féminin, il semble émaner de l'attente et de l'ennui. Il se déploie, partant d'un positionnement solitaire, en un lieu de convention courtois et clos : « En un vergier sotz fuelha d'albespi » (pièce n° 1, v. 1), en une chambre, « dedens mon lit », par contiguïté métonymique (pièce n° 2, v. 13), « en un vergier, lez une fontenele » (pièce n° 3, v. 1) et « as fenestres » d'une chambre (pièce n° 4, v. 1). Le corps de la femme est assis ou plus lascivement allongé après l'amour au petit matin. Seule l'*alba* montre encore les amants enlacés, « Tenc la dòmna son amic còsta si » (v. 2), avant que le guetteur ne les contraigne à se quitter.

A contrario, la *canso* puise dans l'élan et le mouvement la réalisation du désir, mouvement de l'homme se fondant dans la nature printanière en un espace ouvert, révélant en ce sens un véritable mimétisme avec l'oiseau, l'alouette ou le rossignol. Le désir est perceptible, tel un tracé dans le ciel, comme en cette scène muette et visuelle où l'oiseau ébloui se fond à contre-jour dans le rayon du soleil avant de retomber sur le sol, aveuglé par le trop plein de lumière. Son extatique élévation est suivie de sa chute. Il s'agit de la première *cobla* de *Quan vei la lauseta mover…* que signe Bernart de Ventadour[15] :

> Quan vei la lauseta mover,
> De jòi sas alas contra'l rai,
> Que s'oblid'e's laissa cazer
> Per la doussor qu'al còr li vai,
> Ailas ! quals enveja m'en ve
> De cui qu'eu veja jauzion !
> Meravilhas ai, quar dessé
> Lo còrs de dezirièr no'm fon. (v. 1-8)

Dans le poème de Jaufré Rudel, *Quan lo rius de la fontana...*, cet élan est perçu par le truchement du rossignol dont le chant induit chez l'homme un désir mimétique d'entonner son propre chant :

> I. Quan lo rius de la fontana
> S'esclarzís, si com far sòl,
> Et par la flors aiglentina,
> E'l rossinholetz el ram
> Vòlf e refranh et aplana
> Son dous chantar et afina,
> Dreitz es qu'ieu lo mieu refranha. (v. 1-7)

Le désir subjectivement masculin s'accomplit poétiquement par l'expression d'une trajectoire, quand la chanson de femme semble davantage soumettre le corps et la voix à une fixité génératrice de l'attente, du manque. Dans la chanson de malmariée, c'est au motif de la prison que cet ancrage forcé réfère : « Mes pere m'a a un viellart donee, / Qui en cest meis m'a mise et enserree : / N'en puis eissir a soir n'a matinee » (v. 9-11). On conçoit qu'il s'agisse là d'une altérité thématique fondamentale, même si dans les deux cas, l'exorde printanier opère comme l'expression archétypale du désir en poésie : il se retrouve de la *canso* à l'*alba*.

De même, l'image du temps semble se dilater, quand bien même le poème ne voudrait rapporter que le seul instant de la rupture. Cette illusion temporelle se matérialise concrètement dans la chanson d'aube – du reste chacun des poèmes tente de réactiver un amour pérenne, inscrit dans une temporalité imperfective et renouvelée à l'infini. Il suffit pour s'en convaincre d'examiner la composition des pièces proposées. Dans l'*alba* (pièce n° 1), la dame restée seule entonne un chant d'espoir (strophe 1). La séquence des quatre strophes qui suit cette *cobla* d'ouverture se nourrit d'expressions du regret, d'impératifs optatifs et de présents traduisant l'état amoureux permanent en dépit des contingences : « Plagues a Dieu ja la nueitz non falhis » (Plût à Dieu...) (v. 5), « fassam un joc novel » (v. 13), « del meiu amic belh e cortes e gay » (v. 18). La dame entend se projeter sur le possible retour de son ami.

La chanson d'aube d'oïl (pièce n° 2) use, quant à elle, d'un présent (*voi, doi, fait, ain*) qui, à chaque lever du jour, rejoue la scène de séparation. La période de latence où la dame reste seule gisant sur son lit matérialise l'étirement de l'attente et de l'ennui avant le retour du soir, mais le poème n'en dira mot :

Quant voi l'aube dou jor venir,
Nulle rien ne doi tant haïr,
K'elle fait de moi departir
Mon amin cui j'ain per amors.
Or ne hais rien tant com le jour,
Amins, ke me depairt de vos. (v. 1-6)

Ce temps du désir s'ancre dans l'itération du « Quant je me gix dedens mon lit » (v. 13) et dans le ressassement du sentiment de solitude. À l'exact centre du poème (v. 15), éclate cette présence subjective *je…, je…, je…*, dilatée de souffrance et s'offrant tel un discours monodique, réflexif, mais en devenir.

Dans la chanson de malmariée, la figuration du temps long éclôt dès les premiers vers. L'accompli du présent ouvre sur une nécessaire diction du temps perdu, celui d'une jeunesse égarée dans la prison d'un époux, ami du père : « Mes pere m'a a un viellard donee » (v. 8). Cette temporalité est également figurée par la représentation statique de la jeune épousée dans le présent d'une délicate scénographie : au pied de la fontaine, la tête dans les mains, la demoiselle, dont le seul mouvement est celui qui émane de la voix, lance sa plainte, « en sospirant son douz ami rapele » (v. 4). Elle semble statufiée.

Enfin, la chanson de toile contient dans sa dramatisation même l'expression de cet étirement du temps. Cherchant vainement à contrarier l'ennui, qui est source de désespoir, la dame vaque à une occupation : ici elle lit, ailleurs elle tisse ou coud. Or même la lecture silencieuse ne saurait retenir son désir, ni combler la vacuité de son existence, car « au cuer ne l'en tient » (« son cœur est ailleurs »). La pensée se dérobe au-delà des murs vers Doon son ami. De même son corps, presque une chose, est maintenu sans relâche aux abords des fenêtres. Assise, elle se redresse certes, s'éloigne de quelques pas à la rencontre du messager, avant de lancer sa plainte et de s'en remettre à Dieu : « E, or en ai dol ! Por vos devenrai nonne en l'eglyse Saint Pol » (v. 30-31). On imaginera qu'elle s'est jetée à genoux.

Ajoutée à la question du temps, la relation à l'espace situe le désir là où le rapprochement des corps est recherché. La dame veut l'ami en présence, au plus près d'elle. Ainsi l'*alba* occitane réalise textuellement cette fusion avant la séparation (strophe I) ; l'aube d'oïl matérialise ce désir par l'objet métonymique du lit, déserté au matin par l'amant. Mais, si sa présence est de nouveau espérée, elle devra s'accomplir, telle une évidence, dans le contact des corps, telle une ponctuation charnelle, conjurant sa solitude :

> Et je resgairde encote mi,
> Je n'i truis point de mon amin, (v. 14-15)

Il est notable que la quête de la présence et du rapprochement des corps ne soit pas de même urgence dans la *canso*. Le désir subjectivement masculin semble pouvoir se nourrir de l'éloignement factuel. Et c'est à Jaufré Rudel[16] qu'il revient d'en donner la forme poétique la plus accomplie dans l'expression de l'*amor de terra lonhdana*. En effet, la demande faite à la dame y est si ardente qu'elle semble pouvoir échapper aux contingences de l'espace et du temps. Jaufré Rudel invente l'amour de loin, une nouvelle forme de la requête à l'autre, solitaire et sans réponse, qui est la supplication adressée à une femme, métaphoriquement en terre lointaine, soit à une femme absente[17] si bien que la rencontre n'est guère nécessaire. De l'avis de R. Nelli, « Sa véritable "récompense", il l'a déjà obtenue de la dame : elle est toute contenue dans son poème. C'est le *joy* qu'elle lui donnait alors qu'il ne l'avait pas *encore* vue ou *parce qu'il ne l'avait jamais vue*[18]. »

II. Amors de terra lonhdana,
Per vos totz lo cors mi dol ;
E no·n puesc trobar mezina
Si non au vostre reclam
Ab atraich d'amor doussana
Dinz vergier o sotz cortina
Ab dezirada companha. (v. 8-14)

Il semble *a contrario* que, dans la chanson de femme, la composante thématique de « l'amour de loin » ne permette pas la réalisation du *joy*. L'éloignement le suspend et, selon la voix de la femme, l'art d'aimer se situerait plus exactement dans la fusion des corps présents.

Cette proximité recherchée est si sensible dans la chanson de malmariée, *En un vergier, lez une fontenele…*, que le poème ne saurait se clore sur un amuïssement de la parole ou sur l'extension de l'attente. Très concrètement la dame supplie Dieu qu'il lui ramène son amant. Dieu entend sa plainte et exauce sa prière. L'amant réapparaît en une strophe *caudale* où s'épanouit de nouveau la joie d'aimer :

Ez son ami qui l'a reconfortee.
Assis se sont soz une ante ramee ;
La ot d'amours mainte larme ploree. (v. 33-35)

Assurément le poème se clôt sur lui-même et cette clôture est double : formellement l'écriture du poème renoue avec le thème printanier de l'exorde et thématiquement la *cauda* ramène l'amant perdu au sein de ce petit espace du *vergier*. Il n'aura pas été nécessaire que ce désir se projette bien longtemps *in abstentia*. Cette variation formelle et thématique semble inhérente à la chanson de femme. Elle s'accomplit concrètement là où le désir subjectivement masculin, exprimé dans la *canso* et autres chants courtois, se perd dans les méandres d'une représentation toujours plus abstraite et d'inachèvements perpétués.

En revanche, la chanson de toile dénonce une situation de déchirure définitive. L'amant est « en autres terres » (pièce n° 4, v. 4) sans plus de précision, « Ou est mes sires que ne vi tel pieç'a ? » (v. 12), d'autant que la distance se mesure en temps d'attente sans plus de référent géographique. Alors, comment rendre à ce dernier quelque incarnation ? Le messager vient d'annoncer que, tué à la joute, l'amant ne reviendra pas.

Néanmoins la parole de la femme tente, le temps d'une brève évocation, de lui redonner chair, pour ainsi dire *hic et nunc* : « Comte Doon, si noble, si bon ! » (v. 27). L'amant est apostrophé et nommé en une sorte de médiation par-delà la mort. Le second moyen est objectal : un mausolée en forme d'abbaye qui lui sera voué et plus largement un mémorial dédié aux amants fidèles. Contrairement au verger de courtoisie, le monument prendra les masques d'un haut lieu d'édification morale de la religion chrétienne, travestissant sa vocation première et cultuelle pour une réhabilitation « déviante », vouée à l'amour humain. Il contiendra le corps de la dame faite nonne et sera le paraclet des amants. Jean Frappier le disait fort bien et nous y souscrivons totalement : « ...on sait que, dans l'inspiration courtoise, l'exaltation amoureuse annexe en quelque sorte le sentiment religieux et paraît l'englober en le dépassant[19] ». Le final du poème en est un remarquable écho :

VII. Por vos ferai un abbaïe tele,
Quant iert li jors que la feste iert nomeie,
Se nus i vient qui ait s'amor fauseie,
Ja del mostier ne savera l'entreie. (v. 32-35)

Ainsi, c'est bien dans la poésie d'inspiration masculine que l'éloignement produit sur la représentation de l'autre aimé la plus forte procédure d'abstraction, au point que la femme ne saurait être conçue physiquement. Toujours dans ce petit chef-d'œuvre de Bernart de Ventadour, *Quan vei la lauseta mover*, on note que la dame n'est jamais nommée, qu'elle n'a ni visage, ni autre figuré. Seule sa beauté est éclatante ; de son corps, rien n'est jamais mentionné. À l'inverse, dans la chanson de femme, l'amant attendu porte un ersatz d'identité : s'il reste *amins* ou *amic* dans l'*alba* et l'aube (même en position d'apostrophe), il se nomme bien *Cuens Guis* ou *mes sires, ami Doon, cuens Do,* rappelant aussi que cet amour se vit entre gens de la noblesse dans chacun de ces poèmes. De même la dame est *Bele Doette* dans la pièce n° 4, en attaque anaphorique de chaque strophe, et sa corporéité est au service de sa beauté. Elle semble à l'évidence tout aussi éclatante de beauté et de présence que la gracieuse et avenante bergère de la *pastoreta*. Nous y reviendrons.

Le « je » désirant et sa légitimité ?

Aussi, il apparaît que le *je* désirant nourrit cet élan vital tout au long du poème sans qu'il ne vacille jamais ni que ces voix de femmes ne se perdent. Au demeurant, ces traces ne sont-elles pas assimilables à de fragiles murmures, audibles peut-être par artifice poétique, mais que nul en réalité n'entendra jamais au sein de ces vergers : des voix secrètes pour une vocation interdite ? On sait combien en effet l'interdit est indissociable de la conception de l'amour courtois, et combien il implique structurellement qu'un secret entre deux êtres soit préservé.

Sans conteste, le motif de l'interdit ouvre sur une certaine forme du désir amoureux ; il en est même le principal aiguillon. Ce thème en revanche ne semble guère différencier les chansons de femme et les chants que portent les voix d'homme, car le schéma triangulaire du lien amoureux y est identique, référant à la structuration de la *fin'amor*. La chose en est bien connue et, en raison de l'interdit posé, le désir est parfois conduit à se dissoudre en un défi d'ordre moins intime que sociétal, attendu que l'amour courtois exige l'adultère et se situe forcément en conflit avec l'idéologie du mariage.

L'on pourrait avancer avec Christelle Chaillou que « [p]our déjouer le mécontentement de l'Église, l'amour corporel est sublimé pour laisser place, pour les plus habiles, à un amour cérébral[20] », et rappeler en reprenant ses mots « combien l'Église réforme le mariage pour restaurer des valeurs morales et son autorité. Le mariage devient un pacte social protégeant les biens et les pouvoirs et dénué de sentiments amoureux. Pour continuer à aimer, la noblesse du Sud de la France réinvente l'amour sous la forme de la *fin'amor* ou amour courtois. » Néanmoins il n'est pas certain que cet amour trouve seulement sa légitimité dans une dimension supposée platonique, car l'examen des pièces infirme cette interprétation. La chanson de femme clame non seulement le droit au désir amoureux, en dépit de l'aube, de l'époux jaloux, des envieux et du mauvais sort, mais encore le droit à une véritable sexualisation de la rencontre. L'enlacement des amants, la mention du lit plutôt que l'euphémisme de la chambre font trace d'une érotique affirmée.

La trajectoire du désir relève d'un défi à très large spectre. La dame ne craint pas de maudire l'aube, objet de sa haine et de son déplaisir. Quant à la jeune femme mal mariée, elle s'en remet à Dieu, à ce Dieu qui se place du côté des amants et dont elle ne doute qu'il exaucera sa prière : « Et Nostre Sire l'a molt bien escoutee » (v. 32). Belle Doette n'en attend pas moins du Très-Haut qu'il la protège derrière les murs de l'église Saint-Paul, puis au sein de l'abbaye qu'elle fera bâtir. Elle sait que, sous la haire de la nonne, son vœu aurait pu être exaucé. Invoquer Dieu nourrit un espace verbal où la sensualité retrouve sa place, voire sa justification. Et cette supplication même à laquelle Dieu répond positivement en Dieu bâtisseur, légitime indéniablement son désir empêché.

Le bonheur d'aimer justifie encore l'attente, le manque, et semble trouver, quoi qu'on en dise, une expression très affûtée dans ces vieux poèmes. Les ouvrages clament que la félicité amoureuse[21] est assumée, que cet amour peut être comblé sensuellement dans l'*alba*, dans la chanson d'aube comme dans la chanson de malmariée, ou de manière sublimée dans la chanson de toile. Les accents de ferveur amoureuse (pour reprendre les termes de M. Tyssens[22]) sont légion et touchent à la vocalité du poème. L'impatience amoureuse y est à son comble, organisatrice de la facture d'ensemble et source du lyrisme subjectif.

Un autre aspect essentiel de ce corpus poétique est la beauté qui en émane. À propos de la pièce n° 1, J. Frappier ne manqua pas d'évoquer la très grande qualité esthétique de l'*alba* retenue : « Elle est fraîche, naïve, passionnée, d'une grâce qui fait penser à l'anthologie grecque. » Terme à terme, l'on serait tenté d'en dire tout autant du portrait de la dame qui vient clore le poème[23].

> La dompna es agradans e plazens,
> per sa beutat la gardon mantas gens,
> Et a son cor en amor leyalmens.
> *Oy Dieus, oy Dieus, de l'alba ! tan tost ve !* [24] (v. 21-24)

Sa beauté d'un tracé sommaire, sans description organisée ni méthodique, touche pourtant à la perfection, car elle est l'émanation singulière d'un état de bonheur. Elle est un hymne à la féminité recueillie par le verbe, observée et aimée de maintes gens : « …les auteurs mettent la beauté féminine en rapport avec l'amour sous toutes ses formes », souligne encore E. De Bruyne ; « La grâce étant fonction de l'amour, partout où le poète doit chanter ou expliquer l'amour, il se voit obligé de décrire la beauté[25]... » André le Chapelain ne dit pas autre chose quand il proclame que l'amour « se définit en fonction de la perception ou de la représentation de la forme, c'est-à-dire de la beauté[26] » ; et il se souvient que, pour saint Augustin, le beau est transcendantal, qu'il réside en des proportions parfaites dans cette grâce ineffable du corps décrit, à l'image de l'univers créé par Dieu. En amont encore, dans la tradition classique, « la beauté du monde, en tant que reflet et projection de la beauté idéale, [est] une conception de dérivation platonicienne[27] ». À travers elle, le christianisme tente de prouver que la beauté réside dans ce qui est *a compas*, dans la mesure juste des choses, dans cette grâce ineffable émanant du sujet : « une imitation consciente de l'harmonie que la nature étale en toutes choses[28] ». Elle se révèle comme étant la meilleure justification de l'amour.

Aussi, dans la chanson de malmariée, la beauté décrite est d'abord celle d'une nature ordonnée par le regard de l'artiste ; c'est un écrin de fraîcheur et de limpidité qui sera finalement offert aux amants comme antidote à l'*enserrement* cruel imposé par le vieillard et à son obscur projet. La première strophe offre un luminisme remarquable. La blancheur matinale suggérée dans l'*alba* par la mention de l'aubépine est également présente pour décrire le gravier clair sur lequel l'eau d'une fontaine s'écoule : « En un vergier, lez une fontenele, / Dont clere est l'onde et blanche la gravele... » (v. 1-2). La couleur en est monochromatique et première ; c'est un blanc qui est convoqué pour dire une « beauté simple [...] d'une qualité indivisible », à l'image peut-être de la métaphysique de l'Un, « de l'unicité absolue » de la Création première[29]. La scène baigne en effet dans une lumière si favorable que l'expression du désir survient naturellement. Le blanc, outre sa portée symbolique, est un révélateur de contrastes. Il contribue à explorer en un double paradigme l'expression de ce clair-obscur que produit le poème : le blanc révèle l'ombre de la geôle, la jeunesse jouxte la vieillesse, le beau s'approprie l'espace de la laideur, le désir amoureux se déclare là où l'union conjugale est sans élan ; le raffinement y éclôt enfin à l'inverse du comportement possessif et brutal du jaloux.

C'est dans ce contraste et dans l'expression de cette beauté éclatante que l'art d'aimer trouve sa plus noble justification. La beauté de la femme est tout autant physique que morale, c'est une beauté stylisée à force d'idéalisme et en l'absence de détail.

C'est une beauté générique, sans teinte, ce que les miniaturistes ne manquent jamais de corriger, au profit d'un *colorisme* tranché : « en jouant sur une gamme élémentaire de couleurs, sur la juxtaposition de teintes éclatantes, sur des espaces chromatiques nettement tracés et excluant la nuance[30]. » Cette épure ne cherche pas l'unité du tableau à partir de l'harmonie des couleurs. Elle en capte la lumière la plus féconde, afin de révéler la sensualité amoureuse.

Il arrive toutefois que cette perception de la beauté s'accompagne succinctement de quelques traits descriptifs. Comme le fait observer E. De Bruyne[31], l'une des manières attendues de procéder est de mêler les traits physiques et les traits moraux, et par conséquent de multiplier les épithètes descriptives : « agradans e plazens » (pièce n° 1, v. 21). Ici elles suffisent pour que cette discrète multiplicité soit ramenée à l'unité de la caractérisation principale.

Dans la chanson de toile, l'éclatante jeune femme se perçoit telle une évidence, au point qu'il n'est pas d'autre mot que celui de *Bele* pour donner au désir sa pleine justification. La beauté est très simplement amenée par le chant d'une vibrante anaphore, *Bele Doette…*, *Bele Doette…*, ce qui est conforme au genre. Aussi, la manière en est simplifiée, plus directe que dans la chanson de malmariée. Mais l'on pensera avec E. De Bruyne qu'elle porte forcément au bien, car cette beauté est idéale :

> Les poètes se placent […] au point de vue affectif et désirent « louer » leur héroïne en la présentant comme essentiellement « aimable ». Or la femme ne peut être digne d'amour que dans la mesure où elle se rapproche de l'idéal. La beauté idéale, d'autre part, est parfaite et unique : seul l'intellect peut la concevoir. Mais comme dans la réalité elle se diversifie dans les êtres d'après les possibilités de la matière, ainsi dans l'art et particulièrement dans la poésie, elle se présente sous une forme unique à l'intelligence de tous, laissant à la sensibilité de chacun le soin de la concrétiser. C'est à l'initiative de l'imagination individuelle, riche d'expériences uniques, nourrie de désirs et de rêves personnels, qu'il appartient de faire « vivre » concrètement l'idéale beauté que le poète dépeint sous des traits typiques et essentiels[32].

Or la conception de la beauté qui est rapportée ici est forcément celle de l'homme, dont la femme est l'objet amoureux. Dans les chansons où *je* est une femme, c'est en un mouvement mimétiquement inverse et réflexif, en suscitant tout autant l'approbation et la participation[33], que la femme se révèle désirante. Son embellissement est la preuve de sa bonté d'âme et du regard généreux que Dieu porte sur sa créature. Car Dieu n'est pas absent de cette poésie, cela a été dit, il est même largement sollicité au commencement de l'*alba, Plagués à Dieu…*, interpellé dans le refrain *Oi dèus, oi dèus…* qui revient six fois. Sa place est paradoxalement entière dans ces poèmes où l'amour humain cherche sa légitimité, son bon droit, sa propre vérité sous son regard. On ne doutera pas en effet avec M. Zink « du genre de séduction que pouvaient exercer [ces chansons de toile] à l'époque où elles ont été notées », quand on songe à leurs mises en situation, leurs insertions circonstanciées dans différents romans du XIIIe siècle[34].

Enfin, d'égale valeur à l'idéal de beauté visuelle, l'exécution musicale du poème contribue aussi à l'expression du désir amoureux. N'oublions pas que cette poésie est avant tout lyrique, qu'elle fut écrite et chantée sur une ligne mélodique très simple. Elle affirme son caractère musical par la notation qui l'accompagne. Elle est également indissociable de la courte dramaturgie qui se joue dans le texte et s'élabore en tant que genre mixte comportant « parole, musique et jeu[35] ». Le triple aspect de cette écriture est aujourd'hui encore assuré dans deux des poèmes d'oïl cités, *En un verger lez une fontenele* et *Bele Doette as fenestres se siet*. Du reste, quel que soit le texte, « [l]a musique du vers nous transporte dans un monde idéal dont le souvenir illumine nos images concrètes[36] ».

Par l'art de noter, le poème participe de cette idéalisation du sentiment amoureux. Il s'agit d'une composante essentielle, mais non exclusive, qui se conjugue aux représentations textuelles dramatiques et visuelles, et où affleure à chaque instant la vocalité première du poème (prise de parole, refrain, posture suppliante). Elle porte intrinsèquement la présence révélée d'un être désirant et nourrit le projet esthétique dont fait partie, cela a été dit, l'extrême beauté de la dame. La voix de femme s'épanouit dans le chant monodique et tout élément de l'écriture du poème en est le révélateur. Le refrain, par exemple, est systématisé dans cette poésie de femmes, ce qui n'est guère fréquent dans la *canso* avant qu'elle ne soit adaptée par les trouvères : *Oi dèus, oi dèus, de l'alba ! tan tòst ve* (*alba*). *E, or en ai dol !* Le second refrain de la chanson de toile est chanté sur une ligne mélodique distincte de celle de la strophe. Il s'agit d'une portée plus courte, au caractère plus enlevé que le reste de l'exécution musicale, comme en témoigne la brève notation de *Bele Doette*[37] :

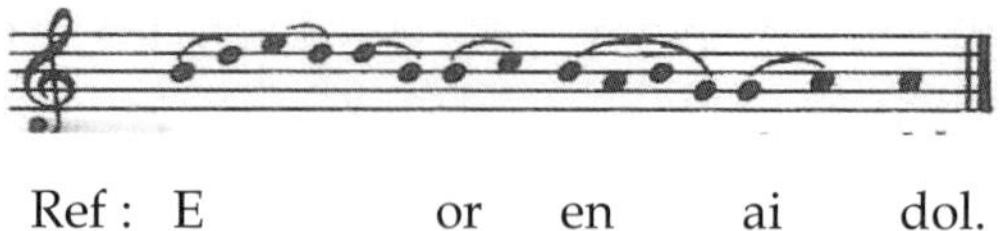

Ref : E or en ai dol.

On y repère une courbe en arche, notant de tierce en tierce ou au moyen de notes suivies une ascension limitée, correspondant à *E*, dont la tenue s'étend sur six notes. Puis, l'on suit une ligne délicatement descendante par paliers, avec un resserrement de la durée syllabique de la séquence *or en ai dol* sur neuf notes seulement, soit à peu près deux notes par syllabe. *E* nécessite un suspens de la plainte, avant qu'elle ne se dilate en quelques mots, sur ces quelques notes, liées deux à deux, en voie d'apaisement. Le désir de la femme tient déjà tout entier dans ce vers.

On note encore que la voix s'approprie les marques du discours et qu'elle inscrit avec audace dans les fréquences hautes, la parole directe empruntant une tessiture élevée, soit une ligne mélodique aiguë, conforme peut-être à l'exaltation qui éclôt dans cet espace saturé et fini. La fréquence soutient la portée de la voix désirante qui cherche par le biais d'un discours direct à faire savoir autrement que par le murmure de la parole empêchée la raison de la souffrance, le désir inassouvi. La voix ne marque pas seulement une attente, elle jaillit tel un cri et réalise une rupture singulière avec ces zones muettes de la vie humaine qui sont celles de la femme médiévale : « Le silence est l'ordinaire des femmes », rappelle M. Perrot[38]. De même, dans *Bele Doette,* cette musique, dont la notation prend un caractère cyclique au moyen de répétitions à l'échelle du motif[39], semble s'émanciper en une fréquence suraiguë, quand elle accompagne l'expression de l'implacable attente et du désir sans lendemain :

Ou est mes si - res, que ne vi tel
Ou est mes si - res, cui je doi tant

pie - ça ? (v. 21-22)
a - mer ? (v. 39-40)

Une fois qu'elle a atteint l'acmé de son élan, c'est-à-dire le point extrême de la tension musicale, elle redescend par paliers en suivant plusieurs tracés ondulatoires. On pressent que la notation de ces courbes réalise une forme audible du désir de la femme.

Le même constat s'impose pour le poème *En un vergier lez une fontenele,* quand la tessiture s'élève au moment où l'amante entonne le refrain. Du reste, la répartition des fréquences y est moins nette, car le discours de la dame peut occuper l'ensemble de la strophe (la strophe II), suivie, dans les strophes III et IV, d'un récit conduit par une voix narratrice évoquant les violences infligées par l'époux. On repère la répétition stricte d'une mélodie unique pour les trois premiers vers, suivie d'une variation conclusive après le premier hémistiche du vers 4. Cependant, les ondulations continues, les mélismes et autres notes liées deux à deux s'y répandent à la mesure du désir qui cherche son expression. On notera aussi qu'un vers surnuméraire s'entend dans la strophe V pour faire place à la prière que la dame adresse à Dieu. La partition conservée ne dit pas de quelle manière s'entendait ce *quintil,* ni si ce vers était musicalement « en trop ». On supposera qu'il commençait au moins sur la même ligne mélodique, peut-être même répétait-il la notation marginale du vers quatre. Le *quintil* est isolé dans l'économie du poème, mais en tant qu'accident poétique, il réalise à l'extrême la force de ce désir qui attend la réponse que Dieu lui apportera.

Dans *Bele Doette*[40], la voix de la femme n'est pas seule, elle se mêle à d'autres lignes mélodiques dans un espace textuellement discursif et musicalement choral. L'esthétique est la même et le tracé est saturé. Pourtant on repère bientôt que la voix de l'écuyer portant la nouvelle funeste répond en un strict écho à la requête de la dame, c'est-à-dire qu'il la profère sur une même ligne musicale. Amorcé dans une tessiture médiane d'un *la*, son chant maintient cette valeur en étirant la syllabe *En* considérablement, comme s'il fallait que l'écuyer gagnât quelques secondes :

En non Deu, da - me, nel vos quier mais

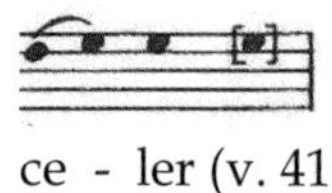

ce - ler (v. 41)

Puis la ligne s'élève brusquement en des zones de forte tension vocale (au départ d'un *mi* aigu), pour dire la mort de l'amant et la fin de l'attente. C'est ce que l'on entend *stricto sensu* :

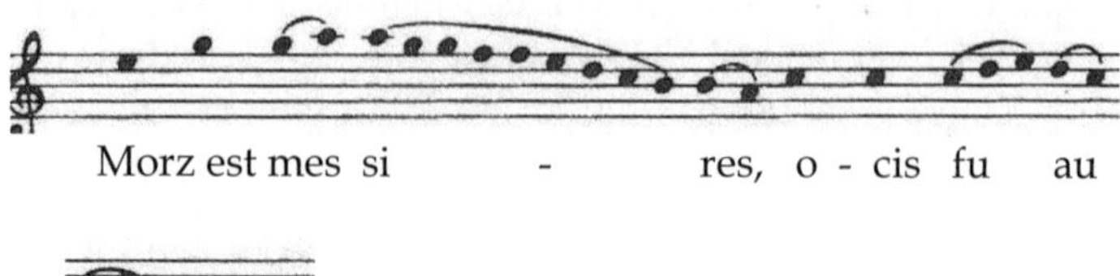

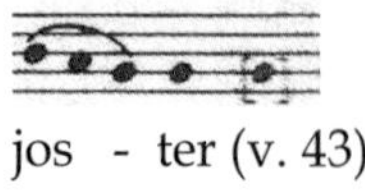

jos - ter (v. 43)

On soulignera ainsi que par leur plurivocalisme ces poèmes se chargent de paysages sonores faits de timbres croisés qui sont autant d'échanges. Les chansons d'aube, sans que nous ayons la trace des notations, ont porté jusqu'à nous un écho lointain de ces voix au timbre plus aigu, mêlant leur haute tessiture naturelle à celle d'un oiseau ou du cri strident d'un guetteur. Dans l'*alba*, le motif n'est pas inattendu, puisqu'il signale sous toutes ces formes le retour de l'aube et la fin de l'effusion amoureuse :

> Tro la gaite crida que l'alba vi. (v. 3)

Le cri dont nous avons perdu la matérialisation musicale vocalise la rupture, il est la brisure d'un rêve d'amour pérenne. Ces *voix-relais* n'émoussent pas immédiatement le chant, ni ne ruinent l'élan d'une parole qui cherche à dire le désir d'aimer. Bien au contraire, elles en sont les déclencheurs sur quelques vers ou sur plusieurs strophes.

*

Ce serait au risque de l'égarement que la voix prolongerait sa plainte. Si certains poèmes semblent se perdre dans une attente désirante sans fin, il arrive le plus souvent qu'ils trouvent leur aboutissement et leur clôture dans le choix de motifs conclusifs efficaces : prière exaucée, retour de l'amant, ébats amoureux que seul le jour et sa cohorte d'obstacles ont finalement suspendus, nuit tombée ou sublimation du désir par la naissance d'une vocation religieuse.

Finalement, la voix de femme a-t-elle quelque droit de se faire entendre ? Le paradoxe de cette poésie laissant au *je* subjectivement féminin le pouvoir de chanter le désir de la femme tient dans son caractère extrêmement formel et concerté. Le cahier des charges musicales et poétiques y est lourdement lesté, sans affranchissement possible, sans même que nous sachions si ces voix ont été celles de femmes vivant dans leur siècle, sans que nous puissions prouver leur « féminité génétique[41] » et sans que nous sachions enfin si leurs projets comportaient quelques tentations sociétales.

C'est pourquoi il serait inconvenant que la voix prolongeât outrageusement sa plainte. La raison poétique n'est pas le libre discours sur soi, si malséant au Moyen Âge, surtout s'il se décline au féminin. La vocation de cette poésie chargée de matériaux topiques (thématiques et rhétoriques) tend à contenir l'épanchement et à annihiler le désordre d'une expression subjectivement trop affirmée. Néanmoins chacun de ces poèmes est une pépite de sons et de mots vers lequel il faut porter le regard et tendre l'oreille. Il dit de ces femmes, *trobaritz* ou non[42], qu'une voix a parlé d'elles, pour elles, au-delà du monde clos qui leur était imparti. La mélodie s'achève sur une note tenue dont nous ne percevons plus qu'un fragile écho.

Frédérique Le Nan
Université d'Angers, CERIEC, EA 922

NOTES

[1] D'après le *Guide de la musique au Moyen Âge,* dir. F. Ferrand, Paris, Fayard, 1999. Lire les articles consacrés aux genres cités (p. 315, 330 et 336). Voir aussi Richard H. Hoppin, *La Musique au Moyen Âge,* traduit de l'anglais par Nicolas Meeùs et Malou Haine, Liège, éd. P. Mardaga, 1991, t. I et II.

[2] D'après G. Gouiran, *Et ades sera l'Alba. Angoisse de l'aube. Recueil de chansons d'aube des troubadours,* Publication de l'Université Paul-Valéry, Montpellier III, 2005, p. 26-27, et *Les Albas occitanes,* étude et édition par Ch. Chaguinian, transcription musicale et étude des mélodies par J. Haines, Paris, Champion, 2008, p. 206. *En un vergier* est tiré du ms. C, Paris BnF, fr. 856, occitan, XIIIe s., fol. 383v-384r. Il s'agit d'une *alba* de séparation anonyme.

[3] *Ibid.,* p. 242 et 326.

[4] Voir l'ouvrage de référence, M. Zink, *Belle. Essai sur les chansons de toile, suivi d'une édition et d'une traduction,* Paris, 1978, p. 86-89, d'après le ms. U, BnF fr. 20050, dit « Chansonnier de Saint-Germain-des-Prés », milieu à fin du XIIIe s. (trois mains). Les chansons citées apparaissent au fol. 66r-66v. Musique R.S. 1352. Pour la consultation des textes édités, voir également E. Baumgartner et F. Ferrand, *Poèmes d'amour des XIIe et XIIIe siècles*, Paris, 10/18 (coll. « Bibliothèque médiévale »), p. 276 *sq.*, p. 293 *sq.*, p. 289 *sq.*

[5] Si *Bele Doette…* est indéniablement une chanson de toile, on pourra discuter cette distinction générique traditionnelle à propos de *En un vergier, lez une fontenele*, qui rappelle davantage la chanson de malmariée. Néanmoins le chansonnier U donne les deux pièces dans la même section du ms., fol. 64-67 et 69-70, avec annotations musicales. Voir M. Zink, *op. cit.,* 1978, p. 21.

[6] Il n'est pas lieu ici d'aborder la délicate question de l'attribution de ces poèmes à des femmes « trobairitz », dans le seul domaine d'oc, qui en admet toutefois la réalité historique. On s'en tiendra à la formule de P. Bec en évoquant une « féminité uniquement textuelle », ce qui ne préjuge pas de l'attribution supposée ou authentifiée de ces textes. Sur ces questions, dont nous nous réservons l'exploration ultérieure, voir entre autres (A. Riegel, D. Régnier-Bohler), P. Bec, « Trobairitz » et chansons de femme. Contribution à la connaissance du lyrisme féminin au Moyen Âge », *Cahiers de Civilisation Médiévale,* 22, 1979, p. 235-262 et M. Tyssens, « Voix de femmes dans la lyrique d'oïl », *Femmes, Mariages-Lignages (XIIe-XIVe siècles). Mélanges offerts à Georges Duby,* Belgique, De Boeck Université (coll. « Bibliothèque du Moyen Âge 1 »), 1992, p. 374.

[7] *Dictionnaire du Moyen Âge. Littérature et philosophie,* Paris, Albin Michel, Encyclopædia Universalis, 1999, p. 248b.

[8] D'après G. Gros et M.-M. Fragonard, *Les Formes poétiques du Moyen Âge à la Renaissance*, Paris, Nathan, 1995.

[9] M. Tyssens, « Voix de femmes dans la lyrique d'oïl », art. cit., p. 375.

[10] D'après G. Gouiran, *op. cit.,* p. 26 : trad. « Mon Dieu, mon Dieu ! l'aube, qu'elle vient vite ! »

[11] Voir G. Gros et M.-M. Fragonard, *op. cit.,* p. 35 : la *tenso* des troubadours est une chanson à couplets où des interlocuteurs s'opposent sur un sujet donné : il s'agit donc d'un genre dialogué où s'échangent arguments et invectives. En langue d'oïl, la forme correspondante est, à partir du XIIe siècle, la *tenson* (ou *tençon*), qui signifie proprement « querelle » : le mot appartient à la famille du verbe *tancer,* dont le sens de « quereller » a précédé le sens moderne de « réprimander ».

[12] *Dictionnaire du Moyen Âge*, article « Toile, chanson de (chanson de femme) », par F. Ferrand, p. 336.

[13] Voir P. Bec, *La Lyrique française au Moyen Âge (XIIe-XIIIe siècles),* vol. 1, Études, Paris, 1977 et 1978.

[14] D'après le *Trésor de la langue française,* article « désir ».

[15] Bernart de Ventadour, poète occitan qui compose ses poésies entre 1147 et 1170 (*Dictionnaire des Lettres. Le Moyen Âge,* p. 160). Voir P. Bec, *Anthologie de la lyrique occitane du Moyen Âge* [Avignon : éditions Aubanel, 1970], paru ensuite sous le titre : *Anthologie des troubadours,* éd. bilingue par P. Bec, Paris, 10/18 (coll. « Bibliothèque médiévale »), 1983, p. 132-136. Sur cette pièce, lire M. Zink, *Nature et poésie,* Paris, Fayard, 2006, p. 152.

[16] L'activité de Jaufré Rudel se situe entre 1130 et 1170 d'après le *Dictionnaire des Lettres. Le Moyen Âge,* Paris, Fayard (coll. « La Pochothèque »), 1964, p. 741. Voir aussi *Les Chansons de Jaufré Rudel,* éd. A. Jeanroy, Paris, Champion, 1965, 2e éd. [1824].

[17] Lire la chanson *Quant lo rius de la fontana, op. cit.,* p. 3. Trad. d'après A. Jeanroy, *op. cit.,* p. 4 : « Amour de terre lointaine, pour vous tout mon cœur est dolent ; je n'y puis trouver de remède si je n'écoute votre appel, par attrait de douce amour, en verger ou sous tentures, avec une compagne désirée ».

[18] R. Nelli, *L'Érotique des troubadours,* Toulouse, Privat, 1963, p. 142.

[19] Voir *Dictionnaire du Moyen Âge, op. cit.*, p. 125, l'entrée « Aube (Chanson d') » par Jean Frappier.
[20] Ch. Chaillou, « La poésie lyrique des troubadours. Musique, poésie et contexte », Université de Poitiers, Centre d'Études Supérieures de Civilisation médiévale, 2009, p. 2.
[21] Voir M. Tyssens, art. cit., p. 384.
[22] *Ibid.*
[23] *Dictionnaire du Moyen Âge, op. cit.*, « Aube (chanson d') », p. 125.
[24] Trad. G. Gouiran : « La Dame est agréable et charmante, à cause de sa beauté bien des gens la (re)gardent ; et elle place son cœur dans un amour loyal. Mon Dieu… »
[25] E. De Bruyne, *Études d'esthétiques médiévales, I. De Boèce à Jean Scot Erigène. II. L'époque romane. III. Le XIII*^e^ *siècle*, [Bruges, 1946], rééd. Paris, Albin Michel, 1998, t. II, p. 173.
[26] *Ibid.*
[27] U. Eco, *Art et beauté dans l'esthétique médiévale,* Paris, Grasset, 1987, p. 37.
[28] E. De Bruyne, *op. cit.,* t. II, p. 116.
[29] U. Eco, *op. cit.,* p. 77.
[30] *Ibid.,* p. 79.
[31] E. De Bruyne, *op. cit.,* t. II, p. 179.
[32] *Ibid.,* t. II, p. 187-188.
[33] Selon D. Poirion, *Dictionnaire du Moyen Âge, op. cit.,* entrée « Lyrisme médiéval », p. 544.
[34] M. Zink (*op. cit.,* 1977, p. 4) rappelle que ces poèmes sont largement diffusés par le truchement du *Roman de la Rose ou de Guillaume de Dole* de Jean Renart, du *Roman de la Violette* de Gerbert de Montreuil et du *Lai d'Aristote* d'Henri d'Andeli.
[35] *Dictionnaire du Moyen Âge, op. cit.,* entrée « Lyrisme médiéval », p. 543.
[36] E. De Bruyne, *op. cit.,* p. 188.
[37] Concernant ces partitions retranscrites (*op. cit.,* p. 111-112), John Haines rappelle « combien des musicologues […] se résignent à une présentation dite "neutre" ou a-rythmique, avec des notes sans queues. […] Même l'identification de notes ou motifs importants dans ces chants est douteuse… » (*op. cit.,* p. 92). Pour *Bele Doette as fenestres…,* voir les fol. 64-67 et 69-70, où les portées musicales sont remplies (ms. U dit de « Saint-Germain-des-Prés ») et *supra.*
[38] M. Perrot, *Les Femmes ou les silences de l'Histoire,* Paris, Flammarion, 1998, p. I.
[39] Voir Ch. Chaillou, art. cit., p. 10.
[40] Mais, dans la chanson de malmariée, seul le refrain est ainsi souligné par une hauteur supérieure.
[41] P. Bec, « Trobairitz… », art. cit., p. 235.
[42] Cette question, quoiqu'en débat, n'aura pas été abordée ici, d'autant qu'aucun des poèmes cités n'a été consigné dans le chansonnier de *trobairitz* (H, deuxième moitié du XIIIe siècle, Rome, Bibl. Apost. Vaticana lat. 3207). Cette absence de trace, notamment pour l'*alba* (ms. C, XIVe siècle, Paris, BnF, fr. 856, fol. 384), n'est cependant pas la preuve formelle qu'il n'y aura pas à chercher de féminité auctoriale dans ce corpus et au-delà.

Façonner sa dame : amour et idolâtrie*

La dame-objet est un des poncifs de la poésie des troubadours. Les études publiées ces dernières années délaissent l'idée traditionnelle de la femme-idole en faveur d'une analyse de l'amour courtois fondée sur la psychanalyse. Sur les six articles de l'ouvrage *De L'Amour*, publié en 1999 sous la direction de L'École de la Cause freudienne, quatre traitent de l'amour courtois, dont trois se consacrent à la poésie des troubadours. Dans leurs contributions, J. Roubaud, Ch. Méla et A. Badiou proposent avant tout de concevoir la *fin'amor* comme la représentation d'un désir paradoxal d'union entre deux subjectivités. R.-P. Vinciguerra résume ce paradoxe en citant Lacan : « c'est son propre moi qu'on aime dans l'amour, son propre moi réalisé au niveau imaginaire »[1]. L'aphorisme bien connu de Lacan, « Il n'y a pas de rapport sexuel », est ainsi commenté par É. Roudinesco : « …ce qui veut dire, plus simplement, que la relation amoureuse n'est pas un rapport mais plutôt une lutte entre deux contraires, chacun en position dissymétrique en regard de l'autre »[2]. L'incompatibilité entre le sujet masculin et le sujet féminin surgit parce que la femme n'existe pour l'amant que, pour ainsi dire, sous une forme fantasmée, et que l'amant en est fort conscient. Toujours selon É. Roudinesco : « Dans cette perspective, la femme n'est donc jamais l'incarnation d'une essence féminine. Elle n'existe pas comme une totalité invariante, identique à elle-même de toute éternité, pas plus que l'homme n'est un maître qui parviendrait à la dominer en se donnant l'illusion de sa toute-puissance ». Cette

* Cet article a été rendu possible par un congé sabbatique financé par la Leverhulme Trust en 2013. Je remercie vivement Gilda Caïti-Russo et Irène Fabry-Tehranchi pour leurs conseils et leurs suggestions.

union impossible oblige le sujet aimant à façonner l'objet de son désir dans un espace imaginaire ou inaccessible.

Il s'ensuit que la dame de la *canso*, vidée de tout ce qui la rendrait contraire aux souhaits de son amoureux, devient pur objet. Comme le dit D. Poirion, si la chanson d'amour se conçoit en « miroir flatteur » dans lequel s'interroge le sujet masculin « épris de gloire », elle n'est qu'un miroir aux alouettes, car « la tradition courtoise a enfermé la littérature dans un univers essentiellement masculin : la dame que l'on consulte est imaginée par ou pour l'amant. Objet d'un culte ou jouet des désirs, l'idole féminine ne pouvait réellement parler : son oracle n'était qu'un écho déguisé »[3]. Le troubadour Sordel chante une idole de cette sorte[4] :

> Dompna, al prim lans
> q'ieu vi ·l gen cors de vos,
> vostras faissos
> m'entaillet per semblans
> al cor, trenchans,
> Amors, per q'ie ·m sui datz
> a so qe ·us platz
> fins, ferms a totz mos ans. (vv. 72-79)

(Dame, la première fois que je vis ce noble corps qu'est le vôtre, l'Amour, tranchant, cisela l'image de votre visage dans mon cœur ; c'est pourquoi je me suis dédié à votre bon plaisir, loyal et constant pour le reste de mes jours.)

E. Jager suggère que Sordel met sa dame à la place de Dieu[5]. L'Amour ne cisèle l'image du visage de la dame qu'au moment où l'amant la voit pour la première fois, et crée ainsi une image à laquelle l'amant se dédie de bon cœur. De même, l'amant qui chante sa dame dans « Farai chansoneta nueva » (attribué à Guilhem IX) évoque son adoration d'une femme exceptionnelle : « que plus ez blanca qu'evori/ per qu'ieu autra non azori » (vv. 13-14)[6] (car elle est plus blanche que l'ivoire, et c'est pour cela que je n'en adore pas une autre). Cette femme est unique parmi les filles de la lignée d'Adam (vv. 33-34). Blanche comme l'ivoire, exceptionnelle parmi les êtres humains, cette femme est adorée comme l'est un objet sacré[7].

Donner sa voix à cette dame-objet ou dame-jouet, tel a été le but de certaines *trobairitz*[8]. Les travaux récents de B. Burgwinkle et de F. Fajardo-Acosta développent cette conception « matérialiste » de l'amour courtois[9]. La dame médiatrice est aussi, comme on le dirait aujourd'hui, un objet de consommation, qui n'existe que pour exaucer les souhaits de succès ou de gloire de l'amant-poète. L'espace entre l'adoration de l'icône, l'idolâtrie, et le désir érotique est le sujet de cet article.

Nous nous proposons ainsi d'explorer le motif du poète qui désire la dame-idole dans l'œuvre et la réception manuscrite du troubadour Jausbert de Poicibot (actif vers 1210-30), en nous référant à ce que l'anthropologue V. I. Stoichita nomme « l'effet Pygmalion », qui s'articule entre l'image-*eikon* (l'icône, pure copie engendrée par la mimésis) et l'inquiétante image-*phantasma* (le simulacre, un faux qui s'apparente au fantôme)[10]. Jausbert de Poicibot, dans ses chansons ainsi que dans les éléments paratextuels de son œuvre (la *vida* et les illustrations des chansonniers), donne une image contradictoire de lui-même. Il est souvent nommé « lo monges de Poicibot ». C'est un moine-troubadour, souvent critique de l'amour courtois qu'il chante. Sa *vida* dit qu'il a quitté l'état monastique par « désir de femme » (« per voluntat de femna »)[11]. Troubadour à succès, il serait devenu chevalier et, afin de réaliser le souhait de sa dame, il l'aurait épousée. Il part en Espagne et elle se laisse séduire par un chevalier anglais. De retour au pays, le troubadour retrouve la dame qui, abandonnée par son amant, se prostitue dans la maison d'une pauvresse, où il est entré, de nouveau, par désir de femme (la *vida* reprend l'expression « per voluntat de femna »). Le désenchantement anti-courtois de cette *vida* glose le corpus poétique amoureux, parfois grivois, de Jausbert, que les miniatures des chansonniers *A, I, K* et *N* montrent tonsuré et vêtu de la bure sombre des moines bénédictins (fig. 1).

Fig.1 : Gausbert de Poicibot devant sa dame, The Pierpont Morgan Library, New York, MS M.819 fol. 214r.

Les deux documents relatifs à un certain *Gaubertus de Podio Ciboti* semblent se contredire[12]. L'un cite un moine mort dès 1263 ou 1272, dont la famille était assez riche pour que les moines de Solignac (Haute-Vienne) lui consacrent l'office des morts. L'autre, écrit en 1250, fait mention d'une donation de terres par un chevalier décédé (*miles defunctus*) et son épouse. Il n'est pas impensable que ces deux mentions concernent le même individu, issu d'une famille de *milites* du diocèse de Limoges, devenu (ou redevenu) moine avant sa mort vers 1250. Il aurait pu quitter le monastère à vingt-cinq ans et le rejoindre, « converti » vingt ans plus tard. Jausbert de Poicibot n'est pas un troubadour d'exception, sauf pour une poignée de lecteurs en Italie des XIIIe et XIVe siècles. Selon E. W. Poe, le chansonnier *H* (vers 1290) aurait reproduit des gloses créées un demi-siècle plus tôt dans un recueil de ses poésies. Le chansonnier *N* (Pavie, vers 1285) orne aussi les poèmes de Jausbert d'une série d'images, petites gloses visuelles illustrant la discordance interne qu'implique la notion de moine-troubadour (voir fig. 1).

Elles ont souvent été commentées, notamment par S. G. Nichols[13].

Jausbert nous offre une description curieuse de sa dame. C'est une nouvelle créature de Dieu, reflet d'Ève, mais aussi un produit de consommation fait sur mesure pour satisfaire les désirs de l'amant, qui ne s'apparente ainsi que vaguement avec son premier père, Adam. Les deux dernières strophes de la chanson « Uns joys sobriers mi somo » la présentent d'abord comme une sorte de statue animée qui accomplit des actes qui augmentent son « prix »[14] :

Dieus la fes que·l det del so
Pels blons et huelhs vars en do,
Boqu'e nas, silh e mento,
De bon talh e benestan ;
E volc en lieys obrar tan
Que l'obra sembles l'obrier ;
Qu'ab honrat fait vertadier
Et ab maynt valen mestier
Saup gen s'honor trair avan,
Don sos pretz lutz e resplan. (vv. 31-40)

(Dieu la créa, car il mit quelque chose de lui en elle. Il lui donna cheveux blonds et yeux vairs en don, la bouche et le nez, les cils et le menton, tous bien sculptés et agencés. Et il voulut tant travailler en elle que l'œuvre ressemble à l'ouvrier. Par ses actes honorables et sincères ainsi que par de nombreuses qualités fort précieuses, elle a su avancer son propre honneur, ce qui fait briller et resplendir son prix.)

Les actions pleines de mérite de la dame, son honneur et sa sincérité signifient qu'il ne s'agit pas d'une nouvelle Ève. En outre, cette créature courtoise est dotée par son *artifex* d'une beauté qui ne se limite pas à son teint et à la texture de sa peau :

E quan Dieus vi sa faisso,
Det li per melhurazo
Sen e beutat de razo,
Plazen solatz, guay semblan,
Cors ben fait e ben estan,
Color tan fin'a sobrier,
Qu'aitals es cum ieu la quier
(...)
Faita d'un nou talh prezan,
A compas et a guaran. (vv. 41-50)

(Et quand Dieu vit son visage, Il lui donna, afin de l'embellir, du bon sens et une beauté raisonnable, agréable en compagnie, un visage gai, un corps bien fait et sain et une carnation raffinée, supérieure, de sorte qu'elle est telle que je la désire (...) faite dans un style neuf à priser, bien proportionnée et sûre.)[15]

La chanson de Jausbert n'évoque pas l'idolâtrie, mais il est clair que la dame n'est qu'une représentation d'un être humain, façonnée et peinte avec soin par un artisan ; c'est ainsi une image-*eikon*. Elle est purement l'objet du façonnage divin, et son corps n'a aucun lien charnel avec le corps masculin (elle est aussi sans parentèle car Ève, on le sait bien, provient d'une des côtes d'Adam). Le fait de promettre un « plazen solatz » à celui qui lui tiendra compagnie n'ajoute que très peu de subjectivité à cette créature, en dépit du don de *sen* que l'ouvrier lui a fait, car ce *sen* (son intelligence) n'est que le doublet de son étrange « beutat de razo » (la beauté raisonnable). Poupée bien proportionnée, elle est animée par le souffle divin qui en fait une créature sinon en chair et en os, du moins assez convaincante dans le cadre d'une vie de cour essentiellement vouée à l'apparence et aux bonnes manières. Jausbert ne fait aucune référence à la Nature, qui joue pourtant un rôle important dans la littérature et la pensée de l'époque. Le discours religieux est incorporé de force dans une conception matérielle du façonnage de la dame courtoise[16].

Désir trouble, donc, que celui du moine-troubadour malmarié. Ses chansons comprennent plusieurs exemples de *malas cansos* (chansons d'amour anti-courtoises), ainsi qu'une évocation du thème pseudo-ovidien de la *vetula*[17]. Sa *vida*, comme on l'a vu, en fait un homme sous l'emprise de désirs sexuels qui le conduisent à abandonner sa vocation monastique, puis à vivre une série de mésaventures amoureuses. Sa participation au débat sur l'amour des jeunes ou des vieilles femmes dénonce la fausseté de la femme fardée et bien vêtue. Là aussi, cet homme qui n'est moine que par l'habit dénonce le clivage entre le désir et son objet :

Quar, se·s viest jen ni s'afaita,
ni·l drap son nou d'escarlata,
dejos non a nien mas la pel legata.[18] (vv. 33-35)

(Car, si elle s'habille bien, se farde, et que ses vêtements sont faits d'un riche tissu neuf, en dessous il n'y a rien, sauf la peau ridée.)

Le poème s'évertue à faire disparaître le corps de la « vieille » dont même cette peau endommagée se réduit à néant. Ce faisant, il nie aussi l'amant, en l'appelant un « drut per fachura », un homme qui n'est amant que « de visage » ou « de forme » :

> Eu tenc ben drut per fachura
> que ama aital penchura :
> ren als no·i a mas quan la vestidura. (vv. 53-55)

(Je considère bien « amant de visage » celui qui aime une peinture de cette sorte : il n'y a rien là en dehors des vêtements.)

Le « vieux » corps répugnant se dissimule sous la peinture et les beaux vêtements, et les yeux de l'amant, qui ne perçoivent qu'une image, sont pris en faute. Faudrait-il pour autant entendre que l'amant adore cette dame fictive qu'il voudrait bien s'imaginer jeune et belle, au point de nier l'existence de son corps ? L'idolâtrie paraît possible dans cette relation, car la fausse image de la « vieille » de Jausbert n'est que l'expression du désir esthétique du troubadour. L'image qu'elle a créée par ses atours et par le fard attire l'amant. Jausbert, quant à lui, dédaigne cet amour intéressé[19]. Le simulacre qu'est la vieille s'apparente à l'image-*phantasma*, de même que cet amant qui ne l'aime que pour la forme.

La relation entre l'œil esthétisant de l'amant et sa dame annonce le Pygmalion amoureux qui s'agenouille devant la dame qu'il a sculptée, peinte et parée de beaux atours dans le *Roman de la Rose* de Jean de Meun (vers 1275), mais avec deux différences majeures : la dame de Jausbert est une création du divin *artifex*, et elle n'a pas besoin de recevoir une âme[20]. La dame de Jausbert est ainsi une figure inversée de la statue de Galatée. Dans le *Roman de la Rose*, Pygmalion désespère de ne pouvoir aimer qu'une statue sourde, muette et inanimée : « J'aime une ymage sorde et mue/ qui ne se crole ne se mue » (éd. Strubel, vv. 20821-22). La froideur du baiser de cette gisante renforce l'idée qu'il aime une sorte de morte[21]. Vénus répond aux prières de Pygmalion en transformant la statue d'ivoire en dame courtoise : « A l'ymage envoie lors l'ame,/ Si devint si tres bele dame » (vv. 21121-22). Il suffit d'insuffler l'âme (ou l'amour) pour transformer la statue en être humain.

Dans sa discussion sur ces vers, V. I. Stoichita souligne que «[l]e corps désiré est avant tout optiquement éclatant et visuellement attrayant. Cela fait partie intégrante de la notion d'éros qui traverse tout le texte.[22] » Selon le même auteur, Jean de Meun transforme la scène de réunion et d'union écrite par Ovide en « scénario scopique », une histoire de découverte par les yeux de l'artiste de la transformation de sa création en créature. Il craint que cette transformation ne soit l'apparition d'une illusion diabolique, un *fantosme* (certains artistes et commentateurs médiévaux ont vu dans l'histoire de Pygmalion un *exemplum* lié au rêve[23]). Or de nombreuses illustrations de cet épisode du *Roman de la Rose* montrent Pygmalion à genoux, les mains jointes, devant l'*ymage* féminine. Il s'agirait donc d'un épisode qui impliquerait autant l'amour courtois que l'idolâtrie[24]. Cette interprétation de la part des illustrateurs montre le clivage entre l'image sacrée et l'image-simulacre[25].

Ces scènes ne sont pas à confondre avec celles où un amant exprime son amour par le biais d'un objet de substitution qui lui ressemble, tel qu'un portrait ou une statue[26]. L'intention n'est pas de remplacer la vraie dame par son simulacre, mais bel et bien d'aimer l'*ymage*. Le Pygmalion des *Métamorphoses* d'Ovide conçoit son projet de création parce qu'il s'est promis à la Chasteté, dégoûté par les Propétides, les femmes punies par Vénus qui s'adonnent à la prostitution avant de se transformer en rochers (*Mét.*, Livre X, 220-47)[27]. Il n'a aucunement l'intention d'aimer une autre ; la statue-poupée insensible est en elle-même l'objet de son désir, et il la pare afin de servir son amour (X, 248-69). Vénus ne lui donne vie que quand Pygmalion prie la déesse de lui accorder une épouse qui ressemble à sa statue, tout en souhaitant en secret épouser l'objet et non un substitut humain (X, 270-79). Les mythographes et autres commentateurs du Moyen Âge ont proposé plusieurs façons de lire l'histoire, allant de l'*exemplum* de la concupiscence à un remède aux troubles conjugaux[28]. Quand la statue dont parle Jean de Meun, prend la parole, elle répond plutôt à la cour que lui a faite son créateur. Elle annonce à son « Douz amis » (v. 21156) qu'elle est devenue la dame courtoise qui répond enfin aux prières de son amoureux : « Sui vostre amie » (v. 21345)[29].

La notion d'éros dans la chanson de Jausbert de Poicibot n'est pas identique à celle qui domine le *Roman de la Rose* dès son prologue, celle du « dard » de l'amour qui pénètre par les yeux afin d'enflammer le cœur. Pygmalion ne s'attend pas à tomber amoureux de la statue qu'il a sculptée. Au contraire, la dame du moine-troubadour est le produit créé « sur mesure » afin de combler les souhaits de l'amant. Elle est avant tout l'objet que son désir conçoit et façonne.

L'acte de création d'un objet de cette sorte est donc directement lié à la prohibition biblique : « Tu ne te feras point d'image taillée, ni de représentation quelconque des choses qui sont en haut dans les cieux, qui sont en bas sur la terre, et qui sont dans les eaux plus bas que la terre » (Exode 20: 4). De nombreux commentateurs – notamment Tertullien – blâment non l'idole mais le sculpteur ou l'artiste qui lui a donné corps[30] :

> Autrefois il n'y avait point d'idoles. Avant que les artisans de cette nouveauté monstrueuse pullulassent dans le monde, les temples étaient vides et leurs murailles nues, comme l'attestent encore dans certains lieux les vestiges de l'antiquité. Toutefois l'idolâtrie existait déjà, si ce n'est dans son nom, au moins dans ses œuvres. Car, même de nos jours, on peut s'en rendre coupable en dehors du temple, et sans avoir d'idole. Mais aussitôt que le démon eut introduit dans le monde des fabricateurs de statues, d'images et de simulacres de toute nature, cette œuvre grossière, d'où jaillirent les calamités humaines, prit un corps et un nom qu'elle emprunta aux idoles. Dès ce moment, tout art qui produit une idole, d'une forme ou d'une autre, devint une source d'idolâtrie. Il n'importe pas qu'une image sorte des mains d'un sculpteur, d'un ciseleur ou d'un brodeur phrygien, parce qu'il est indifférent qu'elle soit exécutée en plâtre, en couleurs, en pierre, en airain, en argent, en tapisserie.[31]

Tertullien ne fait pas de lien entre l'idolâtrie, fruit du désir de représentation de la part de l'artiste, et le désir amoureux pour l'image. En revanche, Opicinus de Canistris (scribe, prêtre et visionnaire, actif à Avignon vers 1329-51) met côte à côte l'amour-désir et les autres formes de l'idolâtrie[32] :

> LES IDOLES DES PAÏENS
> Certaines idoles sont éphémères, d'autres durables. Lorsqu'un jeune homme libertin ou un adolescent effronté voit une femme, il se met aussitôt à donner forme à son image dans son cœur et il adore cette idole avec complaisance, autant dire avec passion. Qui est responsable de l'élaboration de cette idole ? Ce n'est pas la femme, puisqu'elle peut échapper à cette situation sans commettre un péché de ce genre, en restant tout à fait chaste et continente ; c'est donc le jeune homme en question qui, pour sa part, donne forme dans son cœur à une image de la femme. Car faire marcher ainsi son imagination avec des sentiments charnels, du fait de la concupiscence personnelle, n'est pas autre chose que d'élaborer des idoles. Ce que je dis concernant un jeune homme concupiscent à l'égard d'une femme très chaste, je le dis réciproquement pour une femme aventurière à l'égard d'un jeune homme chaste. Cependant ces idoles et les représentations qui vont avec sont souvent fugaces.

Par contraste, pour le jeune homme qui rêve d'acquérir une fonction ou une propriété importantes, qui désire se faire des relations influentes ou qui travaille pour la gloire de sa lignée, « ce n'est rien d'autre que se fabriquer des idoles durables ».

L'idolâtrie de l'amoureux pour un être humain qui reste inaccessible est fugace ; celle de l'ambition et la soif de pouvoir perdurent, et cette *affectio* perverse mène à un accouplement choquant (*abhominabilis fornicatio*) avec soi-même, « jusqu'à son propre corps »[33].

À la question « À qui incombe la culpabilité de l'idolâtrie ? », Opicinus répond que l'objet du désir – homme ou femme – conserve son innocence à condition de rester chaste. En revanche, l'ambition personnelle se traduit selon lui par l'amour d'une version plus puissante ou influente de soi (ce qui équivaut à désirer une forme de soi-même qui serait supérieure à la véritable). L'amour-propre (y compris celui de sa propre lignée) devient désir narcissique de soi-même. Sous l'association curieuse de l'ambition personnelle ou lignagère à la fornication avec son propre corps, il faut voir une allusion à l'onanisme, car le péché d'Onan consiste à gaspiller délibérément la semence vouée à la lignée (Gen. 38 : 8-9). Ainsi, ces formes de désir qui s'orientent plutôt vers soi que vers autrui deviennent des formes coupables de l'idolâtrie. L'amour non-réciproque d'un objet ou d'une image, en revanche, devient ainsi moins coupable.

L'idée que l'objet du désir n'encourt aucune culpabilité n'est pas partagée par le contemporain d'Opicinus, Robert Holcot (mort vers 1349), qui déclare dans son commentaire *super librum sapientiae* que l'amour est une des formes de l'idolâtrie. Il cite l'exemple du roi Salomon, qui épousa mille femmes étrangères et sacrifia à leurs dieux (1 Rois 11: 1-13). Selon Holcot, ces femmes sont aussi « l'idole » à laquelle se soumet le roi, car l'idolâtrie commence par la fornication[34]. Selon Holcot, l'objet du désir érotique (en occurrence, la femme de Salomon) est aussi coupable que son sujet (Salomon) parce que le désir érotique ressenti pour la femme par son époux le fait tomber dans le péché. Cette femme étant païenne, et ce désir menant l'époux à sacrifier à ses dieux en témoignage de cet amour qu'il ressent pour elle, il s'ensuit, selon Holcot, que l'amour-désir mène à l'apostasie. Le désir que le roi ressent pour son objet féminin et païen lui ouvre la voie vers l'idolâtrie. Par le moyen d'une condensation peu logique dans le sens de l'association préexistante entre l'amour-désir et l'idolâtrie qui dérive de la tradition de Pygmalion, Holcot présente l'amour conjugal de Salomon comme une des formes de l'idolâtrie.

Selon Opicinus, l'objet du désir (la femme et le jeune homme aimés) n'est pas responsable des sentiments du sujet aimant, et peut se montrer capable d'un choix tant rationnel que moral. Opicinus prétend que l'indifférence est en elle-même quelque chose qui innocente la femme, ou le jeune homme, par rapport à l'idolâtre qui souffre les peines de l'amour. Holcot n'imagine pas d'autre relation que celle de la femme-idole, qui ouvre le chemin de la tentation, voire de l'apostasie, à l'homme.

Matfré Ermengaud de Béziers donne aussi une vision plus nuancée (et non-érotique) de l'idolâtrie dans un chapitre de son *Breviari d'Amors*, « De las ydolas e de cells que las azoron » (Des idoles et de ceux qui les adorent). La pire forme de l'idolâtrie est d'adorer une *emage* de forme animale ou humaine, faite de métal, de bois ou d'or, « o d'autra cauza no-viven » (ou d'autre chose non-vivante). Il est défendu donc d'adorer un objet créé par l'homme, mais on peut vénérer un chien qui « es obra de natura/ et es sentens creatura » (est un ouvrage de la Nature, une créature douée de sens) (vv. 10639-40)[35]. En revanche, il est permis de prier devant une image si elle est faite « en senhal del creator/ per haver sa remembransa » (en signe du Créateur, pour en garder le souvenir) (vv. 10698-99). La différence demeure qualitative entre une image faite pour honorer la divinité chrétienne dans toutes ses formes annexes (Trinité, saints, crucifix), et celles qui sont « fachas az onor de fals dieu » (faites en honneur d'un faux dieu) (v. 10696). Le processus de création et de conservation de l'image est identique, que la divinité soit fausse ou authentique.

Folquet de Marseille annonce qu'il porte l'image de sa dame dans son cœur :

> Perqu'es vertatz e sembla be
> Qu'ins el cor port, dona, vostra faisso,
> Que ·m chastia qu'eu no vir ma razo.

(Car il est vrai, et il me paraît bon, que dans le cœur, dame, je porte votre visage, qui m'exhorte à ne pas changer mon argument)[36].

La tête de la dame est peinte à la place du cœur de l'amant dans l'illustration de cette chanson du chansonnier *N* (fig. 2)[37].

Fig.2 : Folquet de Marseille, The Pierpont Morgan Library, New York, MS M 89, f.59r.

Selon S. G. Nichols, le manuscrit aurait appartenu à un ecclésiastique et les illustrations marginales sont particulièrement nombreuses pour les moines-troubadours ainsi que pour Folquet. S. G. Nichols souligne aussi que ces illustrations sont des interprétations subjectives des poèmes, plutôt ponctuelles que globales, et parfois contradictoires[38]. Les vers qui ouvrent la *cobla* suivante paraissent indiquer que la dame peinte dans le cœur n'est pas purement liée au souvenir [39] :

E pos Amors mi vol honrar
tant qu'el Cor vos mi fai portar,
per merce ·us prec que ·l gardetz de l'ardor,
qu'ieu ai paor
de vos mout major que de me,
e pos mos Cor, dona, vos a dinz se,
si mals li ·n ve,
pos dinz etz, sufrir lo ·us cove ;
empero faitz del Cors so que ·us er bo
e ·l Cor gardatz si qom vostra maizo. (vv. 11-20)

(Et puisque l'Amour veut m'honorer au point de me faire vous porter dans le cœur, je vous prie par miséricorde de le protéger de la brûlure, car je vous crains beaucoup plus que je ne me crains moi-même. Et parce que mon cœur, ma dame, vous contient, s'il lui arrivait malheur, vous êtes condamnée à en pâtir, car vous êtes dedans. Alors faites ce qui bon vous semble avec le cœur, et prenez garde du cœur comme si c'était votre maison.)

La dame est donc un personnage nettement plus autonome qu'une *imago* gravée dans le cœur du sujet afin d'être conservée. La troisième *cobla* décrit l'état d'égarement de l'amant. Celui-ci voue toutes ses facultés mentales à la surveillance de la dame : bon sens, intelligence et courage (« que ·l sen hi met, l'engienh e la valor », v. 23), et il en résulte que le cœur semble niais (« nesci », v. 22) et que l'amant devient égaré, insensible aux paroles comme aux gestes de ses amis (vv. 21-30).

L'insertion de la dame dans le cœur de l'amant est décidée par l'Amour, mais la dame représente un danger pour son hôte, qui dit la craindre plus qu'il ne se craint lui-même. Il lui demande alors de devenir la gardienne de cet organe que sa présence rend vulnérable à l'*ardor*, brûlure qu'il faudrait sans doute comprendre dans le sens des flammes de l'Enfer plutôt que de l'Amour. L'amant prie la dame de chérir ce cœur comme s'il était sa propre demeure. Son inquiétude par rapport à cette présence étrangère dans son cœur le mène à fermer les oreilles et les yeux et à privilégier une relation intérieure avec cette image. Ce n'est donc pas une icône mais bien une présence sinon physique, du moins sensible. La puissance de la dame réside dans ses sentiments, qui sont inconcevables pour l'amant et donc impossibles à anticiper. Pour lui, la seule façon de se défendre serait de rendre la dame (par le biais de cette image peinte dans son cœur) consciente des souffrances qu'elle subirait s'il lui arrivait malheur.

La tentation de l'idolâtrie est plus claire dans « Us jois d'Amor s'es e mon cor enclaus » d'Arnaut de Marueil. Ici, le nom *domna* sert de mot-rime dans le quatrième vers de chacune des six strophes, signe que la dame est bien enfermée (*enclaus*) dans le « cœur » du poème. Grâce à l'intervention de l'Amour, le cœur du poète devient le miroir dans lequel l'amant peut contempler sa dame (v. 45). Cette *domna* est l'objet des louanges et des suppliques du troubadour, qui lui demande de le prendre pour *servidor* (v. 21)[40] :

> a ! s'er ja temps qu'a dreit vos apelh domna,
> qu'ie·us sia homs, mans juntas, lialmen,
> e atressi cum bons senher acuelh
> son lige ser, mi denhetz aculhir ! (vv. 39-42)

(Ah, qu'il advienne que je vous appelle « dame » à bon droit, et que je devienne votre homme, les mains jointes, avec loyauté, et que vous daigniez m'accueillir comme un bon seigneur accueille son serf !)

Ici, la dame est placée au cœur de la structure du poème, et le dernier vers déclare que la chanson est également une façon de dresser le portrait de l'amant-troubadour : « Domn' el semblan podetz mon cor chauzir » (v. 48) (Dame, par mon apparence externe vous pouvez discerner mon cœur). L'amant et le troubadour ne font qu'un, tout comme le cœur de l'amoureux et la structure métrique et syntactique de l'œuvre. Seule la *domna* ne change pas : son nom et sa place sont immuables. Immuable, figée, elle est ainsi icône, voire idole. Dans une autre chanson, Arnaut dit à propos de sa dame, « Ges no l'aus mostrar ma dolor,/ estiers adhorar » (V, vv. 8-9). Le poème est un *unicum* mais la leçon paraît sûre, et il faudrait donc comprendre le sens des vers par « Mais je n'ose lui montrer ma douleur sauf en l'adorant »[41]. Cette dame adorée est plus idole insensible que femme.

Pour les chansons d'amour de Jausbert, l'illustrateur du chansonnier *N* peint Amour comme une sorte de chérubin à trois visages et six ailes (fig. 3).

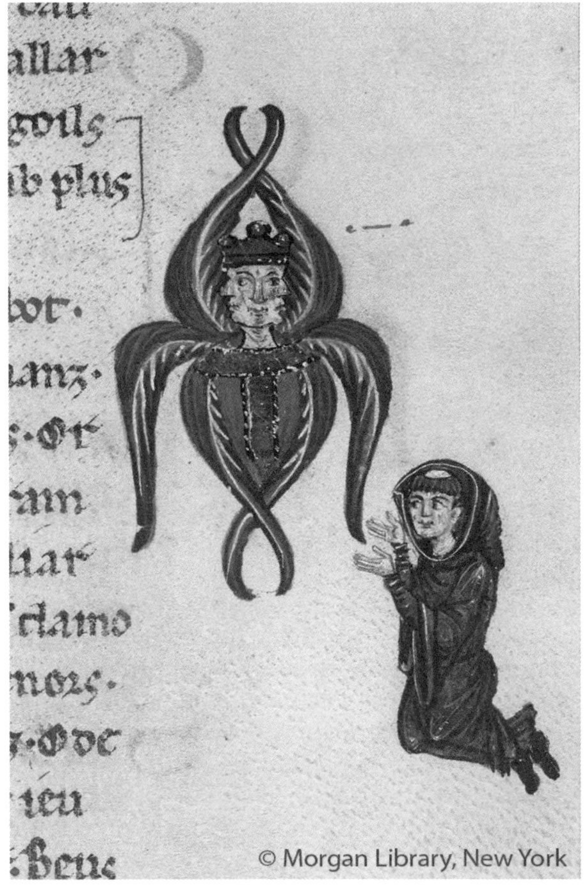

Fig. 3 : Gausbert de Poicibot prie devant le dieu d'Amour. The Pierpont Morgan Library, New York, MS M 819 fol. 212r.

Il est intéressant à cet égard de remarquer que Matfré Ermengaud évoque le chérubin comme l'unique exception à la loi mosaïque qui défend la représentation iconographique du divin : « li digs apress/ que doas emages degues far/ de cherubin sobre l'autar » (il lui commanda de créér deux images de chérubin sur l'autel), (vv. 10760-62). Le chérubin (confondu avec le séraphin) était l'une des *figurae* les plus répandues - surtout en milieu monastique - de l'art de mémoire[42]. Le poème de Jausbert de Poicibot « Una grans amors corals » est accompagné d'une image qui le montre en moine nu-pieds, face à cette idole, pour illustrer le vers « Amors vostre nom es fals » (Amour, votre nom est faux). Le système de rappels dont se sert l'illustrateur montre qu'il s'agit bien de ce vers seulement, et non de la *cobla* entière qui donne, elle, un tout autre sens aux mots :

Amors, vostres nom es fals,
Car non amatz me,
Qu'ieu vos sui fis e leials
E vos am ancse. (vv. 34-37)

(Amour, votre nom est faux, car vous ne m'aimez pas. Je suis sincère et loyal envers vous, et je vous aime quand même.)

Andolfato en conclut que cette *cobla* souligne le fait que selon Jausbert, le désir est avant tout inspiré par la personnification inhumaine de l'amour, et non par une femme (ce qu'elle nomme « una donna concreta »)[43]. Désirer une abstraction équivaut à désirer non l'objet de la convoitise charnelle que décrit Opicinus, mais plutôt une personnification, celle du « dieu » d'amour. En revanche, Jausbert exprime un doute sur l'authenticité de ce dieu d'amour qui le fait souffrir. Il ajoute que sa propre obéissance (« obediens », v. 39) et sa générosité de cœur (« benvolensa ») le poussent à soupçonner que c'est lui-même qui devrait être Amour. L'amour, qui se montre cruel et avare, ne serait en fait que *malvolensa* (la malveillance) : « per dreich seri'ieu Amors/ e vos Malvolensa » (vv. 43-44). Jausbert révèle le nom véritable de cette idole, la Malveillance.

La vignette où Jausbert s'agenouille pour demander pardon au même seigneur tétramorphe et ailé, illustre alors les vers qui ouvrent le poème suivant :

Si anc jorn dis clamans
Encontra vos, Amors,
Orguoill ni desonors,
Ara ·m dei e mos chans
Humiliar dos tans. (vv. 1-5)

(Si jamais je dis en portant plainte contre vous, Amour, des paroles orgueilleuses ou déshonorantes, maintenant je dois m'humilier, ainsi que mon chant, deux fois plus).

La même image apparaît quelques strophes plus tard, et elle permet aux mots du moine-poète d'évoquer de nouveau ses suppliques envers cette idole : « Merce claman, Amors, ab precs e ab temors » (v. 27), (Criant merci, Amour, avec prières et crainte), avant de conclure qu'il devrait faire pénitence : « ben dei far penedensa tal » (v. 35). A. Rieger achève sa réflexion sur ces rapports texte-image en suggérant que la représentation du moine-troubadour ne diffère pas de celle du troubadour profane. Mais son lexique (pénitence, soumission, prières) ainsi que la relation directe de celui-ci avec le dieu d'amour impliqueraient plutôt un discours religieux. La posture du moine est identique à celle, plus loin dans le même chansonnier *N*, de Folquet de Marseille (vêtu en homme profane) qui prie devant une image de la Vierge et du Crucifix (folio 65)[44]. Le reniement du « faux » nom de l'amour (ou la révélation que le « vrai » nom de l'amour est « Fausseté ») avertit le lecteur du chansonnier *N* qu'Amour est une idole. L'illustration dévoile aussi l'ambiguïté de Jausbert : moine défroqué, puis chevalier et époux (d'après la *vida*), auteur de chansons crûment matérielles, qui conserve son habit et sa tonsure. Le dédoublement de son personnage rend encore plus parlante son exploration de l'attrait et de la fausseté des images.

Selon Stoichita, « l'effet Pygmalion » consiste à concevoir l'objet comme objet de désir, en confondant icône et idole. Certains troubadours adoptent une vision plus nuancée et refusent de traiter la dame en icône. Elle serait plutôt idole, produit du désir purement personnel de l'amant. L'objet splendide et chatoyant qu'il façonne dans son cœur ne mène sans doute qu'au néant, mais cette absence de fondement (quelquefois même de corps) pousse à conclure que cette forme d'idolâtrie ne peut être qu'éphémère. Il est donc saisissant de trouver chez Opicinus de Canistris une distinction entre l'idole de l'amour-désir, pardonnable à condition de demeurer chaste, et celle qui incarne l'ambition sociale ou matérielle. Cette conception nuancée de l'amour courtois conserve la chasteté de la dame, qui n'est qu'image, et elle innocente l'amant : il est coupable de s'être fait une idole, mais son âme n'en pâtira pas.

Le moine en prière devant un dieu d'amour qui n'est absolument pas la dame pose un problème tout autre, car il s'abandonne effectivement à une forme d'idolâtrie. Les paroles de Jausbert indiquent une ambition illimitée, car il voudrait devenir lui-même la personnification de l'Amour. En revanche, il flétrit cet Amour au nom faux, cette idole monstrueuse, en la nommant *Malvolensa*, la Malveillance. Il est tout à fait possible que l'illustrateur du chansonnier *N* n'ait jamais pris en compte les intentions du poète. En revanche, ses images sont un exemple frappant de la réception ancienne d'une œuvre poétique en langue vulgaire. Il efface les connotations inquiétantes de ce poème, car il choisit de dépeindre le dieu d'amour (ou Malveillance) sous les traits d'un chérubin. L'ordre des chérubins échappe par définition à la création charnelle, car ils naissent de l'inspiration divine. Jausbert est ainsi relié par l'image du chansonnier *N* à sa conception de la dame, née elle aussi des œuvres du divin *artifex*. En guise de conclusion, il est bon de retourner aux mots de D. Poirion cités dans l'introduction : « Objet d'un culte ou jouet des désirs, l'idole féminine ne pouvait réellement parler : son oracle n'était qu'un écho déguisé ». La dame de Jausbert de Poicibot est une des formes que prend l'amour, et fait ainsi figure de faux oracle, l'écho mal déguisé des désirs de gloire du poète.

Catherine Léglu
Université de Reading
Grande-Bretagne

NOTES

[1] *De L'Amour, textes d'Alain Badiou, Roger Dragonetti, Alain Grosrichard, Brigitte Jaques, Charles Méla et Jacques Roubaud,* sous la direction de l'École de la Cause freudienne, avec une préface de R.-P. Vinciguerra, Paris: Flammarion, 1999. Citation de Vinciguerra, p. 8.

[2] É. Roudinesco, « Théorie lacanienne de l'amour », *Le Monde des Livres*, 17.01.08. < http://www.lemonde.fr/livres/article/2008/01/17/theorie-lacanienne-de-l-amour_1000335_3260.html>. (site Internet contrôlé le 23/05/2014).

[3] D. Poirion, *Le Poète et le Prince : l'évolution du lyrisme courtois de Guillaume de Machaut à Charles d'Orléans*, Paris, Champion, 1978, p. 131.

[4] « Tant m'abellis lo terminis novels », PC 437, 35, *Sordello : le poesie*, ed. M. Boni, Bologna, Libreria Antiquaria, 1954, XXXIX. Voir Rialto: http://www.rialto.unina.it/Sordel/437.35(Boni).htm. (site Internet contrôlé le 23/05/2014).

[5] E. Jager, *The Book of the Heart,* Chicago-Londres, University of Chicago Press, 2000, p. 69.

[6] Guilhem IX, éd. Pasero, VIII, vv. 13-14.

[7] E. Levy, *Petit Dictionnaire provençal-français*, 5e édition, Heidelberg, Carl Winter Universitätsverlag, 1973, p. 7.

[8] Pour une étude magistrale de la construction de la *domna* des troubadours et des *trobairitz,* voir S. Kay, *Subjectivity in Troubadour Poetry*, Cambridge, Cambridge University Press, 1989.

[9] F. Fajardo-Acosta, *Courtly Seductions, Modern Subjectivities : Troubadour Literature and the Medieval Construction of the Modern World*, Tempe, Ariz., Arizona Center for Medieval and Renaissance Studies, 2010. W. Burgwinkle, *Love for Sale : Materialist Readings of the Troubadour Razo Corpus*, The New Middle Ages ; 5, Garland Reference Library of the Humanities, vol. 2067, New York, Garland, 1997.

[10] V. I. Stoichita, *L'Effet Pygmalion, Pour une anthropologie historique des simulacres*, Genève , Droz, 2008, pp. 9-10.

[11] J. Boutière et A.-H. Schutz, avec la collaboration de I.-M. Cluzel, *Biographies des troubadours : textes provençaux des XIIIe et XIVe siècles*, Paris , Nizet, 1973, *vida* XXIX.

[12] J.-L. Lemaitre, « Le nécrologe de Solignac et les troubadours limousins. Nouvelles mentions de Gaucelm Faidit et de Gausbert de Puycibot », *Romania*, 99 (1978), 225-229.

[13] E. W. Poe, *Compilatio: Lyric texts and prose commentaries in troubadour manuscript H (Vat. Lat. 3207),* Lexington, KY, French Forum, 2000. S. G. Nichols, « Reading and Seeing : Troubadours in a Manuscript Context » *Poetica : Zeitschrift für Sprach- und Literaturwissenschaft* 38 (2006), 297-328.

[14] *Les Poésies de Jausbert de Puycibot*, éd. W. P. Shepard, Paris, Champion, 1924, XV, « Uns joys sobriers mi somo ». Je cite l'édition Shepard, mais je propose ma propre traduction.

[15] Le vers 47 manque.

[16] La Nature est aussi souvent une sorte d'idole, voir l'analyse de N. Zeeman, «The Idol of the Text », *Images, Idolatry, and Iconoclasm in Late Medieval England : Textuality and the Visual Image*, édité par J. Dimmick, J. Simpson et N. Zeeman, Oxford, Oxford University Press, 2002, pp. 43-62, en particulier pp. 53-58.

[17] G. Gouiran, « Le cycle de la bataille des jeunes et des vieilles », *Per Robert Lafont: estudis ofèrts à Robert Lafont per sos collègas e amics*, Montpellier-Nîmes, Centre d'estudis occitans-Ville de Nîmes, 1990, pp. 109-133 ; J. H. Marshall, « Les jeunes femmes et les vieilles : une *tenso* (PC 88.2 = 173.5) et un échange de *sirventes* (PC 173.1-88.1) », *Il miglior fabbro. Mélanges de langue et littérature occitanes en hommage à Pierre Bec, par ses amis, ses collègues, ses élèves*, Poitiers, CESCM, 1991, pp. 325-338. Pour la *mala canso* dans son œuvre, voir F. Andolfato, « Gausbert de Poicibot, *Be·s cujet venjar Amors* (BdT 173.2) », *Lecturae Tropatorum*, 3 (2010), http://www.lt.unina.it/Andolfato-2010.pdf. (site web contrôlé le 23/05/2014).

[18] Éd. F. Latella, « Un indiscusso caso di intertestualità trobadorica », *Pluteus*, 6-7 (1988-9), 45-65, p. 62, reproduction en ligne sur le site *RIALTO* : http://www.rialto.unina.it/GsbPuic/173.1a(Latella).htm. (site Internet contrôlé le 23/05/2014).

[19] Shepard, V, ou dans l'édition de Latella, < http://www.rialto.unina.it/BtPreiss/88.2(Latella).htm>. (site Internet contrôlé le 23/05/2014).

[20] Stoichita, *op. cit.*, pp. 41-47. Guillaume de Lorris et Jean de Meun, *Le Roman de la Rose : édition d'après les manuscrits BN 12786 et BN 378*, éd. et traduction par A. Strubel, Le Livre de Poche, 4533, Paris, Librairie Générale Française, 1992, vv. 20787-21184 ; M. Camille, *The Gothic Idol. Ideology and Image-Making in Medieval Art,* Cambridge, Cambridge University Press, 1989, pp. 316-334, et, également par Camille, *The Medieval Art of Love : Objects and Subjects of Desire*, London, Lawrence King Publishing, 1998, pp. 149-155.

[21] Voir la liste des illustrations du *Roman de la Rose* où la statue ressemble à une gisante sculptée pour un tombeau, H. Braet, « Narcisse et Pygmalion : Mythe et intertexte », *Mediaeval Antiquity*, édité par A. Welkenheusen, H. Braet et W. Verbeke, Louvain, Presses universitaires de Louvain, 1995, pp. 237-54, voir p. 248 ; voir aussi V. Egbert, « Pygmalion as sculptor », *Princeton University Library Journal*, 28.1 (1966), 21, et la discussion plus récente par M. Bleeke, « Versions of Pygmalion in the illuminated *Roman de la Rose* (Oxford, Bodleian Library, Ms. Douce 195) : the artist and the work of art », *Art History*, 33.1 (2010), 28-53.

[22] Stoichita, *op. cit.*, p. 47.

[23] Stoichita, *op. cit.*, p. 46 ; Braet, *op. cit.*, p. 247.

[24] Braet, *op. cit.*, pp. 240-41 et (pour les illustrations) pp. 253-54. Voir aussi D. W. Robertson, *A Preface to Chaucer: Studies in Medieval Perspectives* (Princeton, Princeton University Press, 1963), pp. 99-103.
[25] J. Fleming, *The Roman de la Rose: A Study in Allegory and Iconography* (Princeton, NJ, Princeton University Press, 1969), pp. 26-36; Camille, *The Gothic Idol,* pp. 327-28.
[26] Braet, *op. cit.*, p. 242, note 14.
[27] Ovide, *Ovid in six volumes,* Tome 4, 2 *Metamorphoses, Books IX-XV*, 3e éd. revue par G. P. Goold, Loeb Classical Library, 43, London, Harvard University Press-Heinemann, 1977.
[28] P. Barolsky et E. d'Ambra, « Pygmalion's Doll, » *Arion: A Journal of Humanities and the Classics*, 3e série, 17. 1 (2009), 19-24. T. D. Hill «Narcissus, Pygmalion, and the Castration of Saturn : Two Mythographical Themes in the *Roman de la Rose* », *Studies in Philology*, 71. 4 (1974), 404-426, pp. 407-13.
[29] K. Brownlee, « Pygmalion, Mimesis, and the Multiple Endings of the *Roman de la Rose* », *Yale French Studies*, 95, numéro spécial : *Rereading Allegory : Essays in Memory of Daniel Poirion* (1999), 193-211, p. 196.
[30] Camille, *The Gothic Idol*, pp. 27-28, Tertullien, *De Idololatria*, iii, 2.
[31] Traduction d'E.-A. de Genoude, *Œuvres de Tertullien traduites en français*, 2e édition, Paris, Louis Vivès, 1852, t. 2, pp. 217-50, mis en ligne sur *Itinera Electronica : Du texte à l'hypertexte*, Université catholique de Louvain: Tertullien, *De l'Idolâtrie*, chapitre 3, http://agoraclass.fltr.ucl.ac.be/concordances/tertullien_de_idololatria/lecture/3.htm (site web vérifié le 30/03/2014).
[32] Texte et traduction de M. Laharie, *Le Journal singulier d'Opicinus de Canistris (1337-vers 1341) : Vaticanus latinus 6435*, 2 vol., Cité du Vatican, Biblioteca Apostolica Vaticana, 2008, t. I, p. 16.
[33] LAHARIE, *op. cit.*, t. I, p. 16.
[34] A. J. MINNIS, *Chaucer and Pagan Antiquity*, Cambridge, D.S. Brewer, 1982, p. 86. CAMILLE, *The Gothic Idol*, pp. 298-301.
[35] Matfré ERMENGAUD, *Le Breviari d'Amors de Matfré Ermengaud, tome 3 (8880T -16783),* éd. P. T. RICKETTS, Londres, AIEO, 1989, vv. 10621-10647.
[36] A. RIEGER, « *Ins el cor port, dona, vostra faisso*: Image et imaginaire de la femme à travers l'enluminure dans les chansonniers de troubadours », *Cahiers de civilisation médiévale*, 28 (n° 112) (1985), 385-415. Citation de « En chantan m'aven a membrar », PC 155, 8, chanson V dans l'édition de S. STRONSKI. Les illustrations du chansonnier *N* sont consultables en ligne sur la base *Corsair* de la Pierpont Morgan Library, New York, < http://www.themorgan.org/research/corsair.asp > (site Internet contrôlé le 23/05/2014). Voir également JAGER, *op. cit.*, pp. 70-71.
[37] RIEGER, *op cit.*, p. 386, fig. a, reproduction du chansonnier *N* (Pierpont Morgan Library, MS M 819), folio 59b.
[38] Rieger, *op. cit.*, pp. 396-97. S. G. Nichols, « 'Art' and 'Nature' : Looking for (Medieval) Principles of Order in Occitan Chansonnier *N* (Morgan 819) »,

The Whole Book: Cultural Perspectives on the Medieval Miscellany, éd. S. G. Nichols et S. Wenzel, Ann Arbor, University of Michigan Press, 1996, pp. 83-121, surtout pp. 117-18. Pour la nature ponctuelle des illustrations, voir Nichols, « Seeing and Reading », pp. 320-23.

[39] S. Huot, "Visualization and Memory : The Illustration of Troubadour Lyric in a Thirteenth-Century Manuscript, » *Gesta*, 1 (1992) 3-14, pp. 11-12. Pour la mémoire au Moyen Âge, voir M. Carruthers, *The Book of Memory : A Study of Memory in Medieval Culture*, Cambridge, Cambridge University Press, 1990, et J.-Ph. Antoine, « Mémoire, lieux et invention spatiale dans la peinture italienne des XIIIe et XIVe siècles, » *Annales : Histoire, Sciences Sociales*, 48. 6 (1993) 1447-1469.

[40] *Les Poésies lyriques du troubadour Arnaut de Mareuil*, éd. R. C. Johnston, Genève, Slatkine Reprints, 1973, réimpression de l'édition de Paris, 1935, IV.

[41] Johnston, *op. cit.*, « A guiza de fin amador », V.

[42] *Breviari d'Amors*, vv. 10756-62. Pour l'identification de cet ange (qu'il identifie comme un séraphin) avec Folquet de Marseille, voir Nichols, « 'Art' and 'Nature' », pp. 107-117. Huot insiste sur la signification double du séraphin, qui peut représenter soit Lucifer, soit un message divin, Huot, *op. cit.*, pp. 8-9. Voir aussi M. J. Carruthers, « *Ars oblivionalis, ars inveniendi*: The Cherub Figure and the Arts of Memory, » *Gesta* 48. 2 (2009) 99-117.

[43] Andolfato, *op. cit.*, p. 9.

[44] Rieger, *op. cit.*, pp. 402 et 404.

Le désir des lais.

Mise en aventure du désir et désir du récit dans les lais féeriques des XIIe et XIIIe siècles

Si l'on peut dire de la littérature narrative courtoise qu'elle explore les voies d'un accord entre désir amoureux et société de cour en élaborant l'hypothèse d'un désir spécifiquement aristocratique, les lais féeriques apparaissent sans doute comme la forme où cette hypothèse est le plus constamment mise en doute, lorsqu'elle n'est pas ouvertement démentie. Ce pessimisme se marque d'abord dans le rapport qui se joue, diversement selon les histoires racontées, entre le monde d'appartenance des personnages, que quelques indices topiques suffisent à identifier avec le monde féodal des XIIe et XIIIe siècles, et un autre monde aux coordonnées floues, qui emprunte ses principales caractéristiques à l'Autre Monde celtique. Comme on le sait, c'est en effet surtout dans cet autre monde que les héros des lais trouvent l'aventure qui bouleverse le cours de leur vie, celle du désir amoureux ou plus précisément de son expérience - de ce qui arrive, de ce qui se perd et de ce qui s'acquiert dans l'amour. En s'imposant comme un monde *autre,* où s'expose l'« autre scène[1] » du désir amoureux, le monde féerique des lais assume clairement une fonction critique vis-à-vis de la scène sociale et des rituels qui y règlent le jeu de « l'amour que l'on dit courtois », pour parler avec Georges Duby[2]. Mais plus profondément, cette fonction critique nous semble également s'exercer à l'égard du désir amoureux lui-même, de ses mises en scènes et de ses illusions fondatrices - y compris, bien sûr, celles que la fiction élabore au bénéfice de ses lecteurs. Les lignes qui suivent voudraient explorer cette double dimension critique, par laquelle les lais féeriques n'explorent pas seulement le rêve d'une expérience amoureuse libérée des contraintes sociales qui hante la littérature courtoise, mais enseignent aussi au lecteur, en l'impliquant dans l'aventure fondamentalement déceptive du désir, le bon usage des histoires d'amour et des lais qui les chantent.

Le désir mis en scène

« Tous les lais de Marie de France rapportent des histoires d'amour », souligne Philippe Ménard[3]. Plus largement, on peut dire de tous les lais - ceux du recueil Harley comme les anonymes - qu'ils racontent des histoires de désir, que ces dernières s'inscrivent dans un registre sérieux ou ironique, empathique ou distancié. Les lais féeriques, quant à eux, s'intéressent plus particulièrement au moment de bascule où le désir amoureux surgit et submerge des personnages qui y sont au départ indifférents, ou, plus rarement, chez qui il est violemment réprimé par un entourage aliénant (*Yonec*). Ces récits s'organisent ainsi autour de la manière dont les héros s'éveillent au désir et dont ils en font l'épreuve, d'abord dans la joie de l'amour partagé (mais au prix de la séparation des amants, qui vivent dans des espaces différents), puis dans la souffrance de sa faillite (mais, généralement, dans l'espoir de sa restauration). Guigemar serait un parfait chevalier s'il se souciait d'amour, « *Mais il n'aveit de ceo talent* », observe la narratrice, cette absence de désir le faisant passer aux yeux du monde pour un homme « perdu » (« *peri* »[4]) - comme on dit d'un malade qu'il est « perdu ». Graelent pourrait jouir de l'amour de n'importe quelle femme pour peu qu'il le souhaite, mais il ne s'occupe que de « *tornoier et de joster / Des anemis le roi grever* » (vv. 23-24). À la reine qui lui avoue sans ambages son trouble et son désir, il répond par un long discours sentencieux sur les contraintes et les devoirs de l'amour, dont l'écrasante revue de détail se conclut, sans surprise, par une fin de non-recevoir : « *Assez puet en amor trover, / Mes s'en estuet au bien garder / Douceur et Franchise et Mesure / (De nul forfet n'a Amor cure), / Leauté tenir et prometre. / Por ce ne m'en os entremetre* » (vv. 111-116). Placé dans la même situation par la reine, par ailleurs épouse de son oncle, Guingamor s'empresse d'exprimer fermement son désintérêt des choses de l'amour : « *Ne quier ouan d'amor ovrer* » (v. 86). L'impossible vœu exprimé par Mélion d'épouser une femme qui n'aurait jamais aimé un homme, ni même parlé d'un autre homme, l'inscrit également dans la catégorie des chevaliers qui n'ont pas été touchés par le désir et qui se défient *a priori* de l'amour. Et si Désiré ne manque de rien ni de personne, comblé qu'il est par des parents qui ont si longtemps attendu sa venue, c'est précisément cette absence de manque – que souligne le participe passé dont son nom est fait – qui constitue sa défaillance. Aussi son histoire, plus que toutes les autres, sera-t-elle déterminée par l'apprentissage de la nature déceptive du désir amoureux, dont la parenté avec l'expérience du rêve, de ses « *enfantosmements* » fugaces et de ses leurres, sera aussi, plus qu'ailleurs, soulignée[5].

Ces chevaliers désirés ne deviennent désirants que dans un autre espace que celui de la cour. La critique a depuis longtemps relevé la relation d'opposition qui se crée entre cet autre monde et le monde féodal, le premier inversant les coordonnées géographiques, les configurations sociales et les relations entre les genres qui prévalent dans le second. Le désir soudainement ressenti par le héros devant la femme-fée qui lui apparaît dans cet autre monde n'inverse pas seulement, en effet, la situation de non-désir dans laquelle il se trouvait précédemment. Il s'oppose aussi terme à terme, tout au moins dans ses premières manifestations, au jeu mondain du désir qui s'énonce et se représente dans l'espace de la cour. Les lais de *Lanval*, *Guingamor* et *Graelent* placent ainsi clairement en regard la scène où la reine dévoile son amour au chevalier et celle où la fée se montre à lui. Dans la première, l'aveu et la demande d'amour s'expriment dans un discours informé par les codes courtois de l'honneur et de la valeur, ce dernier terme étant à comprendre à la fois dans un sens éthique, économique et politique. L'offre de la reine, dans *Lanval*, tient ainsi en quatre vers dont les mots-rimes, « *honuré* » / « *amé* » / « *aveir* » / « *voleir* » (vv. 263-266) cristallisent l'équation courtoise fondamentale entre amour et distinction sociale, désir et obtention d'un bénéfice qui vaut reconnaissance au sein de la communauté aristocratique. Dans *Guingamor*, la reine propose au héros, qu'elle qualifie de « *molt vaillans* », une dame qui jouit d'une grande « *valor* » dans le monde, cette mise en équivalence de ce que chacun vaut dans la balance sociale conduisant logiquement à la rime de sens « *valor* » / « *amor* » qui ponctue son offre (« *Amie avez, cortoise et bele. / Je ne sai dame ne danzele / El roiaume de sa valor. / Si vous aimme de grant amor* », vv. 75-78). Dans l'autre monde, en revanche, c'est le regard, bien plus que la parole, qui suscite et accompagne le surgissement du désir amoureux : « *Il l'esgarda, si la vit bele. / Amur le puint de l'estencele* » (*Lanval*, vv. 117-118) ; « *Des que Guingamor l'ot veüe, / Commeüz est de sa biauté.* » (*Guingamor*, vv. 434-435) ; « *Graalant a cele veüe / Qui en la fontaine estoit nue : / Cele part vet grant aleüre, / De la biche n'ot il plus cure.* » (*Graelent*, vv. 225-228). À l'exposition discursive et argumentée des avantages d'une relation amoureuse déterminée par les positions sociales des protagonistes s'oppose exactement, du moins à première lecture, le spectacle silencieux et dérobé aux regards du corps nu de la fée.

Que le chevalier repousse avec embarras ou dégoût les avances de la reine alors qu'il succombe immédiatement aux charmes de la fée suffirait à disqualifier l'amour tel qu'il se conçoit et se dit dans l'espace de la cour comme un jeu de convenance sociale qui n'engage ni la vérité du cœur ni celle du corps. Ce processus de disqualification est confirmé et amplifié, dans les trois lais que nous venons d'évoquer, par une présentation ouvertement critique des lois et des usages de la cour et plus particulièrement, dans *Lanval* et *Graelent*, des dysfonctionnements de la justice féodale. Si l'inadéquation de la machine judiciaire à l'engagement amoureux du héros reçoit un traitement plus détaillé dans *Lanval*[6], elle bénéficie dans *Graelent* d'une mise en scène qui rend particulièrement manifeste la collusion entre pouvoir politique et amour de cour, objets et enjeux d'une même représentation. Devant ses vassaux réunis en assemblée plénière, le roi, comme il en a tous les ans l'habitude, fait monter son épouse sur une estrade. Après lui avoir fait ôter son manteau, il l'exhibe aux regards de ses hommes en leur enjoignant d'admirer publiquement la beauté de son épouse, et plus précisément d'affirmer qu'elle n'a pas son égale au monde : « *A touz la covenoit loer / Et au roi dire et afermer / Qu'il n'en sevent nule si bele / Meschine, dame, ne pucele* » (vv. 439-442). Tous s'exécutent hormis Graelent, qui, comparant en pensée la reine et la fée qu'il vient de rencontrer, ne peut que baisser la tête en souriant. La violente réaction du roi à ce comportement souligne la nature politique de la subversion qu'il représente : après avoir rappelé à Graelent son statut de « *naturaus hons* », c'est au nom de la fidélité que ce vassal lui doit qu'il le somme devant tous de s'expliquer et se justifier, sous peine d'être jugé pour « *mesdit* » et « *blastenge* » (v. 496). Que la remise en cause de l'incomparable beauté de la reine puisse être regardée comme un crime de haute trahison éclaire sans ambiguïté la fonction politique que joue le corps de l'épouse du suzerain dans un espace féodal qui se présente ici littéralement comme une scène où chacun, selon son statut, doit jouer le rôle et dire le texte qui lui sont dévolus[7]. En plaçant la reine au centre d'une mise en scène où la suprématie politique *et* sexuelle du roi doit être confirmée par ses vassaux, *Graelent* identifie explicitement l'exhibition de la reine à une cérémonie destinée à opérer et à renouveler, chaque année, la hiérarchie et la cohésion féodales. Il est frappant à cet égard de voir combien la scénographie qui nous est ici décrite, ainsi que son caractère rituel et solennel, rencontrent la lecture que Georges Duby a proposée de l'amour de cour : un concours factice, par lequel le « *senior* » cherche à domestiquer la force de désordre des « *juvenes* », les chevaliers célibataires, en fixant leur désir sur la Dame placée « au centre de la compétition, en situation illusoire, ludique, de primauté et de pouvoir »[8]. Dans ce contexte, l'apparition finale de la fée devant l'assemblée des vassaux fonctionne comme une double dénonciation des jeux de rôles de la société de cour : non seulement son exceptionnelle beauté, en éclipsant celle de la reine, dévoile l'artifice de la mise en scène du roi et les enjeux d'intérêt personnel qui la sous-tendent, mais elle défait également l'équation explicitement posée par la communauté féodale masculine entre désir et pouvoir en soustrayant le corps féminin aux relations de dépendance féodale et conjugale. Cette mise à nu des ressorts idéologiques des rituels de cour est là encore portée par une logique de renversement : à la communauté féodale virile s'oppose le cortège exclusivement féminin de la fée, à l'injonction menaçante du roi répond l'assentiment librement consenti de la foule à la beauté de cette dernière (« *N'i ot un seul, petit ne grant, / Qui ne deïst tot en oiant / Qu'ensemble o li a tel meschine / Qui de biauté vaut la roïne.* », vv. 655-658). Et si la fée de *Graelent* garde sur elle son magnifique manteau, elle le laisse glisser à terre dans le lai de *Lanval* pour permettre à tous de mieux admirer la beauté de sa silhouette. Entre les deux lais, dont la critique a depuis longtemps relevé la parenté de structure[9], s'esquisse un subtil jeu d'écho par lequel se répondent deux mises en scène du corps féminin dont l'une s'inscrit dans un rituel de commande dont l'objectif est de renforcer des liens de dépendance socio-politiques, là où l'autre, librement concédée, doit délivrer le héros des fausses accusations portées contre lui. La dimension démystificatrice et dénonciatrice de l'autre monde féerique rejoint ici, en mode mineur, la charge satirique qu'il assume dans le *Lai du Cor* et dans le *Mantel Mautaillé,* où les objets merveilleux introduits à la cour dissipent les mirages courtois. D'une manière moins explicite, mais tout aussi efficace, l'exhibition de la reine, dans *Graelent,* délivre le même enseignement que celui que Guenièvre est amenée à énoncer dans le *Lai du Cor,* à savoir la réalité fictive et politique (fictive parce que politique) de l'offre d'amour de la Dame : « *Je donai un anel / l'autre an a un dauncel, / juvencel, enfaunt, / qui oscit un gëaunt,* [...] */ M'amour lui presentai, / un anel lui donai, /* que.*l quidai*[e] *retenir / pur la court ademplir. / Mes si il fust remés, / de mai ne fust amés !* » (vv. 337-356)[10]

Dans le corpus des lais féeriques, la critique apportée par l'autre monde au désir amoureux tel qu'il se conçoit à la cour s'accompagne toutefois, le plus souvent, d'une portée didactique. De manière générale, en effet, ce monde autre apparaît moins comme l'envers du monde aristocratique médiéval qu'il n'en figure le modèle idéal, y compris sur le plan des valeurs courtoises[11]. Dans les lais que nous venons d'évoquer, l'amie du chevalier (qui, on le sait, n'est significativement jamais désignée comme fée) ne frappe jamais par son altérité, mais au contraire par son adéquation superlative aux canons du raffinement courtois que la société féodale, quant à elle, peine à incarner. Ce rapport de supériorité éclate en particulier dans les scènes finales, où la beauté hyperbolique de la jeune femme, la splendeur inégalée de son équipage, l'efficace de ses propos justes et mesurés fonctionnent comme des signes indiciels de la courtoisie parfaite du monde qu'elle représente. Dans *Guingamor,* le royaume forestier de l'amie du héros est construit par le récit comme le double idéal, rêvé, de celui du roi son oncle : le palais est splendide, l'assemblée choisie - chaque chevalier étant accompagné de son amie - les divertissements nombreux et raffinés : chasse en bois et en rivières, jeux de plateaux, excellence de la table, raffinement de la musique chantée et instrumentale. Relayant l'éblouissement de Guingamor, le narrateur s'attarde à dérouler la liste de ces plaisirs aristocratiques en jouant sur le rythme binaire des assonances internes, des doublets synonymes ou des paires :

Bons mengiers ot a grant plenté,
O grant deduit, o grant fierté,
Sons de herpes et de vieles,
Chans de vallez et de puceles ;
Grant merveille ot de la noblece,
De la biauté, de la richesse. (vv. 527-532)

À la cour du roi, que le héros vient de quitter, on chasse, on joue aux échecs et on se divertit aussi après le repas. Mais la comparaison implicite avec le royaume de la fée accuse, *a posteriori*, les imperfections et les mesquineries dont sont grevés ces pauvres plaisirs : la partie d'échecs de Guingamor est interrompue par les avances indiscrètes de la reine, le roi refuse de lui prêter son chien et son cheval de chasse, les divertissements d'après-dîner se résument à des vantardises de chasseurs. On pourrait multiplier les exemples, qui montreraient que l'autre monde des lais féeriques s'impose beaucoup moins comme l'envers du monde courtois que comme un monde courtois idéal, *un monde courtois possible*, l'expression de « monde possible » étant ici à prendre dans le sens que lui donne Thomas Pavel, c'est-à-dire comme une hypothèse ou une fiction de monde[12]. Fiction à l'intérieur de la fiction – et dès lors exhibée comme telle –, l'autre monde figure un mode de réalisation rêvé de l'*ethos* courtois, un espace à la lettre utopique[13] qui, par contraste, souligne les limites ou les contresens de l'offre amoureuse qui peut se pratiquer dans les cours féodales représentées dans les lais.

Mais il se donne aussi à lire pour ce qu'il est, à savoir comme une construction littéraire qui expose, avec un art consommé de la mise en scène, les ressorts, les fantasmes et les cérémonies propres au désir amoureux.

La scène du désir

Si l'autre monde des lais est un monde autre, c'est essentiellement, en effet, parce qu'il apparaît comme le lieu où le fantasme amoureux peut se donner libre cours et, littéralement, prendre corps. Le gué aventureux du lai de l'*Espine*, où le héros gagne le droit d'épouser son amie en affrontant plusieurs chevaliers-faés, nous est ainsi d'emblée présenté comme l'espace où le désir des amants trouve à s'accomplir, à la faveur d'un mystérieux transfert nocturne. Sachant que son ami est en route pour le gué de l'Aubépine, l'héroïne se retire dans le verger du château pour prier Dieu de le protéger et de faire en sorte qu'ils se trouvent réunis. Gagnée par la lassitude, elle s'endort, à la nuit tombée, « *souz une ente* »[14]. Elle se réveillera au gué aventureux, où le jeune homme, après s'être assuré qu'il n'est pas le jouet du diable, la reconnaîtra pour son amie. Avant de servir de cadre à l'initiation chevaleresque du héros, le gué de l'*Espine* incarne ainsi la scène où se réalise le souhait exprimé par la jeune femme de se trouver près de son ami. Si cet accomplissement se produit à la faveur d'une prière, la mention de Dieu (que le narrateur, significativement, se refuse à identifier comme l'auteur du transfert de la jeune fille[15]) n'est ici que le mince prétexte du déploiement d'une « merveille » qui doit bien peu au dogme chrétien : la démonstration, littérale, de la puissance de *transport* du désir amoureux. Le lai de l'*Espine* reprend ici, de manière transparente, la scène où la malmariée d'*Yonec*, après avoir prié Dieu de l'exaucer (là encore évidemment à rebours de la morale chrétienne[16]), voit se matérialiser devant elle l'amant désiré. Dans *Yonec*, la coïncidence entre l'apparition de l'oiseau-faé et la formulation du désir de la jeune femme est aussi bien soulignée par la puissance performative de la prière (à peine est-elle terminée que la silhouette – « *l'umbre* » – de l'oiseau se découpe à la fenêtre) que par les paroles prononcées par l'amant, qui indiquent que seule la requête de la dame avait le pouvoir de le faire passer d'un monde à l'autre : « *Unkes femme fors vus n'amai / Ne jamés autre n'amerai. / Mes ne poeie a vus venir / Ne fors de mun paleis eissir, / Si vus ne m'eüssiez requis. / Or puis bien estre vostre amis !* » (vv. 129-134)[17]. Le terme caractéristique d'« *umbre* » employé par Marie pour évoquer l'oiseau-faé qui surgit à la fenêtre confirme encore l'équivalence ici posée entre la matérialisation de l'amant féerique et la projection d'un fantasme. Dans les textes philosophiques et didactiques, l'« *umbra* » est en effet l'un des nombreux noms des « *phantasma* », ces images mentales illusoires formées à l'état de veille ou bien en rêve, dont saint Augustin a fixé la topique pour l'ensemble de la période médiévale[18]. Dans le lai de l'*Espine*, la parenté entre l'aventure du gué périlleux et l'expérience du rêve est signalée par l'endormissement de la jeune fille, laquelle accomplit dans son sommeil le voyage qui lui fait retrouver son ami. La mention de l'« *ente* » (l'arbre fruitier greffé) sous laquelle elle s'endort « *por le chaut* »

(v. 262) fait écho à celle à l'ombre de laquelle la reine de *Tydorel* s'assoupit dans la chaleur de l'été, avant de voir s'avancer vers elle le chevalier-faé qui lui donnera enfin une descendance[19]. Dans ces textes, l'autre monde se donne moins comme un monde alternatif – comme l'envers ou l'idéal du monde ordinaire – que comme l'ouverture soudaine, et précaire, d'une autre dimension du monde sous la poussée du désir des héros. Une dimension dont la réalité est essentiellement fantasmatique, comme l'indique la précision récurrente selon laquelle ces amants ou ces amantes ne sont visibles que par leurs ami(e)s, ceux qui, comme le dit si bien l'héroïne d'*Yonec,* les « *truv[o]ent [...] a lur talent* » (vv. 95-96)[20], et comme en témoigne le fait même que ces amours ne peuvent pleinement se vivre qu'en dehors du monde ordinaire, dans un hors-monde dont les héros ne reviennent généralement pas et à la frontière duquel le lai lui-même finit par s'arrêter.

Dans la majorité des lais, comme on le sait, l'aventure première consiste cependant moins dans l'incarnation immédiate du fantasme amoureux que dans l'apprentissage même du désir. Dans ces récits, le désir amoureux, au départ inconnu des protagonistes, ou confondu chez eux avec la pulsion (comme c'est le cas pour Désiré, dont le premier geste est de se jeter sur la jeune femme qui lui apparaît), leur est le plus souvent révélé au terme d'une mise en scène soigneusement élaborée, où les êtres faés exercent et déclinent différemment, d'un texte à l'autre, l'art de l'éclipse. Cet art, qui consiste à créer les sentiments du manque et de la perte, marque toutes les étapes d'un parcours que le héros vit comme une aventure soumise au hasard. L'étape de la rencontre se produit ainsi le plus souvent au terme d'une course poursuite où la proie promise (qu'il s'agisse d'animaux-substituts de la fée, dans *Guingamor* et *Graelent,* ou de la fée elle-même, dans *Désiré*), demeure à portée de regard tout en se soustrayant au héros, attisant ainsi bien sûr le désir de la capture. L'étape cruciale du premier regard est quant à elle préparée par une mise en scène qui exploite savamment le pouvoir érotique de la suggestion : on pense au savant habillé-déshabillé cultivé par l'héroïne de *Lanval* (dont le manteau, simplement jeté sur son corps, laisse apercevoir la chemise qui, elle-même, laisse à découvert la peau blanche des flancs et de la poitrine[21]), et bien sûr aux scènes de bain, où le désir du héros naît précisément de l'impression de surprendre ce qui se veut (et semble se croire) dissimulé[22]. L'étape de l'épreuve, enfin, où l'être faé subordonne sa présence aux côtés de son amant(e) au respect d'un interdit que ce(tte) dernier(e) transgresse toujours, se fonde sur un mouvement de bascule entre ce qui est donné et ce qui est repris, qui, dans tous les cas, porte le désir du héros / de l'héroïne à un point d'exaspération où s'éprouve et se révèle son attachement exclusif à l'autre monde.

Reprises et modulées d'un lai à l'autre, ces mises en scènes érotiques, que le Moyen Âge n'invente pas, accusent leur caractère stéréotypé et laissent voir leurs artifices. C'est particulièrement le cas de la scène de la jeune femme surprise au bain, schéma narratif ancien[23] qui acquiert dans le corpus réduit des lais féeriques la dimension d'un passage obligé qui (se) joue aussi bien des attentes récurrentes des héros que de celles du lecteur-auditeur de lais[24]. Dans *Lanval*, c'est paradoxalement l'absence de ce passage qui en accuse le caractère topique : la paire de bassins et la serviette que portent les suivantes de la fée, lorsque le héros les aperçoit, évoquent en effet immédiatement un rituel lustral que la situation des personnages (au bord de la rivière) et l'imminence de la rencontre de la fée incitent le lecteur averti à identifier avec la scène du bain dans l'eau courante où le héros surprend habituellement la jeune femme. Cette scène attendue, que le récit laisse deviner ou espérer, ne sera pourtant pas rapportée : elle flotte ainsi à la conscience du lecteur comme un possible qui a pu ou qui aurait pu se réaliser, mais dont le narrateur lui refuse l'actualisation. Le Lecteur Modèle que construit *Lanval* – pour reprendre la notion proposée par Umberto Eco[25] – se trouve ainsi lui-même pris aux lacs du désir, où anticipation et déception, accomplissement et perte ont partie liée.[26] Le lai de *Graelent*, dans lequel l'épisode de la fée au bain est le plus développé du corpus, met à nu d'autres ressorts du jeu de séduction qui se déroule dans l'autre monde. Rappelons-en brièvement les moments-clés : comme Guingamor, Graelent est conduit vers la fée par l'entremise d'un animal (ici une biche blanche) qui l'entraîne jusqu'à la source où elle se baigne. Contrairement au lai de *Guingamor*, où la description des aléas de la chasse est longue et détaillée, on note d'emblée que *Graelent* ne consacre que quelques vers au récit de la poursuite de la biche, dont la fonction de leurre symbolique est ainsi immédiatement signifiée au lecteur-auditeur : « *Devant la biche sailli, / Il la hua, si point a li, / Mes ne la consuivra hui mes.* » (vv. 213-215). Ébloui par la beauté du corps nu de la fée, Graelent tente de dissimuler ses vêtements afin de la retenir en son pouvoir. La manœuvre est immédiatement percée à jour par la jeune femme, qui demande instamment au héros de renoncer à son dessein en ironisant sur sa « *covoitise* », qu'elle identifie malicieusement, tout d'abord, avec l'appât du gain :

> « Graalant, lai mes dras ester !
> Ne t'em puez gueres amender,
> Se tu o toi les emportoies
> Et ainsi nue me lessoies ;
> Trop seroit povre covoitise !
> Rendez moi seviaus ma chemise,
> Li mantiaus puet bien estre tuens,
> Deniers en pren, car il est boens. » (vv. 243-250)

Puis, comme Graelent lui demande de sortir de l'eau :

> – Je n'en veil pas, fet cele, issir,
> Que de moi vos puissiez sesir.
> N'ai cure de vostre parole,
> Ne suis mie de vostre escole ! » (vv. 259-262)

Contrairement à son double Guingamor, plus courtois, le jeune homme multiplie les supplications afin que la fée se donne à lui. Dans le manuscrit S (BnF, n.a.f. 1104), elle finit par accéder à son désir avant de lui révéler qu'elle avait préparé et anticipé l'ensemble de la scène qui vient de se dérouler :

> « Graalant, vos estes loiaus,
> Preus et cortois et assez biaus ;
> Por vos ving ça a la fontaingne,
> Je souferré por vos grant painne :
> Bien savoie ceste aventure. » (vv. 327-331)

Le savoir de la fée, tel qu'il s'énonce ici, relève tout aussi bien de la prescience surnaturelle / fantasmatique des êtres appartenant à l'autre monde (qui connaissent par avance les noms de leur ami(e) et peuvent prévoir l'issue de leur relation), que d'une omniscience de type narratif, qui s'exerce à l'égard des attendus de « *ceste aventure* » topique de la jeune femme surprise au bain. Ce double savoir, qui éclate dans l'aveu selon lequel la « *sorprise* » du désir aura été orchestrée, fait apparaître les ressorts habituellement masqués, ou atténués, de la séduction qu'exerce l'autre monde : celle de la promesse d'un gain sexuel (dont le caractère premier est sensible même dans la version courtoise du manuscrit S[27]) et celle d'un bénéfice social et financier, ici crûment mis en lumière par la caricature du héros en marchand de bas étage et sans scrupules.

Aussi serait-il trop simple de définir l'autre monde comme l'envers du monde de la cour, de ses lois, de ses rituels et de ses leurres. Certes, le désir amoureux qui s'y exprime et s'y accomplit, qui repose sur le libre accord des amants et engage entièrement leur vie, est beaucoup plus proche de l'idéal chanté par la lyrique d'oc que son pâle simulacre de cour. Mais il se fonde aussi, comme le montrent plusieurs lais, sur des ressorts semblables à ceux qui organisent le jeu courtois : le miroitement d'une jouissance espérée et différée, bien sûr, mais également le rêve de la prospérité et de l'élévation sociale. À la scène mondaine correspond ainsi une autre scène qui, pour être plus intime, met également en lumière la dimension compensatoire du désir de l'autre monde et ce qu'il doit à des constructions psychiques et culturelles - autrement dit à des fictions - que les lais eux-mêmes contribuent, tout à la fois, à fixer et à mettre à distance.

« *car dou chant issent les amors*[28] »

Plusieurs lais se présentent comme l'expression même de la société de cour à laquelle ils s'adressent (ou du moins de la représentation idéalisée de cette société). Le début du lai de *Tyolet*, reprenant un *topos* structurant du *Lancelot* en prose, affirme ainsi que les lais sont issus des aventures vécues par les chevaliers du temps du roi Arthur ; de retour à la cour, ils les confiaient à des clercs chargés de les mettre en écrit. Parallèlement à l'importance de la fonction mémorielle du lai, ce prologue met en valeur le processus de transformation qu'il opère, par lequel une aventure singulière, vécue dans la solitude de la « *nuit oscure* » (v. 22), devient un récit partagé dans l'espace commun de la cour avant d'être diffusé à un public plus nombreux encore.

Cette thématique se trouve particulièrement développée par le lai de l'*Espine*, qui non seulement l'inscrit au centre de sa diégèse, mais en fait également un principe majeur de structuration de son récit. L'aventure du gué de l'Aubépine, qui est au cœur du lai et lui donne son nom, y est d'abord le sujet d'une histoire évoquée à la cour du roi de Bretagne, un soir où l'on se divertit en écoutant des lais et en racontant des histoires. Comme une jeune fille mentionne les aventures périlleuses réputées se présenter au gué de l'Aubépine la nuit de la Saint-Jean, le jeune héros du récit, un bâtard du roi qui désire faire ses preuves, notamment pour obtenir la main de la jeune femme qu'il aime, déclare devant la cour vouloir tenter l'aventure. Il s'y distingue (avec l'aide de son amie mystérieusement transportée au gué durant son sommeil, comme on l'a vu), et y gagne un cheval merveilleux pris à l'un des chevaliers féeriques qu'il a dû combattre. Dès le retour du jeune homme à la cour, son aventure est rapportée au roi et à ses vassaux :

> Ce[l] jor, si con j'oï conter […]
> Oiant tote cele assemblee
> Ja fu l'aventure contee,
> Comment avint au chevalier
> Au gué ou il ala guetier,
> Premierement de la meschine
> Con la trova desoz l'espine,
> Puis des jostes et du cheval
> Que il gaaingna au vassal. […]
> De l'aventure que dite ai,
> Li Breton en firent .I. lai […]
> Si a non le lai de l'Espine. (vv. 481-513)

Parallèlement à la métamorphose de l'aventure indistincte et anonyme du « gué de l'Espine » en « lai de l'Espine », on retrouve ici l'importance de l'inscription du récit dans l'espace de la cour, depuis le cercle relativement intime de la veillée jusqu'à l'assemblée des grands vassaux. La reconnaissance des aspirations du jeune bâtard du roi devant la cour de son père est ainsi étroitement liée – et même strictement équivalente – à une reconnaissance de type esthétique, par laquelle l'aventure du gué de l'aubépine passe du statut de vague « on dit » à celui d'histoire avérée dont on perpétue la mémoire dans un chant en même temps que celle de son héros – autrement dit au statut de lai[29]. Le dispositif de mise en abyme que réussit le lai de l'*Espine* semble ainsi célébrer l'équivalence parfaite de la société aristocratique et de l'aventure rapportée dans le lai, qui s'accomplissent l'une dans l'autre et l'une par l'autre.

S'en tenir à cette analyse serait cependant oublier que ce dispositif met également en lumière, plus subtilement, ce que cette légitimation réciproque doit au fantasme – au désir et au rêve. Si le transfert merveilleux de la jeune fille peut se lire, on l'a vu, comme l'accomplissement rêvé de son désir, et si l'aventure du gué elle-même vient répondre au désir du jeune homme de faire ses preuves, le texte souligne en effet, plus largement, combien l'aventure du lai de l'*Espine* ressortit à ces histoires que l'on prend plaisir à (se) raconter, à ces fictions collectives dont les lais ravivent la mémoire et suscitent le désir. C'est ainsi après avoir attentivement écouté un musicien chanter deux lais que les membres de la cour du roi se prennent à évoquer le souvenir ces aventures « *[...] que soventes foiz ont veües / Qu'en Bretaingne sont avenues* », parmi lesquelles celle du gué de l'Aubépine :

> La nuit, quant vint aprés souper,
> Li rois s'asist por deporter
> Sor .I. tapi devant le dois,
> O lui maint chevalier cortois ;
> Ensemble o lui estoit ses fis.
> Le lay escoutent de Alis
> Que .I. Irois sone en sa rote ;
> Molt doucement le chante et note.
> Emprés celui autre encommence,
> Nus d'eus ne noise ne ne tence ;
> Le lay lor sone d'Orpheï,
> Et quant il [l]e lay ot feni,
> Li chevalier sempres parlerent.
> Les aventures ramembrerent
> Que soventes foiz ont veües
> Qu'en Bretaingne sont avenues. (vv. 171-186)

Cette scène, où c'est l'écoute des lais qui suscite le désir de partir en aventure, nous invite à revoir l'équivalence que l'histoire racontée tend à établir. À la faveur de cet éclairage, la réussite de l'aventure du gué signe en effet moins l'accomplissement de la société de cour que l'accomplissement même de son désir d'accomplissement, ou plus précisément de son désir d'un récit où serait vérifiée la valeur de ses fictions fondatrices (en l'occurrence la relève du désir amoureux par la prouesse, la fonction probatoire de l'exploit chevaleresque, l'excellence de la filiation paternelle[30]).

Le lai de l'*Espine* « *bel conmenche et bel define* » (v. 514) comme le souligne, sans doute humoristiquement, le narrateur. Toutefois, la plupart des lais se chargent de mettre en lumière, parfois cruellement, l'écart qui existe non seulement entre l'aventure fantasmée et la réalité de la société de cour, comme on l'a vu, mais aussi entre le désir du récit d'aventure et l'aventure elle-même ; entre le désir du lai et le lai tel qu'il se donne finalement à entendre. Cette double déceptivité structure par exemple le lai du *Lecheor*, dont la majeure partie est consacrée à mettre en scène et à faire attendre au lecteur le sujet qu'il va traiter. Après avoir présenté les conditions d'émergence et de diffusion des lais – à la Saint-Pantaléon, les Bretons avaient pour coutume de raconter des histoires ; la meilleure était retenue et devenait un lai diffusé de par le monde –, le narrateur s'attarde sur la société choisie chargée d'élire l'histoire qui va nous être racontée : huit dames incarnant superlativement les valeurs courtoises, « *[…] Sages […] et ensaingnies, / Franches, cortoises et proisies : /C'estoit de Bretaingne la flors / Et la proesce et la valors* »[31]. Ce début prometteur laisse comme on sait place à un discours qui dynamite joyeusement bien que férocement le ressort majeur de la *fabula* courtoise, à savoir la valeur civilisatrice du désir amoureux, en identifiant « *le con* » comme la cause unique des « belles galanteries », des « beaux discours » et des « belles requêtes » qui polissent les mœurs courtoises (vv. 76 *sq.*). C'est ainsi sur ce sujet que les huit dames de haut parage se mettent d'accord pour composer un lai dont on comprend qu'il n'aura rien de féerique, et dont le narrateur loue ironiquement les « *douces notes a haut ton* » universellement appréciées, comme on s'en doute, « *Et as clers et as chevaliers* » (v. 105 et v. 113).

Dans un autre registre, le lai de *Melion* attire l'attention sur le caractère excessif, voire dangereux, des fantasmes qui se donnent libre cours dans l'autre monde, en assimilant d'entrée de jeu celui de Mélion (n'épouser qu'une femme qui non seulement n'aurait jamais été amoureuse, mais aussi qui n'aurait jamais adressé la parole à un homme) à un « *gab* » d'après-dîner, lancé par forfanterie devant Arthur et ses vassaux[32]. À vœu exorbitant, prix exorbitant : après s'être durablement aliéné toutes les dames de la cour, Mélion finira par rencontrer la jeune femme de ses rêves, laquelle se matérialisera brusquement sur la lande pour lui faire une déclaration d'amour exclusif. Cette improbable jeune femme, dont le texte souligne la dimension fictive[33], lui fera payer son exigence excessive (primitive ?) en le forçant – le jour il se transformera en loup pour poursuivre un cerf – à conserver cette apparence[34]. On pourrait multiplier les exemples de lais féeriques qui mettent à mal le désir d'aventure exprimé par la communauté courtoise de la diégèse – désir que vient redoubler, sur le plan de la narration, celui qu'éprouve le lecteur-auditeur pour le conte qui lui est promis[35]. Dans le lai du *Mantel Mautaillé*, le narrateur diffère ainsi à plaisir le début de son histoire tout comme le messager de l'autre monde celle de son arrivée à la cour d'Arthur, dont les membres attendent qu'une aventure se produise pour se mettre à table. L'aventure que ce messager apportera, au-delà des stéréotypes misogynes, mettra à nu les faiblesses et les contradictions de l'amour « dit courtois » tout en dénonçant l'idéal du désir exclusif comme un fantasme qui ne peut se vivre qu'en dehors du monde. Le partage de l'aventure auquel est conviée la cour arthurienne (et le lecteur du lai), en lieu et place du partage du repas attendu, met ainsi à mal la communauté idéale qu'elle figure au lieu d'en célébrer la cohésion[36].

Mais c'est sans doute dans le *Lai de l'Oiselet* que l'on trouve la critique la plus explicite du désir des lais, que l'on entende cette expression comme le désir que les lais mettent en scène ou comme celui qu'ils suscitent – y compris bien sûr à l'égard de leur propre lecture / audition. On en connaît l'histoire : un « *vilain* » achète un superbe domaine à une famille noble désargentée, dont le fleuron est un verger merveilleux. À l'instar du jardin de Déduit du *Roman de la rose*, ce verger édénique est d'abord un lieu littéraire où s'incarne idéalement le topos, célébré par la *fin'amor*, de la conjonction du chant poétique et du désir amoureux. Un oiseau vient en effet y chanter deux fois par jour « *lais et nouvaus sons / et rotruenges et chançons* » (vv. 91-92)[37] qui font fleurir le jardin, couler la source qui s'y trouve et qui suscitent le désir d'aimer chez ceux qui les écoutent – ces trois bienfaits nous étant présentés comme strictement synonymes :

> El chant avoit une merveille
> qu'ains nus on n'oï sa pareille,
> car tel vertu avoit li chans
> que ja nus ne fu si dolans
> por que l'oisel chanter oïst
> que maintenant ne s'esjoïst,

> et oblïast ses grans dolors ;
> et s'ainc n'eüst parlé d'amors,
> s'en fust il maintenant espris [...]
> car dou chant issent les amors
> qui en vertu tienent les flors
> et les arbres et tot le mes ;
> mais que li oiseaus fust remés,
> maintenant li vergiers sechast
> et la fontaine restranchast
> qui par l'oisel sont en vertu. (vv. 95-125)

Le lai que l'oiseau compose à l'intention du vilain - dont le texte que nous lisons est pour partie la transcription, au discours direct - n'est cependant pas une chanson d'amour, mais une pièce didactique qui insiste sur la nécessité de pratiquer les valeurs courtoises de désintéressement et d'honneur pour pouvoir bénéficier des vertus amoureuses du chant[38]. Après avoir écouté ce lai, le vilain, que l'oiseau vient d'accuser de préférer « *le denier* » au « *donoier* », s'empresse de lui donner raison : il prend l'animal au piège en espérant le vendre un bon prix. Le lai pourrait s'arrêter sur cette confirmation d'un lieu commun de la littérature médiévale, selon lequel seul un auditeur rompu aux valeurs de la classe aristocratique peut être sensible à la lyrique amoureuse. Mais le récit se charge de compliquer cette conclusion trop attendue : les trois préceptes que l'oiseau délivre au vilain en échange de sa liberté laissent en effet de côté les idéaux courtois rebattus pour mettre l'accent, de manière plus surprenante, sur l'importance du principe de réalité : « *ne crois pas quant que tu os dire* » ; « *ne pleure pas ce qu'ainc n'eüs* » ; « *ce que tu tiens dans tes mains, / ne le gietes pas jus a tes piés* » (vv. 273 ; 289 ; 332-333). Le rustre de la fable n'est ainsi pas celui qu'on croit et la leçon se déplace sur un terrain uniquement esthétique : plus que le « *riches vilains* » qu'il stigmatise en surface, le mauvais destinataire du lai, celui qui « *parole de cortoisie* /[sans] *la faire mie* » (vv. 397-398), est celui qui prend pour argent comptant les ruses du discours et les leurres du désir que le récit orchestre et qu'il met à distance.

Le bon usage des lais consiste ainsi à savoir ce que le désir qu'ils mettent en aventure, ailleurs et jadis, emprunte aux constructions fantasmatiques individuelles et collectives, et ce que la joie qu'ils procurent doit à leur puissance d'évocation poétique. Ce n'est qu'à cette double condition, dans la pleine conscience que la vérité des lais concerne un autre plan de réalité que celui du monde comme il va, que l'on peut se laisser vraiment porter par l'élan qu'ils suscitent : le désir d'aimer et, *inséparablement*, d'écouter, de lire et de rêver d'autres lais.

Mireille Séguy
Université de Paris 8 Vincennes - Saint-Denis

NOTES

[1] Je reprends bien entendu cette expression à Freud (qui l'emprunte au psychologue G. Fechner). L'« Autre scène » (par opposition à la scène où se joue la vie consciente) est, en psychanalyse, celle de l'inconscient (voir S. Freud *1899-1900*, *L'Interprétation du rêve, Œuvres complètes,* Paris, t. IV, PUF, 2004). Pour souligner le double statut de l'autre monde des lais, qui figure à la fois l'espace surnaturel issu de la mythologie celtique et le monde intérieur des personnages, nous l'écrirons désormais sans majuscules.

[2] G. Duby, « L'amour que l'on dit courtois », *Mâle Moyen Âge*, Paris, Flammarion, 1987.

[3] Ph. Ménard, *Les* Lais *de Marie de France*, Paris, Presses Universitaires de France, 1979, cit. p. 100.

[4] Marie de France, *Guigemar*, éd. et trad. N. Koble et M. Séguy, *Lais bretons. Marie de France et ses contemporains*, Paris, Champion « Classiques », 2011, v. 64 et v. 67. Toutes les citations que nous ferons des lais de Marie, ainsi que des lais de *Désiré*, *Guingamor*, *Tydorel*, *Graelent* et *Mélion*, seront issues de cette édition. Pour les autres lais anonymes (hormis le *Lai de l'Oiselet*), notre édition de référence sera celle de S. Burgess et L. C. Brook, *French Literature IV. Old French Narrative Lays*, « Arthurian Archives XIV », Cambridge, D. S. Brewer, 2007.

[5] Sur le lien fondamental qui se noue, dans les lais, entre l'épreuve du désir amoureux, l'expérience du rêve et la poétique de la brièveté, nous nous permettons de renvoyer à N. Koble et M. Séguy, « *Nos sommes tuit enfantosmés* ! L'effet de (des)saisissement des lais narratifs bretons », *Faire court*, C. Croizy-Naquet, L. Harf-Lancner et M. Szkilnik (dir.), Paris, Presses de la Sorbonne Nouvelle, 2011, pp. 181-202. Sur l'expérience onirique dans *Désiré*, on consultera notamment F. Jan, *De la Dorveille à la merveille. L'imaginaire onirique dans les lais féeriques des XII*e *et XIII*e *siècles*, Lausanne, Archipel, coll. « Essais », vol. 12, 2007.

[6] L'accusation de félonie dont Lanval est l'objet et le procès qui lui fait suite sont précisément démarqués du droit féodal du XIIe siècle. Sur ce sujet, voir l'étude minutieuse d'E. A. Francis, « The Trial in *Lanval* », *Studies in French Language and Mediaeval Literature presented to Professor Mildred K. Pope*, Manchester, Manchester University Press, 1939, pp. 115-124.

[7] Dans cette perspective, on peut interpréter le jeu d'échecs auquel est occupé Guingamor, juste avant la déclaration dont le gratifie la reine, comme une autre illustration du jeu courtois, où le pouvoir de chacun détermine la position qu'il peut occuper sur la scène mondaine.

[8] G. Duby, « L'amour que l'on dit courtois », *op. cit.*, (cit. p. 80).

[9] Voir en particulier W. H. Schofield, « The lays of *Graelent* and *Lanval* and the story of Wayland », *Publications of the Modern Language Association of America*, XV, 1900, pp. 121-179, E. Hœpffner, « *Graelent* ou *Lanval* ? », *Studies in French language and medieval literature presented to M. K. Pope*, Manchester, 1939, pp. 115-124, C. Segre, « *Lanval, Graelent, Guingamor* », *Studi in onore di A. Monteverdi,* Modène, 1959, t. II, pp. 756-770, et F. Suard, « Le projet narratif dans *Lanval*, *Graelent* et *Guingamor* », *Études offertes à A. Lanly*, Nancy, 1980, pp. 357-369.

[10] *Le Lai du cor et Le Manteau mal taillé. Les dessous de la Table ronde*, édition, traduction et postface de N. Koble, Paris, Éditions rue d'Ulm, 2005.

[11] Un lai comme *Tydorel*, qui entretient l'indécision sur la nature (diabolique ou non) de l'être faé et de son fils, au contraire de *Yonec* ou de *Désiré*, fait cependant exception. Sur ce sujet, voir F. Dubost, « Yonec, le vengeur, et Tydorel, le veilleur », *Et c'est la fin pour quoy sommes ensemble. Hommage à Jean Dufournet*, 3 vol., Paris, Champion, 1993, t. I, pp. 449-467.

[12] Voir Th. Pavel, *Univers de la fiction,* Paris, Seuil, 1988 [1986 pour la version originale américaine].

[13] Danielle Régnier-Bohler a développé cette hypothèse en proposant de lire l'autre monde comme un espace utopique où la menace que représentent les femmes, dans le monde féodal, serait conjurée au profit d'une féminité bénéfique pour la société. Voir *Le cœur mangé. Récits érotiques et courtois XII*e *et XIII*e *siècles,* trad. D. Régnier-Bohler, Paris, Stock, « Stock plus Moyen Âge », 1979, postface, pp. 330 *sq*. Voir aussi, du même auteur, « Figures féminines et imaginaire généalogique : étude comparée de quelques récits brefs », *Le récit bref au Moyen Âge*, D. Buschinger (dir.), Amiens, 1980, pp. 73-91.

[14] *Le lai de l'Espine*, éd. G. S. Burgess et L. C. Brook, *op. cit.*, v. 237.

[15] « *N'i ot pas dormi longement, / Mes je ne sai confetement, / Que desoz l'ente illec fu prise / Et au gué de l'Espine mise* » (vv. 263-266).

[16] Sur cette curieuse compromission du divin dans une relation adultère accomplie en féerie, voir notamment L. Harf-Lancner, *Les fées au Moyen Âge. Morgane et Mélusine. La naissance des fées,* Paris, Champion, 1984, pp. 381-390, ainsi que F. Dubost, « Les motifs merveilleux dans les *Lais* de Marie de France », *Amour et merveille. Les* Lais *de Marie de France, op. cit.*, pp. 41-80 et « Yonec, le vengeur et Tydorel, le veilleur », art. cit.

[17] Nous rejoignons ici les conclusions de F. Dubost, pour qui « Le merveilleux se présente [dans cette scène] comme la réponse fantasmatique apportée par l'imaginaire à une situation de frustration totale longuement détaillée dans la première partie du texte. », « Yonec, le vengeur, et Tydorel, le veilleur », art. cit., p. 450.

[18] Sur cette question, on consultera notamment J.-Cl. Schmitt, *Les revenants. Les vivants et les morts dans la société médiévale*, Paris, Gallimard, « Bibliothèque des Histoires », 1994, pp. 25 *sq.* et F. Dubost, *Aspects fantastiques de la littérature narrative médiévale (XIIe-XIIIe siècles)*, 2 vol., Paris, Champion, 1991, vol. 1, pp. 31 *sq.* Les manipulations diaboliques s'exercent de manière privilégiée sur ces représentations mentales, raison pour laquelle l'oiseau-faé d'*Yonec* prend immédiatement soin de dissiper l'ambiguïté fantastique qui accompagne son apparition en réclamant la communion.

[19] Cet effet d'écho intertextuel joue aussi, dans le manuscrit S (Paris, BnF, n.a.f. 1104), au niveau du recueil, *Tydorel* et le *lai de l'Espine* y figurant tous les deux.

[20] Ainsi dans *Lanval* (« 'Quant vus vodrez od mei parler, / Ja ne savrez cel liu penser / U nuls puïst aveir s'amie / Sanz repreoce e sanz vileinie, / Que jeo ne vus seie en present / A fere tut vostre talent ; / Nuls hum fors vus ne me verra / Ne ma parole nen orra.', vv. 163-170 », *Yonec* (« Chevalier trovoent puceles / A lur talent, gentes e beles, / E dames truvoent amanz / Beaus e curteis, pruz e vaillanz, / Si que blasmees n'en esteient / Ne nul fors eles nes veeient. » (vv. 95-100) et *Graelent* : « Nuit et jor serai pres de vos, / À moi porroiz rire et joer, / Delez vos me verrez aller, / N'avroiz compaingnon qui me voie, / Ne qui ja sache qui je soie. » (vv. 322-326)

[21] v. 100 *sq.* La fée joue du même procédé lors de son arrivée à la cour, à la fin du lai, en portant une tunique et une chemise négligemment lacées sur les côtés afin de laisser deviner ses flancs (v. 559 *sq.*).

[22] On pourrait également citer l'épisode où la suivante de la fée, dans *Désiré*, lui montre sa maîtresse en confrontant le regard du héros aux charmes, complaisamment détaillés, de sa maîtresse (vv. 185 *sq.*). Dans toute cette série de scènes, c'est bien sûr le voyeurisme du personnage / du lecteur que sollicite la mise en spectacle de la fée. Daniel Poirion a souligné la parenté que présente ce schéma narratif avec celui où la fée, surprise par un mortel dans son bain, retrouve sa nature serpentine. Voir *Le merveilleux dans la littérature française du Moyen Âge*, Paris, PUF, « Que sais-je », 1982, pp. 54 et 55.

[23] On le retrouve notamment dans le conte d'origine nordique de la « femme-cygne », où un mortel s'empare de la robe de plumes de la fée au bain pour la

surprendre et la tenir en son pouvoir (voir Laurence Harf, *Les fées au Moyen Âge, op. cit.*, pp. 116-117 et note 66). Au-delà des récits féeriques, ce noyau narratif est également à l'œuvre, comme on le sait, dans l'épisode biblique de Suzanne et les vieillards (*Dan.*, XIV, 15) et dans l'histoire d'Actéon et de Diane.

[24] Sur les artifices de la séduction mise en œuvre dans cette scène topique, on lira les éclairantes analyses de Francis Gingras, Voir *Érotisme et merveilles dans le récit français des XIIe et XIIIe siècles*, Paris, Champion, pp. 137 *sq.*

[25] Rappelons que pour Umberto Eco le « Lecteur Modèle » est le destinataire idéal que prévoit et construit le texte. En tant que tel, ce lecteur idéal est capable d'actualiser les divers contenus de signification du texte et de décoder les différents mondes qu'il rend possibles (voir *Lector in Fabula. Le rôle du lecteur ou la Coopération interprétative dans les textes narratifs*, Paris, Grasset et Fasquelle, 1985 [1979], pp. 61 *sq.*).

[26] Dans ce phénomène d'emprise, la poétique de la brièveté propre aux lais joue évidemment un rôle majeur, en ce qu'elle fait partager au lecteur les mêmes expériences émotionnelles – en particulier la fulgurance et le désarroi propres à la rencontre amoureuse – que celles des personnages. Nous ne développons pas ici cet aspect de la question, que nous avons étudié ailleurs (« *Nos sommes tuit enfantosmés* ! L'effet de (des)saisissement des lais narratifs bretons », art. cit.). Sur l'opacité syntaxique, sémantique et formelle des lais, on se reportera notamment à l'étude d'E. B. Vitz, « The *Lais* of Marie de France : 'Narrative Grammar' and the literary text », *The Romanic Review*, 1983, pp. 383-404.

[27] Ce manuscrit adoucit en effet ce qui, dans le manuscrit A (BnF fr. 2168), apparaît comme un viol. Les déclarations de la fée, qui indiquent sans ambiguïté qu'elle avait prévu et même préparé ce qui allait se passer, tendent à étayer la lecture du compilateur de S. Pour un bref état des lieux des différentes interprétations qui ont été proposées de ces deux versions de l'épisode, voir l'introduction de G. S. Burgess et L. C. Brook, *French Literature IV. Old French Narrative Lays*, *op. cit.*, pp. 365 *sq.* Sur la lecture courtoise des lais que propose, de manière générale, le recueil-anthologie qu'est le manuscrit S, voir N. Koble, « L'intratextualité inventive : la singularité critique d'un compilateur de lais (Paris, BnF, n.a.f. 1104) », *Le texte médiéval. De la variante à la recréation*, A. Salamon, A. Rochebouet et C. Le Cornec (dir.), Paris, PUPS, 2012, pp. 129-144.

[28] *Le Lai de l'Oiselet, Nouvelles courtoises occitanes et françaises*, éd., trad. et présentation S. Méjean-Thiolier et M.-F. Notz-Grob, Paris, Librairie Générale française, Le livre de poche, « Lettres gothiques », 1997, v. 119.

[29] À cet égard, il est frappant de constater que l'aventure du gué est rapportée à la cour par un « on » impersonnel, ce qui lui confère immédiatement l'aura d'une histoire légendaire (« Oiant tote cele assemblee / Ja fu l'aventure contee, / Comment avint au chevalier / Au gué ou il ala guetier »).

[30] Le héros anonyme du lai est le fils que le roi de Bretagne a eu d'une concubine (« soignant ») ; son amie est quant à elle la fille que la reine a eue d'un précédent mariage. On rappellera que, dans le monde féodal, la bâtardise issue du concubinage est acceptée pour autant bien sûr qu'elle est le fait du

père. Sur cette question, voir en particulier G. Duby, *Le chevalier, la femme et le prêtre*, Paris, Hachette, 1971, notamment chap. II.

[31] *Lecheor*, éd. G. S. Burgess et L. C. Brook, *op. cit.*, vv. 55-58.

[32] Sur la tradition chrétienne associée au devoir fait aux femmes de demeurer d'une virginité absolue, et sur l'impossibilité logique de cette injonction, voir l'analyse de R. H. Bloch, « The Arthurian Fabliau and the Poetics of Virginity », *Continuations. Essays on Medieval French Literature and Language. In Honor of John L. Grisby*, N. J. Lacy, G. Torrini-Roblin dir., Birmingham, Alabama, Summa Publications Inc., 1989, pp. 231-247.

[33] La femme qui vient à la rencontre du héros a toutes les caractéristiques de la fée : beauté hyperbolique, élégance raffinée, omniscience (et même origine celtique !). Le caractère ouvertement irréaliste et redondant de la déclaration d'amour dont elle gratifie Mélion tire cependant discrètement ce portrait idyllique vers la caricature. Cet effet de mise à distance incite le lecteur-auditeur à considérer avec méfiance non seulement les intentions de la jeune femme mais aussi, plus profondément, le modèle des amantes idéales de l'autre monde fantasmatique qu'elle incarne de manière excessive.

[34] Sur le lien que suggère *Mélion* entre l'animalité du héros (dont la sauvagerie instinctuelle, lorsqu'il est loup-garou, est beaucoup plus accentuée que celle de Bisclavret) et l'ignorance qu'il manifeste, par son vœu, de la sexualité féminine, nous nous permettons de renvoyer à notre article, co-rédigé avec N. Koble : « *E de lur sens le surplus mettre* : les lais anonymes, relecteurs critiques des lais de Marie de France », *Cultures courtoises en mouvement*, I. Arseneau et F. Gingras (dir.), Montréal, Presses de l'Université de Montréal, 2011, pp. 332-347.

[35] « L'aventure du lai » : avec ce génitif à double sens que privilégient de nombreux prologues et épilogues, l'aventure dont il est question est aussi bien celle que rapporte le lai que celle qui concerne le lai, son origine, sa composition et sa diffusion. Sur ce sujet, nous nous permettons de renvoyer à l'introduction de notre édition des lais bretons (N. Koble et M. Séguy, *Lais bretons. Marie de France et ses contemporains*, *op. cit.*, pp. 93 *sq.*).

[36] Sur cette question, voir N. Koble, *Le Lai du Cor et Le Manteau mal taillé. Les dessous de la Table ronde*, *op. cit.*, postface, pp. 103-144.

[37] *Le Lai de l'Oiselet*, *Nouvelles courtoises occitanes et françaises*, *op. cit.*

[38] La leçon que propose le *Lai de l'Oiselet* constitue la version tardive d'un noyau narratif didactique (l'oiseau dispensateur de préceptes) dont on trouve des formulations dans de multiples aires culturelles et religieuses. Sur la généalogie du récit, voir en particulier G. Paris, *Le Lai de l'Oiselet, poème français du XIIIe siècle*, Paris, 1884, réimpr. dans *Les légendes françaises du Moyen Âge*, Paris, Hachette, 1903, et, plus récemment, Ch. Lee, « Il Giardino rinsecchito. Per una rilettura del *Lai de l'Oiselet* », *Medioevo Romanzo*, 5, 1978, pp. 66-84.

Chant et enchantement dans l'œuvre de Guillaume de Machaut. Métamorphoses du risque et du désir*

L'homme est, de temps en temps, plus risquant que le risque, plus étant que l'être de l'étant. (Martin Heidegger)

Chanter – enchanter

C'est par le biais du chant que Machaut retrace les fluctuations sentimentales entre le poète illustre et vieillissant et la jeune admiratrice du *Voir dit*, dans un amour qui s'essouffle et s'épuise à la longue. C'est la jeune femme qui prend l'initiative en envoyant au poète qu'elle n'a pas encore rencontré un rondeau où elle déclare sa passion. Lorsqu'ils font l'amour pour la première fois et, selon toute apparence, la seule, les deux amants expriment leurs jouissances par des vers lyriques à forme fixe : lui, par un long virelai dont le refrain respire des joies masculines, et elle, par un rondeau aussi gracieux que fin pour exprimer des plaisirs plus bienséants. La démarche préliminaire est marquée par des attentes et des rencontres où c'est encore le chant qui charme et envoûte leurs premiers effleurements :

Car je venoie au matinet
En un doulz plaisant jardinet
Et la l'atendoie en lisant
Mon livre et mes heures disant ;
Et quant vers moy estoit venue
Elle paioit sa bienvenue
De rondel ou de chansonnette,
Ou d'autre chose nouvellette ;

---

* Je tiens à remercier Fayçal Falaky qui a traduit en français la version orale originale de cet article et revu la version finale, et Deborah McGrady qui nous a offert sa contribution éclairée au sujet des vers 409-12 du *Remède de Fortune*.

> Car si tresdoucement chantoit
> Que ses doulz chanter[s] m'enchantoit.
> Et quant son doulz chanter m'enchante,
> Je n'en puis mais se pour li chante,
> Et pour ce fis ceste chanson
> Lyement, sans faire tanson,
> Qu'est cy aprés ; si feray chant
> Pour la tresbelle pour qui chant.[1]

Non sans ironie, Machaut se peint sous les traits d'un clerc en apparence occupé par ses devoirs religieux, en réalité penché sur ses œuvres complètes, mais distrait de l'une et de l'autre tâche par le chant charmant et ensorcelant de son admiratrice. *Chanter, chant, chanson* et son diminutif *chansonnette* apparaissent huit fois dans les dix derniers vers de cet extrait – six fois à la rime et deux dans des vers où le mot rimant est dérivé du verbe apparenté *enchanter*[2]. Comme ces deux vers se reflètent au milieu du passage, chant et enchantement, peut-on dire, tourbillonnent ensemble :

> Que *ses doulz chanter[s] m'enchantoit.*
> Et quant *son doulz chanter m'enchante…* (2504-5)

Le but de cette répétition est à la fois de reproduire l'acte incantatoire et d'en transcrire les effets de ravissement.

Ailleurs, les jeux de mots entre *chanter* et *enchanter* produisent des couples homonymes comme *en chantant – enchantant* ou *en chante – enchante,* et font que toute distinction entre les deux verbes semble se réduire à néant[3]. Cette intimité sémantique est également enrichie par l'existence, dans le français de cette époque, de l'expression *en chant,* dans les locutions *faire en chant* ou *mettre en chant.* L'expression binomiale *dit et chant* signifie « paroles et musique » et *mettre en chant* renvoie à l'action d'unir les mots à la mélodie et de les transformer ainsi en chant – ce *chant* est à la fois processus de transformation et produit final[4]. Cela veut dire que le mot recoupe et regroupe les acceptions des mots « chanson » (comprise au sens performatif) et « mélodie » (même lorsqu'elle est instrumentale, par exemple le chant d'une flûte). Le *chant* peut être en solo, en chœur ou en polyphonie, avec ou sans support instrumental ; il peut même être imaginé ou rêvé. Bien que *chant* puisse être synonyme de « chanson » et spécifier une forme métrique et une structure mélodique précises, je l'emploie dans cet article pour désigner l'union particulière et indissoluble de la poésie et de la musique. Son attrait réside dans la façon dont certaines qualités de la voix humaine, absentes ou imperceptibles dans l'usage habituel de la parole, sont mises en évidence par la réalisation *en chant.*

Si Machaut s'acharne sur le potentiel incantatoire et ravissant du chant, ce n'est pas pour rabâcher un *topos*. Ses chants ainsi que ses écrits sur les chants ont été rédigés entre les années 1330 et 1365, à la suite d'une époque marquée par la désillusion, disons même par le *désenchantement*[5]. Le treizième siècle avait vu le lyrisme médiéval assujetti aux procédés scolastiques, entouré d'introductions, de commentaires et autres paratextes, dépouillé de sa musique, exposé à l'ironie. D'autres poètes avaient déjà signalé la proximité du chant et de l'enchantement[6], mais ce qui distingue Machaut est la manière systématique et idiosyncratique avec laquelle il l'aborde[7]. Pour redécouvrir le sublime ravissement dont le chant est capable, Machaut a peut-être jeté un coup d'œil en arrière, surtout sur la production des troubadours[8]. Il s'est certainement inspiré aussi de la corrélation qu'établissait l'Antiquité latine entre chanson et magie, *incantare* (enchanter) et *carmen* (charme).

Je propose d'examiner l'œuvre de Machaut pour saisir comment lui-même s'expose à l'aspect incantatoire du chant, qui peut ravir les gens et les mettre dans un état de transe, et comment il se distancie finalement de cet état de délice qui s'avère si hasardeux et si déstabilisant. Nous redéfinissons ainsi, mais d'une manière nouvelle et particulière à Machaut, la catachrèse « chanter égale aimer » identifiée par Paul Zumthor comme le noyau du lyrisme médiéval[9]. Nous mettons en question, également, l'avis selon lequel Machaut se détournerait d'un amour désirant en faveur d'un amour gouverné par le seul Espoir, dans une sorte de « solipsisme sublime », avis qui s'est peu à peu érigé en doctrine de la critique machaldienne[10]. Notre démarche consiste à suivre le mouvement de ce chant enchanteur qui est projeté en premier lieu dans un passé mythique et quasi nostalgique. Si Machaut se sert dans ce but d'Orphée, figure emblématique du chanteur-enchanteur[11], il ne se dépeint pourtant pas comme le poète capable d'enjôler ses auditeurs ; il choisit plutôt, dans un scénario dérivé de Boèce, de se montrer comme étant lui-même sous l'effet d'un sortilège chantant. M'inspirant d'un texte de Heidegger, je mets en lumière la manière dont Machaut conçoit le transport ravissant comme dévoilant la présence mais aussi la précarité de la subjectivité. Pour conclure, je me penche sur les angoisses que ce frêle bonheur suscite en lui, en face des femmes et du désir, et qui le poussent dans la seconde partie du *Voir dit* à réévaluer les risques du chant et à lui préférer l'*écriture*.

Orphée

Orphée, dont le talent musical charme les sombres forces des enfers et transforme les êtres de la nature, apparaît dans deux des *dits* de Machaut où deux passages en particulier réitèrent le jeu de mots déjà cité entre *chanter* et *enchanter*. Citons d'abord cet extrait du *Remède de Fortune*, composé vingt ans avant le *Voir dit*, dans lequel Machaut loue les musiciens de la cour de sa Dame en les comparant à Musique ou à Orphée :

> Et s'i ot des musicïens
> Milleurs assez et plus scïens
> En la viez et la nouvelle forge
> Que Musique qui les chans forge,
> Ne Orpheüs, qui si bien chanta
> Que tous ceaus d'enfer enchanta,
> Par la douçour de son chanter,
> Devant eaulz ne sceüst chanter. (*Remède*, v. 4001-8)

Notons ensuite cette autre version plus longue de la légende d'Orphée qui se trouve dans *Le Confort d'ami* de 1357[12]. Ici, Machaut joue encore sur la rime entre *chanter* et *enchanter*, mais pour évoquer cette fois l'effet ensorcelant du chanteur sur les enfers (v. 2521-2) et la nature (v. 2597-8), et aboutir finalement à une lamentation sur sa mort :

> Lors les femmes, que Dieus maudie,
> Feïrent trop grant renardie,
> Car elles feïrent ensamble
> Si tres grant noise, ce me samble,
> Qu'on ne pot oïr le chanter
> Qui les roches sot enchanter,
> Et la failli l'enchantement
> Qui vint de son dous chantement,
> N'onques puis chanson ne chanta,
> Bois ne rivieres n'enchanta,
> Einsois le poette divin
> Fu la mors et gettez souvin. (*Confort d'ami*, v. 2601-12)

L'évidente concordance entre ces deux passages et celui du *Voir dit* par lequel j'ai commencé suggère que la légende d'Orphée peut éclairer la manière dont Machaut conçoit le rapport *chanter-enchanter*.

Machaut a sans doute connu la légende d'Orphée d'après les Livres X et XI des *Métamorphoses* d'Ovide et dans l'*Ovide moralisé*, ainsi qu'à la lumière du Livre III, mètre 12 de la *Consolation de la Philosophie* de Boèce. Chacun de ces textes raconte l'histoire d'un chanteur qui envoûte le monde entier et même, pour un certain temps, le domaine de la mort[13]. Friedman affirme que, pour les commentateurs médiévaux, Orphée était en premier lieu le partenaire d'Eurydice, les deux constituant un couple complémentaire[14]. Son histoire a dû séduire Machaut, poète des métamorphoses de l'amour, de la même manière que deux siècles plus tard elle attira les premiers librettistes d'opéra[15]. Le fait qu'Orphée soit une divinité surgie de l'Antiquité dote le chant d'une grandeur sacrée et d'un merveilleux mythique : l'Orphée médiéval est comme un voyageur dans le temps qui donne aux loisirs contemporains la splendeur d'anciens rites religieux[16]. Un des autres traits mythiques de sa musique est sa capacité paradoxale à unir toute la nature, tout en faisant que chaque élément agisse de manière contraire à sa nature - ce qui bouge s'immobilise, l'inanimé prend vie et les créatures sauvages deviennent paisibles. Dans l'univers pan-animiste qui résulte de son chant, tout s'unit dans une sensibilité et une sensualité communes.

Cependant cette maîtrise du chant peut aussi se lire comme illustrant l'apogée artistique et rationnelle de l'homme[17]. Dans les *Métamorphoses*, Orphée se dédouble pour faire figure d'Ovide. Il en va de même dans l'*Ovide moralisé* où l'auteur se sert d'Orphée pour autoriser et consacrer sa propre voix, et dans l'usage qu'en fait Machaut, surtout dans son « Prologue ». Dans ce texte, que Machaut écrit pour préfacer l'ensemble de son œuvre, Orphée est comparé à David, poète-musicien et auteur présumé des Psaumes. Cette comparaison met en relief le rôle christique d'Orphée dont la descente aux Enfers puis son retour, et le démembrement entre les mains de ses disciples rappellent la Passion de Jésus[18]. Cette identification christologique expliquerait pourquoi il n'est pas question dans le « Prologue » de jeu sur l'homonymie *chanter-enchanter* mais du pouvoir miraculeux de la musique (ses *miracles apertes*, v. 145)[19].

Les références aux mythes classiques chez Machaut sont pour la plupart tirées de l'*Ovide moralisé*[20]. Dans le Livre XI de cet ouvrage se trouve la rime qui nous préoccupe, le moralisateur regrettant la mort de celui « qui soloit par son douz chanter/ oisiaus et bestes enchanter » (XI, v. 123-4). En ce qui concerne Orphée, cependant, le *Moralisé* présente moins de ressemblance avec le texte de Machaut[21]. Son auteur anonyme représente le personnage mythique comme ayant un « régnable entendement » (X, v. 221) et lui juxtapose une Eurydice entraînée par « la sensualité de l'âme » (X, v. 223). La construction harmonieuse de la harpe d'Orphée est pour lui le symbole d'une concorde divine entre raison et foi et les métamorphoses effectuées par le chant d'Orphée réintègrent au sein de l'Église les créatures déchues. Si ce trait théologique reflète un désir d'identifier Orphée avec la figure du Christ, on est, si l'on excepte le « Prologue », bien loin des envoûtements cosmiques qui accompagnent habituellement l'Orphée de Machaut[22].

Somme toute, la lecture que fait Machaut d'Orphée se rapproche plus des *Métamorphoses* que de leur moralisation, mais, là aussi, il y a des divergences. Chez Ovide, surtout en ce qui concerne la relation avec Eurydice, la poésie d'Orphée surgit comme une réponse face au chagrin et au deuil ; dans les Livres X et XI des *Métamorphoses*, le récit préliminaire de la double mort d'Eurydice prend à peine 60 vers, tandis que les 700 suivants peignent les effusions mélodieuses d'un amant hagard et expirant[23]. Machaut, en revanche, tisse l'histoire d'un amour qui se veut (re)conquérant et optimiste (*Confort d'ami*, v. 2288, 2637) et passe sous silence l'échec du divin musicien[24]. Tel son Orphée, Machaut compose ses propres chansons sous l'égide de l'Espérance, et l'objet de désir qui est également objet d'inspiration semble être toujours à portée de main. Une autre différence entre Machaut et Ovide, c'est que les *Métamorphoses* présentent Orphée comme un poète narratif à l'instar de leur auteur. Comme dans une mise en abyme, Ovide lui fait raconter plusieurs contes, y compris ceux de Pygmalion, Myrrhe, et Adonis. Les chants de l'Orphée ovidien racontent des transformations, plus qu'ils ne les produisent. Machaut semble suivre la même stratégie qu'Ovide quand, dans le *Confort d'ami* (v. 2277-644), il entrelace la légende d'Orphée avec celle de Proserpine[25], mais non pas dans ses propres pièces lyriques qui (hormis ses longues *complaintes*[26]) manquent de développements narratifs. Pour Machaut, le chant s'associe à l'enchantement non pas parce qu'il le raconte, mais parce qu'il le conjure.

Les dettes du *Remède de Fortune* et du *Confort d'ami* envers la *Consolation de la Philosophie* annoncent l'importance, chez Machaut, de l'Orphée boécien, qui a connu encore plus de rayonnement au Moyen Âge que sa contrepartie ovidienne[27]. Son récit figure dans le Livre III après que Dame Philosophie, affirmant son accord avec Platon, tente de persuader le prisonnier que le vrai bonheur se trouve en Dieu seul. Le mètre 12 qui conclut ce Livre commence par l'éloge de celui qui dans son ascension vers l'idéal peut faire fi des préoccupations terrestres. Ce bonheur transcendant contraste avec la tragédie d'Orphée. Le chant de celui-ci peut transformer le monde de la nature, faire arrêter les tourments de l'Hadès, apaiser ses gardiens et délivrer l'ombre d'Eurydice (III, m. 12, v. 39-40), mais il ne peut pas apprivoiser sa propre âme[28]. Orphée est incapable de se soumettre à la condition que lui impose Saturne et ne peut que subir la loi de sa passion, car « l'amour pour lui est une loi encore plus forte » (« *major lex amor est sibi* », III, m. 12, v. 48, *cf.* v. 15, 25). Comme pour prévenir les penchants poétiques du prisonnier lui-même, Dame Philosophie explique dans un chant solennel qu'Orphée regarde en bas et en arrière, mais ne sait pas lever les yeux vers le ciel[29]. Loin donc d'être une figure univoque, l'Orphée boécien est un personnage en tension avec lui-même, tension que le prisonnier est appelé à résoudre en se vouant à une ascension spirituelle[30]. On peut supposer alors que le chant de Dame Philosophie réalise ce que celui d'Orphée ne peut pas faire : entraîner une mutation intérieure qui, au lieu d'altérer les états du corps, en libère le soi. C'est le « je » qui est changé, qui est amené à se comporter d'une manière contraire aux dictées de sa nature et de l'amour[31]. Pour voir si l'enchantement dans les *dits* est en effet plus boécien qu'orphique, nous devons donc nous demander quel est le sujet métamorphosé par le chant et comment s'effectue cet envoûtement.

Boèce

La plupart du temps, il apparaît que c'est Machaut lui-même qui est enchanté. Dans *Le Remède de Fortune*, le portrait qu'il brosse de lui-même en disciple initié au chant et par le chant prend ainsi une couleur boécienne. Le *Remède* dévoile les fruits de cette initiation dans une panoplie variée de formes fixes lyriques, mises pour la plupart en musique ; à cet égard, c'est le premier art de chant vernaculaire.

En concert avec la Dame, l'Amour sert de premier guide au narrateur du *Remède* (par ex., v. 353-6). L'Amour le possède, l'empêche de parler, mais l'inspire à composer (v. 401-8) et à communiquer par le chant ce que la raison ne saurait dire (v. 413-30). Les limites de cette initiation deviennent claires lorsque le lai qu'il compose tombe dans les mains de la Dame et qu'il est incapable de s'en reconnaître l'auteur. Au cours de cette évolution narrative, quelques vers problématiques soulèvent précisément la question de savoir comment le chant et l'enchantement sont liés :

> Ne moustrer aussi ne pouoie
> Les maulz d'amours que je sentoie
> A ma dame, qui en chantant
> Me va si bel comme enchantant. (*Remède*, v. 409-12).

Dans une traduction anglaise un peu libre d'allure, Kibler et Wimsatt proposent : « Je ne pouvais pas non plus montrer à ma dame, qui inspire mon chant, les douleurs d'amour que je ressens »[32]. Selon eux, c'est le poète qui chante et s'il le fait, c'est parce qu'il est sous l'effet enchanteur de l'amour – l'enchantement *induit* au chant. Si je comprends bien ces vers, il me semble cependant que c'est plutôt le chant, et d'ailleurs non pas le sien mais celui d'un autre, qui est à l'origine de son transport. On pourrait éventuellement comprendre : « Je ne pouvais autrement montrer à ma dame les souffrances de l'amour que j'éprouvais ; lorsque je lui chante [*litt.* en chantant à qui], je me sens aussi ravi que si cela m'enchantait ». Mais dans ce cas, il faudrait entendre le *qui* du v. 411 dans le sens ancien de « à qui » devenu rarissime au XIVe siècle[33]. Ce qui est plus probable, c'est que l'extase de l'amant fut causée par le chant de sa Dame jusqu'alors restée dans l'ombre. Dans ce cas, on pourrait traduire « Je ne pouvais montrer autrement à ma dame les souffrances d'amour que j'éprouvais, elle qui, par son chanter, me ravit autant que si elle m'enchantait » ; ou encore, en redistribuant les formes homonymes *en chantant* et *enchantant* des v. 411-12 (et en lisant, « …ma dame, qui en chantant/ me va si bel comme enchantant »), « Je ne pouvais montrer autrement à ma dame les souffrances d'amour que j'éprouvais, elle qui m'enchante aussi doucement que si elle chantait ». Cela reviendrait à dire que les pouvoirs envoûtants de la Dame sont comme ceux du chant. Même si l'étiologie de l'enchantement dans ces vers n'est pas tout à fait claire, c'est en tout cas à la suite d'un chant, possible ou réel, et le plus probablement féminin, que le narrateur-témoin subit l'expérience magique. L'amour le pousse tel Orphée à vivre cette expérience mais, à l'instar de Boèce, l'ensorcelé n'est autre que le « je ».

Malgré cette amélioration magique de son humeur, l'Amant sombre dans la dépression suite à la débâcle du lai et chante une complainte affligée sur les revers de la Fortune. Il en résulte la matérialisation, à côté de lui, de la figure d'Espérance (v. 1501-2), qui fera office à la fois de pédagogue et de consolatrice pour la majeure partie du reste du *dit.* Elle initie l'Amant à de nouvelles formes de chants : les formes fixes plus courtes, la musique de l'*ars nova,* et la polyphonie. Elle le réconforte aussi en lui chantant une chanson qui met en acte ce qu'elle lui enseigne, et qui l'envoûte complètement, le plongeant dans un état proche de la transe :

> Ou sa belle voys clere et saine
> Plus douce que nulle seraine
> Qui les homes scet enchanter
> Par la douçor de son chanter,
> M'avoit mis... (*Remède,* v. 2105-9).

J'aimerais m'attarder sur son chant, que l'on peut considérer comme orphique parce qu'il prend comme sujet le pouvoir de l'amour, mais qui se revendique encore plus clairement de Boèce dans la mesure où Espérance renvoie (bien que librement) à Dame Philosophie. Comme celle-ci, Espérance chante pour imprimer son enseignement dans l'esprit de son élève, et pour remettre ainsi ses idées en place.

L'usage que fait Machaut de l'œuvre de Boèce étant un sujet tout aussi vaste que controversé, je me bornerai à examiner son influence sur le chant dans ce seul dit. Alors que Philosophie représente les capacités intellectuelles du prisonnier boécien,

Espérance symbolise plutôt l'optimisme de l'Amant. Philosophie exhorte Boèce à mépriser la Fortune et à élever son esprit vers la Providence, mais Espérance semble plutôt encourager l'Amant à conserver une attitude positive par rapport à l'instabilité ; en ce sens, « Fortune » peut être un remède pour lui, en même temps que ce contre quoi il doit remédier. Pour Espérance, la vertu boécienne de la *souffissance* est composée de *souvenir* et de *douce pensée* pour l'être aimé, ainsi que de longue souffrance ou *patience* (v. 1621-4). L'Amant doit avoir confiance dans les qualités de sa Dame (v. 1681-2). Il faut qu'il se souvienne, par-dessus tout, que seule l'émotion véritable peut produire un chant d'amour (v. 1733-40). En chant, l'amour ne peut que s'exprimer : il ne peut *être* exprimé, représenté ou reproduit (v. 1751-74). Au début du passage qui suit, *contrefaire* (v. 1777) pourrait signifier indifféremment la contrefaçon falsifiante ou la représentation fidèle, étant donné que le sentiment amoureux ne saurait être l'objet d'une quelconque mimésis :

> N'ou monde n'a si soubtil home,
> Tant soit appers, qui sans mesfaire
> Sceüst un amant contrefaire,
> Qu'il ni eüst trop a reprendre ;
> Ne riens ne me feroit entendre
> Quë il peüst soudainement
> Sa couleur müer proprement
> En .iiii. manieres diverses,
> Blanches, noires, rouges, ou perses. (*Remède*, v. 1776-84)

Ressentir un tel amour, assure Espérance, est un bonheur pour L'Amant (v. 1785-92). Leur incommunicabilité même fait que sa Dame est désormais consciente de ses sentiments pour elle (v. 1796-1815). Espérance explique ensuite que l'immense vulnérabilité peut en fait être renversée pour former un bouclier, qu'elle décrit comme portant les quatre mêmes couleurs - blanc, noir, rouge et bleu - que celles du teint troublé de l'Amant (*Remède*, v. 1860-1944). À condition de l'accepter, le fait de se sentir exposé au risque sécurise. Comme Heidegger le dira à propos de Rilke, « Le risque plus risquant nous crée une sûreté »[34].

Il est frappant de constater à quel point les remarques d'Espérance sur l'authenticité du chant, ainsi que sur l'Amour comme exprimant et non comme expression, rappellent les pensées de l'Amant quand il était sous la domination de l'Amour et de sa Dame, juste avant les vers au sujet de l'enchantement du chant (*Remède,* v. 409-12) dont la traduction a été débattue plus haut. Le narrateur, qui parle à la première personne, y déclare avoir composé plusieurs sortes de chants selon son humeur, et avoir toujours exprimé ses sentiments, parce qu'autrement ses compositions sonneraient faux, et seraient vides et artificielles :

> Et pour ce que n'estoie mie
> Tousdis en un point, m'estudie
> Mis en faire chansons et lays,
> Baladez, rondeaus, virelays,
> Et chans, selonc mon sentement,
> Amoureus et non autrement ;
> Car qui de sentement ne fait,
> Son œuvre et son chant contrefait. (*Remède,* v. 401-8)[35]

La répétition n'a rien de surprenant, puisque Espérance (tout comme Dame Philosophie, d'ailleurs) est la personnification d'un aspect de la première personne elle-même. Dans sa capacité à être optimiste vis-à-vis du futur, l'Amant répète et amplifie ce qu'il avait déjà dit lui-même à un moment où il ne pensait pas de façon explicite à l'espoir. Dans les deux cas, l'authenticité du chant est liée à son enchantement. Cependant, contrairement à la première scène, lors de laquelle l'Amant était ensorcelé par un chant ni exprimé ni clairement identifié, il est désormais, à la façon de Boèce, envoûté par un véritable chant qu'Espérance lui chante : le *chant royal* « Joye, plaisance, et douce nourreture » (*Remède,* v. 1985-2032) que nous allons considérer dans un instant[36].

La primauté que le texte attribue au chant, l'insistance sur le fait que le chant exprime la nature et la disposition intérieure du poète, qui seraient falsifiées par la représentation mais dont l'authenticité est néanmoins fugacement révélée dans un monde dominé par la contingence, s'éloigne d'une conception boécienne de la Fortune, et se rapproche plutôt de la pensée de Martin Heidegger sur le chant. Celui-ci le voit en effet comme une façon de découvrir une partie de notre être-au-monde (*Dasein*). Nous allons donc voir, en compagnie de Heidegger, que l'enchantement n'est pas tant une expérience de changement que celle d'une actualisation de soi momentanée dans un monde changeant.

Heidegger

Faire appel à Heidegger pour éclairer les textes de Machaut est tout aussi intimidant que d'évoquer Boèce, mais pour une raison diamétralement opposée : alors que le chemin n'est que trop battu en ce qui concerne Machaut et Boèce, dans le cas de Heidegger tout reste à faire[37]. Cependant l'on sait que la philosophie de Heidegger, qui a consacré sa thèse à Duns Scot, doit beaucoup à la pensée du XIVe siècle, surtout en ce qui concerne le temps. C'est un essai de Heidegger qui servira maintenant de guide à cet article, essai qui tâche de répondre à une question d'Hölderlin, « Pourquoi des poètes en temps de détresse ? ». Heidegger part d'un commentaire d'une des élégies de Duino de Rilke. La poésie, suggère le philosophe allemand, est une forme d'expression verbale qui est, autant que faire se peut, libérée de la volonté, du pouvoir, de la représentation et de l'appropriation, et qui, dans la vulnérabilité et dans la présence de la voix qui chante, capte quelque chose de notre être-au-monde mortel (*Dasein*). Insensiblement, le texte de Heidegger passe de la poésie au chant. « Chanter le chant », dit-il, « signifie : être présent dans le présent lui-même - exister » (p. 380). « Difficile est le chant, en cela que chanter ne doit plus être ambition, mais existence » (p. 381). Le problème est « de savoir quand nous sommes de telle sorte que notre être soit chant, et un chant dont le son ne résonne pas n'importe où, mais soit vraiment un chanter dont la résonance ne s'accroche pas à quelque chose qui ait été finalement encore atteint, mais s'est déjà brisée en sa sonorité afin que seul le chanté se déploie » (*ibid.*). Ou, en termes plus simples, « quand y a-t-il chant qui, essentiellement, chante ? » (p. 384). Avec l'aide de Rilke, Heidegger définit le chant comme « ce qui tourne notre être sans abri face à l'ouvert » (p. 382), une façon d'éloigner le langage de sa fonction dénotative, qui le contrôle et le protège à la fois, et d'accorder notre conscience à la contingence de notre être-au-monde à côté d'autres éléments de ce monde. Si Heidegger avait lu Machaut, il aurait ajouté : et le chant est une manière d'accueillir la Fortune.

L'introduction de l'essai avance la problématique en termes un peu plus concrets, et peut-être plus clairs : « Le secret de la douleur reste voilé. L'amour n'est pas appris. Mais les mortels sont. Ils sont, dans la mesure où il y a la parole. Toujours plane un chant sur leur terre délaissée. La parole du chanteur retient encore la trace du sacré. […] Entre-temps, la trace elle-même du sacré est devenue méconnaissable » (p. 390). Il existe une plénitude sacrée dans le dévoilement de soi par le chant, mais elle est si précaire qu'elle est toujours en proie à l'impossibilité de la maintenir, ou à l'incapacité d'une culture dominée par l'indifférence à la reconnaître.

Le chant d'Espérance qui commence par « Joye, plaisance, et douce nourreture » met en relief cette précarité[38]. Ses rimes et sa mélodie mêlent douleur et joie, exaltation et dépression, confondues dans l'homonymie *amer* (« aimer ») et *amer* (« amertume ») ; elles incitent ceux qui aiment vraiment à trouver qu'il n'y a « nulle grevance » en la « souffrance » de l'amour, et à maintenir que tout ce qui « vient de li », « plaist a cuer d'ami ». En cela, son enchantement répète la métamorphose de la douleur en joie du chant qu'éprouva l'Amant lorsqu'il était envoûté par le chant de sa Dame (*Remède*, v. 409-12, voir ci-dessus) ; de plus, son chant met en question la langue parlée ordinaire, puisqu'une souffrance vidée de « grevance », c'est-à-dire de peine, est une souffrance privée de son sens habituel.

Le paradoxe est le plus aigu dans les deux dernières strophes ; voici la strophe IV :

> Mais ceulz qui sont en tristesse, en ardure,
> En plours, en plains, en doulour sans cesser,
> Et qui dient qu'Amours leur est si dure
> Qu'il ne peuent sans morir plus durer,
>   Je ne puis ymaginer
>   Qu'il aiment sans decevance
>   Et qu'en euls trop ne s'avance
>   Desirs. Pour ce sont ainssi
>   Qu'il l'ont deservi. (*Remède*, v. 2012-20)

La strophe pourrait être citée à l'appui des commentateurs qui voient Machaut réprouver le comportement de ceux qui s'abandonnent au désir (v. 2018-19). Mais la référence au désir suit l'affirmation que quiconque considère la douleur uniquement comme telle se trompe en pensant qu'il aime (v. 2016-17), ce qui suggère plutôt une réitération des sortilèges de la première strophe : voir de la douleur dans l'amour revient à le trahir ; aimer vraiment signifie en revanche être fidèle à l'essence du chant et accepter que la douleur est autre qu'elle n'est. La conclusion de la cinquième strophe va aussi dans ce sens : ceux qui ne sont pas capables de trouver du plaisir en l'Amour sont « mauvais, [...] comme traïtres failli/ de sa court banni » (v. 2027-9). Il faut comprendre qu'aimer au sens de chanter, ou chanter au sens d'aimer, implique l'abandon des catégories du discours ordinaire et surtout de celles qui se figent dans la négativité[39]. Le chant d'amour n'appartient pas au monde quotidien de la représentation ; à la place, il capture le sujet au moment où il abandonne le carcan de la pensée dénotative, abandon qui ne saurait être que joyeux. Pour en revenir au désir : il serait donc à éviter en ce qu'il exige son objet, le fixe, et veut le maîtriser ; au contraire, le chant crée les conditions d'une expropriation de soi, où l'être se dévoile en ce qu'il s'expose au risque de l'élan et échappe à l'illusion de la maîtrise qu'entraîne la langue parlée ordinaire. Refuser la douleur et résister au désir auraient donc la même portée.

Bien que l'Amant se trouve à moitié endormi par le chant d'Espérance, il comprend « proprement » (v. 1982) « Ce qu'elle avoit chanté et dit/ en rime, en musique, et en dit » (v. 2099-2100). L'insistance sur la dimension chantée du propos d'Espérance montre qu'il s'agit d'une compréhension assortie au chant et sujette à son enchantement. La suite du dit, qui développe le thème du chant, le confirme. Espérance chante à l'Amant une baladelle, et il répond avec une ballade. Bientôt, l'Amant est capable de chanter, devant sa Dame et à sa demande, un virelai apparemment improvisé. Son refrain insiste sur l'immédiateté du moment, puisque sa Dame est « la millour/ qu'on puist choysir/ qui ne vivre ne morir/ puist *a ce jour* » (v. 3454-7)[40]. Il s'agit à la fois d'une déclaration d'amour et d'une confession muette, tout particulièrement dans la troisième et dernière strophe. Celle-ci met en chant le conseil qu'Espérance a donné à l'Amant auparavant : l'amour ne peut être communiqué que par des manifestations physiques comme le changement de couleur, les soupirs et les gémissements :

Dame, ou sont tuit mi retour,
Souvent m'estuet en destour
 Plaindre et gemir
Et, present vous, descoulour
Quant vous ne savez l'ardour
 Qu'ai a sousfrir
Pour vous qu'aim tant et desir
Que plus ne le puis couvrir. (*Remède*, v. 3484- 91)

Chanter ce virelai donne lieu à des danses et à d'autres chants, après quoi sa Dame lui demande d'expliquer son départ soudain lors de leur dernière rencontre, quand elle lui avait demandé qui était l'auteur du lai. En des mots qui font écho à ce que le narrateur a déclaré plus tôt à ses lecteurs, alors qu'il n'était pas encore en mesure de confesser à sa Dame qu'il l'aimait ou qu'il était l'auteur du lai, l'Amant lui explique désormais comment l'Amour l'a poussé à composer différents types de chants, selon ce qu'il ressentait dans le moment :

> Si m'avisay que je feroie
> Selonc ce que je sentiroie
> Pour vous et a vostre loence
> Lay, complainte, ou chançon estrange ;
> Qu'a vous n'osasse ne sceüsse
> Dire autrement ce que je eüsse,
> Et me sembloit chose plus belle
> De dire en ma chançon nouvelle
> Ce qui mon cuer destraint et serre
> Que par autre guise requerre. (*Remède*, v. 3593-3602)

Le chant est la seule voie par laquelle les sentiments de l'Amant s'expriment. Grâce au virelai, il peut avouer qu'il est l'auteur du lai, ce qui à son tour confirme la valeur du virelai comme déclaration amoureuse[41].

Bien entendu, le fait de chanter n'amène pas de dénouement heureux avec la Dame, dont les sentiments restent insondables, et dont la fidélité est mise en doute. Mais cela permet à l'Amant de produire un rondeau final qui, en assimilant l'union à la séparation, réaffirme l'aporie du *Dasein*, et ce tout particulièrement dans le refrain, « Dame, mon cuer en vous remaint,/ Comment que de vous me departe » (*Remède*, v. 4109-4110). Encore une fois, l'étant de l'être se dévoile dans un mouvement paradoxal et secouant. Le sens des mots est d'ailleurs difficile à saisir quand la pièce est chantée, car non seulement le rondeau est polyphonique mais les mélismes rendent les paroles quasiment incompréhensibles. L'« être là » peut juste être entendu de façon fugace, dans son évanescence, dans son absence tout autant que dans sa présence. Se retrouver en se perdant, en embrassant la contingence de la Fortune et en tirant un bonheur exquis : la consolation d'Espérance a ses échos philosophiques, mais ils ne sont pas uniquement boéciens, encore que (comme chez Boèce) ils montrent à quoi servent les poètes.

Ne plus risquer son être

Qu'Espérance mette en garde l'Amant contre le désir a été interprété comme une preuve que Machaut adopte une attitude nouvelle face à l'Amour. Contre cette assertion, je propose que le poète rémois ne s'oppose au désir qu'en tant qu'il équivaut à fixer sa demande et à la voir déçue ; tant qu'il se laisse éprouver comme unissant l'être au risque dans le chant, Machaut s'y prête volontiers, du moins dans le *Remède de Fortune*. Dans le *Voir dit*, le désir ne sera abandonné qu'au fur et à mesure que le poète se distancie du chant, suite à une réévaluation du risque (Fortune).

Après le départ d'Espérance, l'Amant du *Remède* continue à tirer son inspiration du désir, visant, dans le virelai, à mettre en chant non seulement ce qu'elle lui a montré de l'évanescence subjective de l'être, mais aussi le lien entre le chant et les gémissements inarticulés. Dans le rondeau, il admet la proximité du désir avec le pur indicible. Mais la précarité du sens du chant et la facilité avec laquelle il peut être éclipsé ne sont pas toujours aussi réconfortantes qu'Espérance le voudrait ; l'optimisme n'est pas la seule attitude qui se puisse adopter vis-à-vis du risque, ni la joie vis-à-vis de l'élan. Dans le *Livre du Voir dit*, Machaut exprime de l'anxiété à l'égard des formes d'enchantement que les hasards du désir pourraient provoquer.

Pour comprendre cela, il nous faut revenir au début de mon exposé, et considérer le sortilège féminin dans le *Voir dit*. Ce texte s'ouvre sur le besoin de matière du poète, qui se traduit par un besoin d'aimer. Comme s'il s'agissait d'un exercice de composition, le texte répète bon nombre des procédés du *Remède*, dont une apparition d'Espérance. La citation avec laquelle j'ai commencé constitue une version amplifiée et explicitée du passage par lequel débute le *Remède*, sur la traduction duquel je me suis attardée, et où l'enchantement de l'amour est plus difficile à analyser. Dans le *Voir dit*, l'enchantement du chant de la Dame encourage l'Amant de façon magique, et le pousse à chanter lui aussi. Cependant, il le détourne de son travail d'écriture et de ses tâches cléricales. Dans la deuxième partie de ce long dit, les protecteurs nobles de l'Amant l'encouragent à se méfier de sa

Dame, qui selon eux serait inconstante, et à se consacrer à des occupations plus sérieuses.

L'apogée de la méfiance de l'Amant est exprimée dans un passage qui, une fois de plus, fait écho au *Remède*, dans lequel le narrateur avait comparé le chant d'Espérance avec celui d'une sirène. La même comparaison réapparaît dans le *Voir dit* sous un jour décidément plus négatif lorsque Machaut esquisse une image misogyne de la Fortune, dont les divers rondels révèlent les défauts de sa Dame comme étant ceux de la trompeuse Fortune elle-même[42] :

> Plus douce que voix de seraine,
> De toute melodie plaine
> Est sa voix : car quant elle chante
> Mon cuer endort, mon corps enchante,
> Ainsi com Fortune enchantoit
> Ses subgés quant elle chantoit
> Et les decevoit au fausset,
> Pour ce que mauvaise et fausse est.
> (*Voir dit*, v. 8303-10).

L'enchantement dont il est question ici n'est pas la révélation de notre *Dasein* vulnérable, mais une falsification pure et simple. Même si cette conception de Fortune est débattue par la suite, le risque ne sera plus goûté par l'Amant comme une expérience joyeuse. L'équivoque du « remède de Fortune », où Fortune est source de guérison autant que de ce dont il faut guérir, est abandonnée.

Ailleurs dans cette seconde moitié du texte les mythes du chant sont revisités. Alors que nous nous attendrions à retrouver la figure d'Orphée, le poète nous parle des enchantements de Circé (6654-61, 6734) et de Caneüs, dont le *chanter* est capable *d'enchanter* (6736-7). Ces mythes approchent et le chant et la femme de façon moins positive que le mythe d'Orphée. Le chant est envoûtant, mais les enjeux de son enchantement sont maintenant terrifiants ; le sujet s'expose à être transformé au point de devenir méconnaissable ; et en effet l'Amant ne veut plus s'y hasarder. Les chansons de Toute-Belle s'enchaînent tout au long du *Voir dit*, mais après l'apparition d'Espérance, celles de l'Amant deviennent plus rares – c'est l'opposé, évidemment, du *Remède* où l'intervention d'Espérance lui inspire un élan lyrique. Certaines des pièces qu'il envoie à Toute-Belle par la suite datent d'avant la mise-par-écrit du *Voir dit* (*cf.* lettre XXVII, e et i, et v. 4983-5006, 6263-70) ; et celles qu'il lui arrive d'entreprendre, telles la réponse à sa complainte, la pièce de circonstance composée en réponse à Thomas Païen (v. 6445-68) ou l'amère ballade où il se plaint de l'inconstance de sa Dame (« Qu'en lieu de bleu, dame, vous vestés vert », v. 7590-610), n'ont plus le ton extatique d'antan.

Par contre, après le Lai d'Espérance et l'épître en vers qui le suit (lettre XXIII), l'amant s'occupe de plus en plus à compiler et à narrer le *Voir dit*. S'oubliant dans sa nouvelle tâche, il ne chante plus, il raconte. En effet, il dit sans équivoque qu'il n'écrit pas à sa Dame parce que désormais, c'est *sur* elle qu'il écrit (voir la lettre XXV j). Le *Voir dit* devient une sorte de blog où l'être se découvre sous forme de reportage ; et son ouvrage est désormais conçu en fonction du livre « où je mets toutes mes choses » (lettre X e, p. 188). Dans ce contexte écrit, le chant cède au récit, glissement qui s'est déjà d'ailleurs imperceptiblement produit dans le *Remède*. Au début de la *Consolation* de Boèce, Dame Philosophie bannit les muses élégiaques, mais l'apparition d'Espérance dans le *Remède* ne la conduit pas à condamner les morceaux qui la précédèrent ; son chant royal est aussi archaïque (sinon plus) que la complainte et le lai de l'amant ; ce qui l'en distingue est la nouvelle forme de *notation* (*ars nova*) à la place de l'*ars vetus* utilisée pour les chants antérieurs[43]. Dans les copies du *Remède* qui contiennent cette notation, le prétendu « chant » est désormais un genre écrit.

Bien que la fin du *Voir dit* ressemble à celle du *Remède de Fortune* – l'amant prêtant de nouveau allégeance à une Dame en qui il semble avoir peu de confiance – elle permet au chant de retomber dans le désenchantement. La figure de Guillaume reprend ses poses d'écrivain ; il cesse d'être l'amant chanteur et devient narrateur ; et la fragile joie du chant qui donne voix aux élans du cœur au point de mettre en risque l'être, se perd dans l'ordinaire plaisir qui accompagne l'acte d'écrire.

Sarah Kay
New York University

NOTES

[1] *Le Livre du Voir dit*, éd. Paul Imbs et Jacqueline Cerquiglini, Paris, Librairie Générale Française, 1999, v. 2495-2510.

[2] Le chant est même invoqué par les vers qui ne se terminent pas par une forme en *–chant-*, puis que *nouvelette* qualifie une sorte de chanson et que la *tanson* ou *tenso* est un genre lyrique.

[3] La seule étude que je connaisse de cette rime *chanter-enchanter* chez Machaut est celle de Catherine Attwood, « The Image in the Fountain : Fortune, Fiction and Femininity in the *Livre du Voir dit* of Guillaume de Machaut », *Nottingham French Studies* 38 (1999), 137-149 (p. 137-141). Cet excellent article vise les rapports entre l'enchantement et la variabilité de la Fortune sur lesquels nous reviendrons.

[4] Par exemple *Le Remède de Fortune*, cité d'après *Le Jugement du roy de Behaigne and Remede de Fortune*, éd. James I. Wimsatt et William W. Kibler, Athens GA., University of Georgia Press, 1988, v. 3011-12, « Tantost [Esperance] fis en dit et en chant/ ce ci que presentement chant ».

[5] Ou en temps de détresse, pour reprendre la référence à Heidegger, cité en épigraphe, dont l'essai « Pourquoi des poètes ? » part d'une citation de Hölderlin, « pourquoi des poètes en temps de détresse ?». Voir Martin Heidegger, *Chemins qui ne mènent nulle part*, trad. Wolfgang Brokmeier, Paris, Gallimard, 1962, 323-85 ; mon épigraphe y figure à la p. 356.

[6] Un premier exemple se trouve dans le *Roman de la rose*, éd. A. Strubel, Paris, Librairie Générale Française, 1992, v. 13695-6 (paroles de séduction proposées par la Vieille) ; nous en citerons un autre de l'*Ovide moralisé*, mais à de rares exceptions près l'association *chanter-enchanter* est très particulière à Machaut ; voir les bases de données « Textes » sur le site du Dictionnaire du Moyen Français, http ://www.atilf.fr/dmf/.

[7] Certains aspects de la pensée de Machaut vis-à-vis du chant trouvent des échos dans des textes antérieurs (comme le *Roman du Castelain de Couci*) ou postérieurs (comme les dits de Froissart), mais je n'ai trouvé l'association *chanter – enchanter* dans aucun d'eux.

[8] Consulter Judith Peraino, *Giving Voice to Love. Song and Self-Expression from the Troubadours to Guillaume de Machaut*, Ithaca, Cornell UP, 2011, chapitre 5 (p. 235-289), sur la reprise de modèles occitans (notamment des *dansas* dans BnF f. fr. 844) par Machaut dans ses virelais monophoniques.

[9] Paul Zumthor, « De la circularité du chant », *Poétique* I, 1970, 129-40 ; repris et amplifié dans son *Essai de poétique médiévale*, Paris, Seuil, 1972, 189-43.

[10] Douglas Kelly, *Medieval Imagination. Rhetoric and the Poetry of Courtly Love*, Madison, U. of Wisconsin Press, 1978, p. 135, 137, 149 ; Sylvia Huot, « Guillaume de Machaut and the Consolation of Poetry », *Modern Philology* 100, 2002, 169-95 (p. 172) ; Judith Peraino, *op. cit.*, p. 238-9 ; Elizabeth Eva Leach, *Guillaume de Machaut. Secretary, Poet, Musician*, Ithaca, NY, Cornell

UP, 2011, p. 138-96. L'expression « sublime solipsism » est de Kevin Brownlee, *Poetic Identity In Guillaume de Machaut*, Madison, University of Wisconsin Press, 1984, p. 6.

[11] « Pour Guillaume de Machaut, "li soutils Orpheüs" qui donnait la cadence aux rameurs est le rythme, Orphée qui alla chercher Eurydice aux Enfers est l'Espérance, Orphée, enfin, musicien et thaumaturge, *est* la poésie » : voir Jacqueline Cerquiglini-Toulet, *« Un engin si soutil. » Guillaume de Machaut et l'écriture au XIVe siècle*, Paris, Champion, 1985, p. 88-9.

[12] *Le Confort d'ami* est cité dans *Œuvres de Guillaume de Machaut*, éd. Ernest Hoepffner, SATF, Paris, Firmin-Didot, 1908, t. III.

[13] Le mot *carmina* aux sens de chanson et de charme se trouve et chez Ovide et chez Boèce.

[14] « How Orpheus will act with regard to Eurydice becomes the crux of the story. » John Block Friedman, *Orpheus in the Middle Ages*, Syracuse, University Press, 2000, p. 89 [Harvard UP 1970].

[15] Slavoj Zizek et Mladen Dolar, *Opera's Second Death*, New York, Routledge, 2002, p. 8-15. Les *dits* de Machaut sont les antécédents et même les prémices de l'opéra comme genre à venir.

[16] Consulter surtout Vladimir L. Markenov, *The Orpheus Myth and the Powers of Music*, Hillside, NY, Pendragon Press, 2009, chapitre 3 (p. 43-60), surtout les dernières pages. Voir aussi Friedman, *op. cit.*

[17] Les gloses esthétiques (au lieu de morales) d'Orphée remontent à Fulgence, selon Friedman, *op. cit.*, p. 89-90.

[18] Friedman, *op. cit.*, p. 38-85.

[19] Cité dans *Œuvres*, éd. cit., t. I, p. 1-12.

[20] *Ovide moralisé. Poème du commencement du quatorzième siècle*, éd. C. de Boer *et al.*, paru dans plusieurs tomes des *Verhandelingen der Koninklijke Akademie van Wetenschapen te Amsterdam. Afdeeling Letterkunde*. T. 4, Livres X-XIII, éd. C. de Boer, Martina G de Boer et Jeannette Th. M. van't Sant, se trouvent dans *Verhandelingen* […], Niuewe Reeks XXXVII (1936).

[21] La seule référence à l'enchantement dans le Livre X est la remarque que fait à Myrrhe sa nourrice, « Tant sai d'enchantement et d'art », *Ovide Moralisé*, X, v. 1496.

[22] À cet égard, et comme nous le verrons plus loin, l'*Ovide moralisé* relève du néo-platonisme des commentaires sur le passage de Boèce sur Orphée, se rapprochant ainsi davantage de la tradition boécienne que de Boèce même. Voir Markenow, *loc. cit.,* qui attribue les gloses néo-platoniciennes chrétiennes de l'*Ovide moralisé* à l'influence de Boèce. Voir aussi Friedman, *op. cit.*, p. 118-144, qui passe en revue les commentaires médiévaux du récit d'Orphée selon les *Métamorphoses.*

[23] Sylvia Huot, *Dreams of Lovers and Lies of Poets*, p. 56-61, propose que pour Ovide, la faute d'Orphée n'est pas qu'il se serait trop abandonné au désir mais qu'il manquait de foi pour croire en ce qu'il ne pouvait pas voir ; elle conclut que les récits d'Orphée dans les *Métamorposes* trahissent sa déception

et son ressentiment. Semblable explication vaut peut-être pour le Machaut du *Voir dit*.

[24] Renate Blumenfeld-Kosinski, *Reading Myth. Classical Mythology and Its Interpretation in Medieval French Literature*, Stanford CA, Stanford University Press, 1997, p. 144, observe que dans le *Confort d'ami*, Orphée est cité en compagnie de Paris et d'Hercule comme un héros à qui l'amour inspire de hauts faits et, par conséquent, comme une figure de l'espoir.

[25] Voir *Métamorphoses*, Livre X.

[26] Surtout la complainte du dit de la *Fonteinne amoureuse*, éd. Jacqueline Cequigllini-Toulet, Paris, Stock, 1993, v. 235-1032, qui contient le récit de Morpheüs dont ce dit tire son autre titre « Livre de Morpheüs ».

[27] Surtout en ce qui concerne l'interprétation : Friedman, *op. cit.*, p. 90-6.

[28] Cité *d'après* Ancius Severinus Boethius, *Philosophiae consolationis libri quinque*, éd. Walter Berschin et Walther Bulst, Editiones Heidelbergenses, Heidelberg, Winter, 1977.

[29] Livre IV, pr. 1 ; voir Huot, *Dreams of Lovers*, 68.

[30] Voir aussi Friedman, *op. cit.*, p. 91-96 et 98-118 sur les commentaires de Boèce, Livre III, m. 12.

[31] Blumenfeld-Kosinski, *op. cit.*, p. 147-8, conclut ses remarques sur Orphée chez Machaut en constatant que ce dernier « reclaims mythology from the realm of mere fiction » et « integrate[s it] into a Boethian context of philosophical poetry and its power. »

[32] Dans leur édition : « Nor could I show my lady, who is the charming inspiration for my song, the pains of love I felt. »

[33] *Qui* pour *cui* ne se trouve que construit avec une préposition comme dans la locution « par cui conseil » attestée chez Froissart. Voir Christiane Marchello-Nizia, *La Langue française au XIVe et XVe siècles*, Paris, Nathan, p. 205.

[34] Martin Heidegger, « Pourquoi des poètes ? », (voir note 5), p. 358.

[35] Les premiers vers de ce passage sont évoqués dans le *Voir dit*, v. 1261-4 (« Mais quant Amours .i. amant point,/ il n'est pas tous jours en .i. point,/ ains a des pensees diverses,/ et des douces et des perverses ») et encore aux v. 4622-3 et dans la lettre 23 a (p. 554) ; les deux derniers vers sont repris textuellement dans le *Voir dit*, lettre 8 c, p. 170. Leach, *op. cit.*, p. 124-5, considère que cette insistance sur la primauté du *sentement* ne devrait pas être prise au sérieux, le narrateur étant ou bien trop jeune (dans le *Remède*) ou trop âgé (dans le *Voir dit*) pour être fiable.

[36] Cet incipit est cité dans le *Voir dit*, lettre 6 b (p. 148).

[37] Mais voir Laura Hughes, « Machaut's Virtual Voir Dit and the Moment of Heidegger's Poetry », *Exemplaria* 25 (2013), 192-210 .

[38] Voir les commentaires de Leach, *op. cit.*, p. 154-6.

[39] Leach, *op. cit.*, p. 101-19, discute le rapport complexe du chant à la douleur dans le motet « De triste cuer »/ « Quant vrais amans »/ « Certes je di » en le comparant à l'insistance du Prologue sur la joie du chant.

[40] Peraino, *op. cit.*, p. 240-5.

[41] Peraino, *op. cit.*, p. 238.

[42] Attwood, art. cit., voit la rime *chanter-enchanter* comme incarnant la valeur transformatrice de la poésie et sa dépendance de Fortune : la variabilité étant à la fois regrettable et nécessaire à la création littéraire. Pour elle, la Dame, variable de par son essence même, serait la plus identifiable à Fortune.

[43] Leach, *op. cit.*, p. 129-31, propose que la musique elle-même devient de plus en plus une performance écrite plutôt que chantée, à mesure que Machaut prend en main la transmission écrite de son œuvre.

« Car mes fains en est apaiés ». *Le Jeu de la Feuillée* d'Adam de la Halle ou comment dire la fin du désir et le désenchantement*

À la mémoire de Jean Dufournet

Adam de la Halle nous a laissé une œuvre poétique importante comprenant une trentaine de chansons d'inspiration courtoise, des rondeaux destinés à la danse et au chant, et une vingtaine de jeux-partis. Il est un poète reconnu par ses contemporains et l'un des fleurons de la Confrérie des Bourgeois et Jongleurs d'Arras d'où il est originaire et où son père, Maître Henri, est fonctionnaire des échevins de la ville. C'est vraisemblablement pour l'une des rencontres de cette communauté qu'il fait représenter le *Jeu de la Feuillée,* son premier jeu dramatique, et le premier texte théâtral d'inspiration laïque qui nous est parvenu. Représentée en mai ou juin 1276, au moment des fêtes du printemps, cette œuvre est d'une cohérence discutable et se prête à différentes lectures. En témoigne le titre qui lui est donné dans l'unique manuscrit complet où elle est conservée et dont la polysémie dérobe sa signification :

> La *fueillie,* écrit Jean Dufournet, « désigne le rameau de verdure qui servait d'enseigne aux tavernes, la loge de feuillage construite pour les fées [...] et celle qui abritait la châsse de Notre-Dame, la *foillie* des pastourelles à l'ombre de laquelle le chevalier tente de séduire la bergère, et sans

* Les citations et leur traduction renvoient à *Adam de la Halle. Le Jeu de la Feuillée*, Texte établi et traduit, introduction, notes, bibliographie, chronologie et index par Jean Dufournet, Paris, GF Flammarion, 1989. La citation du titre correspond au vers 174 de cette édition.

> doute aussi les feuillets du livre que rêve d'écrire Adam de la Halle. »[1]

La critique a vu dans ce *Jeu* une comédie satirique où Arras se donne en spectacle, avec ses habitants « réels » – les noms des personnages figurent bien dans les archives de la ville –, avec son cadre social et culturel et sa vie politique et religieuse. Elle l'a interprété aussi comme l'adaptation littéraire de rituels carnavalesques, incarnés par ces fous, ces fées et ces amateurs de vin et de taverne qui y sont représentés[2]. Elle a été aussi sensible au caractère autobiographique de la pièce où le poète musicien se présente lui-même sous les traits d'un certain Adam, fils d'un certain Maître Henri, bien décidé à quitter Arras et son épouse Maroie pour reprendre à Paris sa vie d'*escolier*.

Par sa dimension autobiographique en accord avec l'écriture de soi qui émerge au XIIIe siècle[3], le *Jeu de la Feuillée* fait donc entendre la voix d'Adam, mais une voix bien différente de celle qui émane de sa production lyrique, expression achevée de l'idéologie courtoise des troubadours et des trouvères picards et champenois dont le poète arrageois est l'héritier et dont ses chansons respectent fidèlement les canons[4]. Certes, il ne s'agit pas de chercher derrière le « je » théâtral du *Jeu de la Feuillée* et le « je » de la production lyrique du poète une personne réelle, mais plutôt de sonder l'écart entre deux systèmes de pensées qui s'articulent autour des notions esthétiques fondatrices de la lyrique courtoise et que dément le *Jeu* : celles de l'amour et du désir, à la base de toute création poétique[5]. L'antinomie a déjà été signalée par J. Dufournet pour qui l'emploi dans le texte du mot « *joie* chargé de tout le lyrisme d'oc et d'oïl » s'oppose « à la réalité mesquine et déprimante d'une ville d'argent, de procès et de *riotes* »[6], mais elle ne sert pas seulement, à mon sens, à dénoncer le caractère sclérosant d'Arras ou à fournir une confession d'ordre autobiographique. Les principes de la *fin'amor*, dont se nourrit la production poétique d'Adam de la Halle, trouvent un démenti flagrant dans le *Jeu de la Feuillée* qui en offre, comme dans un miroir, une image rebroussée, qu'il s'agisse de l'idéal culturel et social dont la lyrique est porteuse ou de l'objet du désir dont la dynamique entraîne et détermine celle de la création. Le *Jeu de la Feuillée* tire sa modernité de cette parole radicalement autre dont les thèmes et les motifs, comme l'imaginaire qu'elle nourrit, annoncent la production poétique des XIVe et XVe siècles.

Arras et les valeurs de la *fin'amor*

Chez les troubadours puis chez les trouvères, le concept polysémique de *joven* (la jeunesse) désigne un âge et surtout un assortiment de mérites d'ordre personnel et social, où la beauté, le courage, la disponibilité et la générosité se mêlent aux activités de cour :

> Il y aurait beaucoup à dire, écrit Gérard Gouiran, et encore plus de questions à poser, sur le cheminement qui a fait de *joven*, cet âge de la vie par lequel tous passent, un groupe social : les *jovenz*, ces cadets non-chasés qui ont été à l'origine des grandes aventures médiévales et auxquels une surprenante idéologie a conduit les troubadours et, parmi eux, plus d'un seigneur important à vouloir s'assimiler ; ce terme leur sert enfin à désigner une notion laudative, une qualité difficile à préciser, mais qui semble englober l'idéal de la vie courtoise.[7]

Dans son *sirventès* « *Belh m'es quan vey camjar lo senhoratge*[8] », Bertran de Born s'applique à rappeler, non sans un certain didactisme, les valeurs associées à cet idéal social et culturel qu'il présente dans l'envoi de son poème comme un trésor : *Qu'ab thezaur jove pot pretz guazanhar* (car avec un jeune trésor il peut gagner du mérite). Construit sur l'antinomie entre l'univers de la jeunesse et celui de la vieillesse, son poème oppose systématiquement, en un groupement binaire de deux strophes successives se faisant écho, les caractéristiques de la femme vieille et de la femme jeune, puis celles de l'homme jeune et du vieillard. Au portrait de la force désirante et désirable qu'est le *joves* répond celui du *vielhz*, tout en retenue et confit dans son engourdissement. *Joven* se reconnaît à son goût pour les activités guerrières et pour le service d'amour, mais se confond surtout avec la « nécessaire munificence » qui contraste avec la mesquinerie du vieux envers ses compagnons comme envers les dames[9].

Cette idéologie du *donar* ne nourrit pas la production poétique d'Adam de la Halle où « jouvent » désigne un idéal de courtoisie associé uniquement à l'amour que voue l'amant à sa dame. La permanence et la force du désir attestent à eux seuls de la jeunesse de « qui a droit veut Amours servir/ Et chanter de joieus talent » :

Mais com plus pense par loisir
A son desir,
Et plus li semble qu'il vient lent.
Ensi fait ensemble anientir
Lui et Amours et dessenir
Tout son jouvent.
(*Chanson* xviii, str. ii, v. 13-18)

Dans le service d'amour, l'amant poète est le « garchon », le « jouvenchiaus », le vassal d'une toute-puissante « roïne »[10], insensible à sa fougue et à sa ferveur amoureuse, ainsi qu'aux dépenses qu'il a consenties pour elle :

En vous ai mis de ravine
Cuer et cors, vie et renon :
Coi que soit de guerredon,
Je n'ai mais qui pour moi fine.
(*Chanson* xxiii, str. iii, v. 19-22)

La poésie d'Adam de la Halle est hantée par l'image d'une dame dont la perfection est garante de sa propre « jouvent » et de celle de son amant[11]. Elle est dominée par la figure de l'amant-poète au cœur « pensieu et desirrant » qui dit se laisser « morir » et « de merchi affamer », et dont sa « forche de desirrier »[12], sa « volenté », connaît des formes variées : désir du « douch otroi » de la dame, « desirier » de « recouvrer le tans perdu », et surtout, pour soulager la tension amoureuse, « desirrier amourous » de chanter[13]. Amour et poésie sont consubstantiels à la *jouvent* ; seuls les jeunes sont autorisés à servir Amour et à en parler, comme le rappelle un jeu-parti dans lequel le « je » lyrique fait la leçon à un certain Jehan pour lui apprendre à aimer[14] :

Car maint jone escolier, a chou m'apoi,
Sont plus agu de faire un argument
C'uns anchiens ne soit qui de jouvent
L'estude a laissie.
Vous devez avoir guerpie
Amours ; pour chou parlés si rudement.
(*Jeu-Parti* xi, str. x, v. 75-80)

Preuve de son importance au regard de la lyrique, le thème est repris aussi dans les *Ver d'Amours* où Adam de la Halle montre qu'il y a un temps pour aimer et que l'antinomie est grande entre amour et argent :

> Amours, nus ne fait jeu ne feste,
> Chascuns a l'amasser s'ereste
> Pour che que tu ne les semons.
> Plus tost qu'effoudres ne tempeste
> Deschens en nous et nous fais moleste
> Quant tu veus c'amoureus soions.
> Pour coi n'enflammes ches garchons
> Qui vont disant : « Or gaaignons !
> Puis amerons de saine tieste ! »
> Mais a cheus a flouris grenons
> Est viex li vie et li renons
> D'amer, et s'est au jone honneste. (str. xii, v. 133-144)

Son discours semble directement tiré du *Tractatus de Amore* où les jeux amoureux sont, pour André le Chapelain, incompatibles avec la vieillesse associée au froid et à la maladie :

> L'âge est un obstacle, car passé soixante ans pour un homme, cinquante pour une femme, bien que les rapports amoureux soient encore possibles, les plaisirs qu'ils procurent ne peuvent engendrer l'amour. Dès cet âge en effet, la chaleur du corps commence à baisser, et l'humeur aqueuse l'envahit avec force, produisant en l'homme des troubles divers et l'accablant de toutes sortes de maux ; alors il ne lui reste rien d'autre que la consolation de boire et de manger.[15]

À l'exception de ces deux occurrences où la vieillesse est donnée comme repoussoir aux qualités de la jeunesse, les vieillards sont exclus des pièces poétiques d'Adam de la Halle[16] ; en revanche la vieillesse, telle qu'elle est fustigée dans le *sirventès* de Bertran de Born et par André le Chapelain, trouve une représentation saisissante dans son *Jeu de la Feuillée* où elle prend les traits de Maître Henri, personnage à la physionomie monstrueuse. Au père d'Adam qui a demandé une consultation en raison de son ventre très enflé, le médecin explique qu'il souffre du « mal saint Lïenart » (v. 234-235) et qu'à Arras :

> Chascuns est malades de chiaus
> Par trop plain emplir lor bouchiaus ;
> Et pour che as le ventre enflé si. (v. 243-245)

Maître Henri est d'emblée donné pour une figure ridicule par ce diagnostic qui fait de lui un homme « enceint » - saint Lïenart était invoqué lors des accouchements -, et qui, le privant d'attributs virils, accuse sa vieillesse et son impuissance à pratiquer les jeux de l'amour. Toutefois, ce « bidon », qui le fait ressembler aussi à une barrique[17], n'est pas que la manifestation physique de son appétit immodéré et de son goût prononcé pour la boisson. Il est le symptôme d'une maladie que le médecin reconnaît aisément : « Bien sai de coi estes malades. [...] C'est uns maus c'on claime avarice » (v. 200-203), et dont les riches vieillards arrageois sont malades eux aussi : « Nommeement en ceste vile, poursuit le *fisiscien*,/ En ai je bien plus de .II. mile/ Ou il n'a respas ne confort » (v. 209-211). On retrouve là les traits du *vielh* de Bertran de Born, condamné pour sa richesse, sa frilosité maladive, son amour de l'argent et son absence de générosité ; on retrouve aussi comme une réminiscence de l'inquiétude d'un Guiraut de Bornelh devant la corruption de la noblesse par l'argent[18]. Pas de nobles dans le *Jeu de la Feuillée*, mais cette nouvelle aristocratie qu'est la riche bourgeoisie d'Arras avec ses banquiers rapaces, parmi lesquels la fée Maglore retient les noms de messire Ermenfoi Crespin et Jacques Louchard, exhaussés par Fortune, qu'elle présente à Croquesot (v. 790-798). Arras est une ville de riches et vieux avares dont l'unique désir est de conserver et de protéger frileusement leurs biens, comme le fait Maître Henri qui, s'il accepte le départ de son fils pour Paris, refuse d'assurer sa subsistance et de payer ses études. Et quand, pour se justifier, il dit n'être qu'un « vieux hom plains de tous » (v. 198), le jeu de mot sur « tous » scelle le lien entre la vieillesse, la maladie et l'argent.

En totale rupture elles aussi avec l'idéal de *Joven* chanté par Bertran de Born dans son *sirventès* et célébré par Adam de la Halle dans ses *chansons*[19], les femmes d'Arras sont touchées par les vices de la vieillesse. Chez elles, la décrépitude physique s'associe à la laideur, à la méchanceté, à la médisance et à la violence. L'une s'appelle « Aëlis au Dragon » (v. 305), une autre « tenche sen baron » (v. 306), toutes sont des « anemis » et ont « chent diales ou cors » (v. 318). Elles terrorisent leurs maris, les écrasent de leurs exigences et les épuisent, si l'on en juge par le portrait de l'épouse de Mathieu l'Anstier

> Qui fu feme Ernoul de le Porte,
> Fait que on le crient et deporte.
> Des ongles s'aïe et des dois
> Vers le baillieu de Vermendois ;
> Mais je tieng sen baron a sage
> Qui se taist. (v. 297-302)

Le veuvage qui permet à la femme de régenter seule les affaires de la famille, la met dans la position de l'homme ; et le remariage, condamné par l'Église qui exige que la veuve garde intact, au-delà de la tombe, le souvenir du défunt, fait d'elle une consommatrice inquiétante à l'instar de la matrone d'Éphèse.

La femme sans mari qui, en dépit de son nom, concentre les tares des Arrageoises et les peurs qu'elles suscitent, est sans conteste Dame Douce, pendant féminin de Maître Henri dont elle partage, en raison de sa grossesse, le ventre proéminent. Malgré son âge avancé, elle est grosse en effet d'un homme marié qu'elle a connu avant le Carême. Certes, son gros ventre, sa vieillesse, sa laideur, ainsi que la date de la conception de l'enfant qu'elle porte l'apparentent aux masques grotesques et risibles des carnavals, mais cette femme partage elle aussi bien des traits de la *vielha* de Bertrand de Born dont la mauvaise réputation, l'absence de droiture et la débauche démentent les prescriptions du *codex amorum*. Incarnation de la vieille amoureuse dont la poésie des troubadours offre d'autres exemples, Dame Douce fait usage de fards et d'artifices pour cacher son âge et seconder ses penchants lubriques[20]. Car cette « vielle reparee » (v. 595) est une débauchée qui aime *gesir souvine*, « être couchée sur le dos » (v. 252), et qui n'hésite pas à employer des sortilèges contre qui l'a outragée :

> Je l'arai bien tost a point mis
> En sen lit, ensi que je fis,
> L'autre an, Jakemon Pilepois
> Et, l'autre nuit, Gillon Lavier. (v. 864-867)

Avec elle, les hommes passent vite de la débauche à la punition, de la séduction au trépas, désireuse qu'elle est de les « arranger » dans leurs lits, c'est-à-dire, au sens populaire du terme, de leur régler définitivement leur compte. Sorcière malfaisante, créature de la nuit et de la mort, Dame Douce mènera, à la fin du *Jeu* une expédition punitive à laquelle une bonne partie des femmes d'Arras vont participer, accompagnées par les fées :

> Alons, nous vous irons aidier.
> Prendés avoec Agnés vo fille
> Et une qui maint en Chité,
> Qui ja n'en avera pité. (v. 868-871)

Le cortège inquiétant de femmes lancées la nuit sur les chemins pour accomplir leurs méfaits rappelle les chasses sauvages de la *maisnie* Hellequin, représenté dans le *Jeu*, on y reviendra, par le personnage de Croquesot, ou encore les rapts d'hommes et d'enfants commis par une certaine Dame Abonde, dont Dame Douce pourrait être le succédané en raison de l'onomastique antiphrastique qui la désigne, de sa maternité douteuse et de ses agissements violents[21].

Dans le *Jeu de la Feuillée*, s'affichent un univers et des êtres en totale rupture avec les valeurs morales et sociales de *Joven*, et avec celles, radicalement opposées à la sénescence arrageoise, de la « bonne amour » qui nourrit la production poétique d'Adam de la Halle, où le désir ne peut être et se dire que dans l'attente jamais comblée du *joy*, sentiment de plénitude, auquel l'amant aspire dans les affres délicieuses de la quête amoureuse : « Diex ! comment porroie/ Sans cheli durer/ Qui me tient en joie ? », chante le poète dans un rondeau[22]. Laissée au pouvoir des vieillards, la ville d'Arras ne laisse pas de place au désir dont la vitalité entraîne la dynamique d'un chant qui se renouvelle et se fixe en un présent éternel et toujours recommencé, présent suspendu de l'attente, pris entre la crainte et l'espérance. Le *Jeu de la Feuillée* se construit, lui, sur un autre temps en donnant à voir l'après du désir et de l'*innamoramento*.

Désenchantement et mort du désir

Comme le roman d'inspiration courtoise qui modifie le fonctionnement de la *fin'amor* en insérant une quête amoureuse dans la trame narrative, le *Jeu*, par son action, impose lui aussi une diachronie dont il procède ; il implique dès lors un écoulement du temps, étranger à la temporalité lyrique qui est vécue simultanément comme immédiateté et éternité dans un constant renouvellement :

Li dous maus mi renouvelle :
Avoec le printans
Doi jou bien estre chantans
Pour si jolie nouvelle
C'onques mais nus pour si bele
Ne plus sage ne meillour
Ne senti mal ne dolour. (*Chanson* x, v. 1-7)

Le temps dramatique est, lui, mouvement et dégradation, il impose une contingence que matérialise, à la fin du *Jeu*, la figure de Fortune dont la fonction est expliquée par la fée Morgue à Croquesot qui l'interroge :

(…) Et chele qui le roe tient
Chascune de nous apartient,
Et s'est, tres dont qu'ele fu nee,
Muiele, sourde et avulee. (v. 769-772)

Or la roue a tourné pour Adam, et c'est sa transformation que donne à voir le début de la pièce, quand, prenant le premier la parole, il annonce à ses amis son départ imminent à Paris :

Segneur, savés pour quoi j'ai mon abit cangiet ?
J'ai esté avoec feme, or revois au clergiet :
Si avertirai chou que j'ai piecha songiet.
Mais je voeil a vous tous avant prendre congiet.
Or ne porront pas dire aucun que j'ai antés
Que d'aller a Paris soie pour nient vantés.
Chascuns puet revenir, ja tant n'iert encantés ;
Aprés grant maladie ensieut bien grans santés.
D'autre part je n'ai mie chi men tans si perdu
Que je n'aie a amer loiaument entendu. (v. 1-10)

D'entrée, dans un discours qui cumule les marques temporelles, le « je » dramatique se présente comme un être en mouvement et en mutation. Mettant en balance son statut d'homme marié avec celui de clerc, il signale le clivage entre ce qu'il est aux yeux du monde et l'image qu'il a de lui-même. En troquant son vêtement pour celui d'écolier, il change de peau et substitue au désir amoureux qui est gage de « Sens et bonté et hardement » (*Chanson* xviii, v. 6) une autre source de perfectionnement personnel : le statut d'« escolier » auquel il aspire désormais.

Dès lors, les signes attendus de la passion, que sont l'émoi provoqué par la vue de l'aimée et la fièvre qui résulte de son éloignement, deviennent les symptômes d'une grave maladie dont il se relève à peine. Suivant le « paradoxe amoureux » des troubadours et des trouvères[23], c'est dans la non-possession de l'être aimé que s'éprouve le désir et qu'il se fortifie : « Car tant est la femme proisie/ C'on ne li set que reprouver ! » (*Chanson* xviii, v. 6), affirme l'Adam poète. Alors qu'il disait dans une chanson vouloir « user son jovent/ En amer loialment » (*Chanson* xv, v. 10), et que, dans un rondeau, il prétendait dépérir en l'absence de sa dame, « De vir son cors gai/ Muir tout de faim »[24], le personnage qu'il incarne dans le *Jeu de la Feuillée* n'est plus porté par le désir, car son « cuers » ne « bee » plus vers la femme aimée[25]. Marié à Maroie, il s'est lassé d'elle : sa « fains », dit-il, « en est apaiés » (v. 174). Dans ces citations qui se font écho, le motif de la faim traduit métaphoriquement et la force du désir et les effets de son assouvissement. Faute d'être alimenté par l'attente douloureuse et entretenu par les obstacles, l'amour est mort de sa propre consommation, et il ne reste au mari blasé que la crainte d'une grossesse non désirée :

S'est drois que je me reconnoisse
Tout avant que me feme engroisse
Et que li cose plus me coust, (v. 171-173)[26]

et l'image inquiétante d'une femme insatiable dont les besoins sexuels, manifestation dépréciée du « bon » désir qui meut les amants courtois, n'est jamais assouvie :

Pour li espanir meterai
e la moustarde suer men [vit]. (v. 43-44)[27]

Par sa lubricité qui l'assimile à Dame Douce, Maroie partage les tares des habitants d'Arras[28] auxquels elle se trouve symboliquement unie par son propre mari à qui elle sert en quelque sorte de tribut à payer pour partir à Paris. « Biaus sire, avoec men pere ert chi » (v. 36), répond Adam à son ami Guillot qui, étonné par son départ, s'inquiète du sort de Maroie. Maître Henri et Maroie rejouent ces « mariages de vieux chats et de jeunes souris » vilipendés par les jeunes lors des charivaris, expression de la vindicte populaire contre le mélange des générations, facteur de désorganisation du tissu social et de désordre familial[29]. L'alliance de la jeune femme et du barbon défait aussi le triangle amoureux de la lyrique où l'union des amants se fait contre le vieux mari et non à son profit.

Cette première évocation de Maroie trouve son achèvement et son couronnement dans le portrait qu'Adam dresse d'elle, véritable morceau de bravoure où les valeurs de la courtoisie et les fondements mêmes de la lyrique sont soumis à l'éclairage cru d'une réalité conjugale d'où le désir est absent. Comme Guillaume de Lorris décrivant Vieillesse[30], allégorie d'« une biauté gastee », et d'un « vis » « fleti », Adam met en effet en relation un présent déceptif et le passé de ce qui fut « jadis soés et plains ». Martelé de « adont » et de « or », jouant des canons de la laideur et de la beauté féminine successivement énumérés suivant le canevas topique des descriptions de personnes, le portrait se construit sur la mise en parallèle systématique des traits du visage et des parties du corps de la dame évoquée simultanément par l'amant charmé et empli de désir que fut jadis Adam, et par le mari lucide et fatigué des charmes de celle qui est devenue son épouse. Car c'est moins le passage objectif du temps qui s'inscrit dans la mise en regard de deux réalités contradictoires que l'érosion du désir. Pas de nostalgie comme chez Guillaume de Lorris où le portrait de Vieillesse s'accompagne d'un commentaire mélancolique sur la fuite du temps[31], mais un désenchantement. Au début du *Jeu*, Adam disait que chacun pouvait retrouver sa lucidité après avoir été envoûté : « Chascuns puet revenir, ja tant n'iert encantés » (v. 7)[32] ; il reprend ici le thème pour dire son inquiétude devant l'oubli de soi qu'a provoqué en lui l'amour puisqu'il ne se reconnaît plus :

> Et plus et plus fui en ardeur
> Pour s'amour et mains me connui [...] (v. 161-162)

Dans le portrait de Maroie, la seule issue laissée à la voix poétique est de rappeler la rencontre et de confronter l'éblouissement originel au désappointement présent, d'autant que le moment de la *reverdie* lui-même est décrit comme un leurre, et l'aveuglement amoureux comme une tromperie : « Car faitures n'ot pas si beles/ Comme Amours le me fist sanler,/ Et Desirs le me fist gouster/ A le grant saveur de Vaucheles » (v. 167-170). Aussi, les motifs traditionnels de l'*innamoramento*, que sont la prison d'amour, l'absence de lucidité de l'amant et les douleurs provoquées par son désir inassouvi et par « l'ardeur » qui le consume (v. 161), ne relèvent-ils pas du discours métaphorique conventionnel de la lyrique courtoise, mais trouvent une réalité concrète, sous le prisme du regard désabusé d'un Adam pris au piège des apparences, trompé par une « avisïons » (v. 68) et victime de son imagination :

Mais Amours si le gent enoint
Et chascune grasse enlumine
En fame et fait sanler si grande,
Si c'on cuide d'une truande
Bien que che soit une roïne. (v. 82-86)

L'écriture du portrait mime ce désappointement même dans la reprise et la superposition d'images et de motifs : la représentation du temps de l'*innamoramento* et l'exploitation méthodique de la topique amoureuse qui sert conventionnellement à l'exprimer vident le discours amoureux de son sens et ont pour effet de dénoncer les limites de la lyrique courtoise en en signalant le caractère stéréotypé[33]. Le ressassement des motifs récurrents marque peut-être, on y reviendra, l'abandon de cette source d'inspiration ou, au moins, son tarissement[34] ; il signale à lui seul que les valeurs de la courtoisie se sont figées, qu'elles sont devenues aussi vieilles et risibles – le portrait avec ses jeux de contraires ne devait pas manquer de provoquer le rire – que le monde d'Arras peuplé de vieillards et occasion de déconvenues. Dès lors, le poète des temps *novels* et de la *reverdie* n'a plus de raison d'être, et le portrait de Maroie confirme le discours inaugural d'Adam, métamorphosé en écolier impatient de s'instruire.

Or ce désir d'apprendre tourne court lui aussi, et le désenchantement s'avère général, métaphorisé qu'il est par l'apparition nocturne des fées, figurations d'une féminité qui s'accorde avec les travers des Arrageoises. Lors du repas qu'Adam et ses compagnons ont préparé pour elles, point de courtoisie ni de noblesse : Morgue se révèle infidèle à son amant Hellequin à qui elle préfère Robert Sommeillon ; la fée Maglore s'irrite de voir que ceux qui ont dressé la table ont oublié de lui mettre un couteau sans lequel elle ne peut manger. Aussi refuse-t-elle de leur accorder le don attendu :

De mi certes n'aront il nient.
Bien doivent falir a don bel,
Puis que j'ai fali a coutel.
Honnis soit qui riens leur donra. (v. 672-675)

Et, au lieu de seconder Adam dans ses projets de quitter Arras, elle exprime sa volonté de l'y maintenir :

De l'autre, qui se va vantant
D'aler a l'escole a Paris,
Voeil qu'il soit si atruandis
En le compaignie d'Arras
Et qu'il s'ouvlit entre les bras
Se feme qui est mole et tenre,
Et qu'il perge et hache l'aprenre
Et meche se voie en respit. (v. 684-691)

Le départ pour Paris est impossible ; Adam, maudit par Maglore, est contraint désormais à rester « en la compaignie d'Arras », et à oublier ses projets entre les bras de son épouse dont la tendresse et la mollesse le lient définitivement à elle. La prison amoureuse de la lyrique s'est métamorphosée en prison réelle, et bien loin d'amender son amant, à l'instar de la dame courtoise, et de faire naître son chant en imposant attente et patience au désir, Maroie participe de l'avilissement d'Adam. Il n'est pas de pire punition pour un amant que de devoir consommer sans désir ; il n'est pas d'autre issue pour Adam que de rester à Arras et de finir à la taverne, où, invité par son père à suivre les buveurs désireux « de se faire payer à boire », il s'acquitte ainsi du prix de sa soumission à la loi du mariage et à la communauté arrageoise :

Maistre Henris
Va i, pour Dieu ! Tu ne vaus mel.
Tu i vas bien quant je n'i sui.
Adans
Par Dieu, sire, je n'irai hui
Se vous ne venés avoec mi. (v. 955-958)

Le père et le fils sont réconciliés, quant aux autres : « Nous sommes d'une compaignie », dit l'aubergiste à ses hôtes (v. 947). Et le *Jeu* de se clore sur le son des clochettes que font retentir le moine et son petit clerc en marche vers l'église de

Saint-Nicolas, qui est précisément le patron des enfants retrouvés :

> Puis que les gens en vont ensi,
> N'il n'i a mais fors baisseletes,
> Enfans et garchonnaille. Or fai,
> S'en irons a Saint Nicolai :
> Commenche a sonner des cloquetes. (v. 1095-1099)

Saint Nicolas rend à Arras son enfant, cet enfant perdu pour la collectivité. Arras la vieille cité a retrouvé son dû et Adam y restera « atruandi » sans aucune perspective de changement.

La lyrique en question

Quel sens donner à cette fin désenchantée ? Pour Jean Dufournet, le *Jeu de la Feuillée* répond à la question qui traverse la poésie lyrique de la fin du Moyen Âge : celle du temps qui, s'écoulant, est une menace pour la relation amoureuse. Cette hypothèse fort éclairante confirme le dialogue avec la lyrique et les valeurs courtoises sur lequel Adam de la Halle, à la fois auteur et personnage, et sans doute aussi acteur, construit le portrait de Maroie, et que, à mon sens, d'autres indices viennent nourrir.

Ainsi du regard posé sur les qualités de *Joven* dont l'unique représentant est finalement le dervé. Plutôt que de fuir ou d'accepter de s'intégrer dans le cadre délétère d'Arras, il est le seul « jeune » en effet à s'opposer aux injonctions des vieillards qu'a rejoints Adam : il émet des bruits de trompettes incongrus, fait le crapaud, beugle, et ses pets comme ses cris sont l'expression de la révolte qu'il mène contre l'ordre social[35]. Cette figure dérisoire et grotesque, ce dervé qui n'a pas de nom présente bien des ressemblances avec le héros du *Jeu* dont la critique a fait de lui le double. Comme le fou, Adam, aux dires de ses amis, n'est jamais content de son sort, et a « muavle chief » (v. 21) ; comme le dervé frappé par son père, il est malmené par Maître Henri qui le prive d'argent ; tous deux enfin sont unis par leur commun statut de « mariés », quand, dans les derniers vers du *Jeu*[36], le fou crie : « Alons, je sui li espousés » (v. 1093), au moment même où Adam confirme, par sa présence à la taverne, sa résolution de rester à Arras auprès de son épouse.

En faisant endosser au héros qui porte son nom le masque d'un fou qui prétend être aussi musicien d'instruments à vent (*sic*), Adam de la Halle signale une prise de distance, voire une rupture, avec la lyrique et la courtoisie, dont les propriétés et les valeurs sont minées par la figure de celui qui devrait les incarner exemplairement, le poète et chevalier Robert Sommeillon, « Qui est nouviaus prinches du pui » (v. 404). Que le sommeil puisse incarner la puissance de la création lyrique et sa dynamique est le signe manifeste de la contradiction à l'œuvre dans le *Jeu*. Que ce poète chevalier « qui s'y connaît en armes et en chevaux » soit digne des amours de Morgue, c'est là une croyance que Croquesot dément en révélant à la fée que, au mépris de la règle la plus élémentaire de la courtoisie, il s'est vanté devant tous de l'amour qu'elle lui porte[37]. Avec Sommeillon, l'énergie sans cesse renaissante qui doit pousser l'amant courtois vers sa dame se mue en amour de soi ; en lieu et place de la force désirante sur laquelle se construit l'amour, il n'est plus que de la vanité. Aussi cet amoureux indélicat sera-t-il ridiculisé par Hellequin, fidèle amant de la fée :

> Me sire en est en jalousie
> Tres qu'il jousta a l'autre fie
> En ceste vile, ou Marchié droit.
> De vous et de lui se vantoit ;
> Et tantost qu'il s'en prist a courre,
> Me sire se mucha en pourre
> Et fist sen cheval le gambet
> Si que caïr fist le varlet
> Sans assener sen compaignon. (v. 733-741)

Que cet agent du mal et de la mort qu'est traditionnellement la figure inquiétante d'Hellequin soit le seul personnage de la pièce à incarner l'amant parfait ne manque pas de surprendre, et sans doute faut-il voir dans ce paradoxe un autre signe de la fêlure que le *Jeu* donne à voir entre l'univers qu'il met en scène et l'idéologie courtoise.

Le *Jeu de la Feuillée*, rebelle à toute interprétation claire, témoigne d'un tournant dans la production d'Adam de la Halle ; sa composition marque peut-être la fin d'une poésie de jeunesse et pourrait être lue comme une forme d'adieu à la lyrique. Certes, le démarquage prend pour cadre le théâtre et non la poésie, mais ce choix est significatif. Il ressortit à la fonction dramatique elle-même et aux conditions de représentation autorisant l'exposition sur la scène de questions qui, tout en étant dans l'air du temps, ne trouvent pas à s'actualiser dans les formes traditionnelles, plus contraignantes et codifiées, de la production poétique. Il procède aussi de la liberté qu'offre l'écriture théâtrale, production éphémère, traversée par la polyphonie et apte à accueillir une variété de registres, comme dans le *Jeu de Robin et Marion* représenté vers 1283 dans le sud de l'Italie. L'ironie pointe en effet dans ce *Jeu* où Adam de la Halle reprend les traditions poétiques et lyriques de la *pastourelle* et de la *bergerie* dans le but d'amuser la cour du comte Robert d'Artois dont il est devenu le familier. Relèvent aussi du même registre les joutes du jeu-parti qui, pour Pierre-Yves Badel, s'écarte des chansons et de la lyrique « selon une logique ludique » et où « comparé à un appétit, l'amour perd en idéalité » et « fait l'objet d'un calcul matérialiste »[38] :

> Le discours didactique et raisonneur inhérent à la chanson s'épanouit dans le débat institué par le jeu-parti. Non sans effet, car si dans la chanson le poète chante et aime d'un même mouvement, dans le jeu-parti il est invité à discuter une hypothèse : « S'il arrivait que votre amie… » ; le sujet chantant se dissocie du sujet aimant pour le juger ; le poète savant du jeu-parti n'est plus le poète ébloui de la chanson.[39]

Pourquoi Adam de la Halle ne ferait-il pas aussi de son *Jeu de la Feuillée* un espace de réécriture où il sacrifierait aux plaisirs d'une ironie grinçante pour le plaisir de la riche bourgeoisie d'Arras dont l'esprit et le goût s'accordaient bien avec la satire ?

> Non qu'elle soit fruste, précise Roger Dragonetti, elle est fine au contraire, astucieuse, et goûte assez les lettres pour en tirer une partie de son prestige. Elle soutient, protège et encourage les poètes, rivalise parfois avec eux, en somme, anime la vie littéraire d'Arras, ruche bourdonnante de controverses littéraires où, comme l'écrit H. Guy, les conflits, les luttes de prestige, les émeutes finissaient par des chansons.[40]

Et quand bien même la rupture avec la lyrique et la courtoisie ne serait pas consommée, jouer avec ce qu'elles incarnent participe d'un divertissement en accord avec l'inspiration carnavalesque qui irrigue le texte tout entier. Conformément à l'esprit et à la fonction purgative du carnaval, et suivant le principe de retournement qui lui est propre, Adam de la Halle se moque, peut-être, de ce qu'il exhausse, on l'a vu, dans son œuvre lyrique ; il fait tomber les valeurs courtoises, le temps d'une nuit, le temps d'un *Jeu*, pour mieux les relever et les revivifier, conviant à ce rituel social qu'est le théâtre, la Confrérie des Bourgeois et Jongleurs d'Arras et, avec elle, la société arrageoise tout entière.

Aussi ne peut-on qu'être sensible, comme l'a été J. Dufournet, à la modernité du *Jeu de la Feuillée*, qui ne tient pas, pourtant, au seul comique de la pièce ni à l'invention d'un « théâtre de la lucidité », voire de l'absurde[41]. Sa modernité réside, à mon sens, dans le rapport qu'entretient Adam de la Halle avec l'héritage courtois et des conventions dont il joue et se joue, car ce *Jeu* annonce par bien des aspects la crise de la lyrique qui caractérisera la production poétique du bas Moyen Âge, et dont il présente les prémisses. Comme l'a montré Jacqueline Cerquiglini-Toulet, les XIVe et XVe siècles sont les siècles de la sénescence :

> Les poètes français de la fin du Moyen Âge [...] se présentent souvent comme de vieux enfants exténués d'un siècle qui est le dernier âge du monde, vieillards écoliers.[42]

Prenant les poses d'hommes mûrs, de vieux ou d'infirmes, les poètes s'écartent de la culture aristocratique et de tout ce qui fonde la lyrique. Loin des raffinements courtois, ils se dépeignent comme des êtres peu subtils et exhibent leurs maux. Quand, déjà au XIIIe siècle, Rutebeuf se disait « rude comme un bœuf », quand Jean de Meun était le « Chopinel », le « Boiteux », quand Adam de la Halle, lui-même, était surnommé (ou se surnommait ?) le « Bossu »[43], la tendance se radicalise aux siècles suivants. Guillaume de Machaut se représente en vieillard borgne souffrant de la goutte ; Eustache Deschamps est « sur tous autres » « roy des lays », avec ses « grans dens », son « nez camuz » et ses « yeux resgardant de byays »[44] ; Charles d'Orléans porte des lunettes : « Quant je lis ou livre de Joye/ Les lunectes prens pour le mieulx »[45]. Et quand Adam au seuil du *Jeu de la Feuillée* prétend revenir aux études, sa posture préfigure le portrait que brosse encore de lui-même le prince poète[46] :

Escollier de Merencolye ;
A l'estude je suis venu,
Lettres de mondaine clergie
Espelant a tout ung festu,
Et moult fort m'y treuve esperdu.
Lire n'escrire e sçay mye,
Des verges de Soussy batu,
Es derreniers jours de ma vye. (v. 1-8)

Pour J. Cerquiglini-Toulet, ces autoportraits fictifs sont l'expression du changement qui caractérise l'attitude des poètes devant l'héritage courtois sur lequel ils portent désormais un regard louche, décalé et biaisé, un regard désillusionné. Avec cette poésie de vieillards, le discours lyrique est désormais marqué au sceau de l'impuissance, car le chant n'est plus habité par la force de *Joven* et du désir. Les passions s'émoussent et leur brûlure laisse la place à un état d'indifférence que Charles d'Orléans nommera le « nonchaloir » ; les dames sont infidèles comme Toute-Belle dans le *Voir Dit* de Guillaume de Machaut ; elles se montrent « sans mercy » sous la plume d'Alain Chartier, ou se moquent des déclarations d'amour. Telle est, dans la ballade cvii de Charles d'Orléans, l'attitude de « la plaisante aux doulx yeulx » qu'importune le discours de son amant qui prétend mourir de désir pour elle. Elle rabaisse l'expression de son amour au rang de vieilles rengaines auxquelles elle ne croit plus et où elle ne voit que jeux amoureux et complaisance narcissique :

« Telz beaulx parlers ne sont en compaignie
Qu'esbatements, entre jeunes et vieulx ;
Contente suis, combien que je m'en rye,
Que m'aymez bien, et vous encores mieulx ! » (v. 25-28)

« Désenchantement, crise de la matière, pessimisme », comme l'écrit J. Cerquiglini-Toulet à propos du *Respit de la Mort* de Jean Le Fèvre[47], l'écriture poétique est incapable de mobiliser les forces du désir et de faire renaître dans le présent de l'écriture le moment de la *reverdie*. Le chant *novel* a perdu sa vigueur et, dans la déconstruction de la poésie courtoise, il ne reste au poète que l'ironie grinçante, le repli sur soi et la conscience d'être exilé de lui-même, impression que ressentait déjà Adam de la Halle, conscient de s'être perdu dans le désir de l'autre et désireux de se « retrouver » (v. 161-171).

D'autres thèmes, exploités dans la poésie des derniers siècles du Moyen Âge, semblent directement sortis du *Jeu de la Feuillée* et de la ville d'Arras, comme la promotion du statut de clerc qu'Adam souhaite tant endosser, ou encore la célébration de la ville inspirée aussi du genre du Congé inventé par les poètes arrageois du XIIIe siècle :

> Chez Eustache Deschamps, écrit J. Cerquiglini-Toulet : adieu à Paris, à Reims, à Troie, à Bruxelles. Dans de tels inventaires se dessine la sensualité d'une époque. On voit s'y mêler les plaisirs de l'amour et de la cuisine, de la langue et de la parole.[48]

Les associations et les compagnies urbaines, en effet, vont alimenter elles aussi l'inspiration poétique : les confréries bachiques et goliardiques se retrouvent à la taverne, celle-là même sur laquelle se referme le *Jeu de la Feuillée*, et le goût pour le vin participe de la définition du poète, comme y participe aussi le masque de la folie que, déjà, Adam endossait en se dissimulant derrière la figure du dervé.

Né tout entier de la parole d'un Adam qui substitue à l'amour le goût de l'étude, construit sur la perte originelle du désir, le *Jeu de la Feuillée* préfigure la crise de la matière qui sera celle des derniers siècles du Moyen Âge, et invente un discours radicalement autre qui s'inscrit en rupture avec le discours lyrique conventionnel, réorientant ainsi la définition même de la poésie. La critique a coutume de reconnaître l'inventivité d'Adam de la Halle musicien ; la lecture des deux pièces qu'il nous a laissées atteste que ce pouvoir innovant s'étend aussi à l'écriture dramatique qui lui offrait un nouveau champ d'expérimentation.

Françoise Laurent
Université Blaise-Pascal Clermont 2

NOTES

[1] *Ibid.*, Introduction, p. 10.

[2] Voir notamment Eugène Vance, « *Le Jeu de la Feuillée* and the Poetics of Charivari », *Modern Language Notes*, 100, 1985, p. 815-828.

[3] Dans le *Jeu*, le public et le lecteur se trouvent confrontés à une forme d'énonciation réelle : le « je » qui prend la parole possède bien une identité confirmée par le prénom Adam et par le lien familial établi avec Maître Henri. Voir Michel Zink, *La Subjectivité littéraire autour du siècle de saint Louis*, Paris, Presses universitaires de France (Écriture), 1985.

[4] Les textes poétiques d'Adam de la Halle que nous reproduisons ici, sont accessibles dans l'édition et la traduction de Pierre-Yves Badel : *Adam de la Halle. Œuvres complètes*, Paris, Le livre de poche, « Lettres gothiques », 1995. Pour l'étude de la production poétique d'Adam de la Halle, voir Roger Dragonetti, *La Technique poétique des trouvères dans la chanson courtoise. Contribution à l'étude de la rhétorique médiévale*, Brugge (Beelgië), « De Tempel », Tempelhof 37, 1960 (Rijkuniversiteit Te Gent), en particulier les p. 339-347.

[5] Pour une étude de l'idéologie courtoise, voir Moshé Lazar, *"Amour courtois et fin'amors" dans la littérature du XIIe siècle*, Paris, Klincksieck, 1954.

[6] J. Dufournet, *Adam de la Halle à la recherche de lui-même ou le jeu dramatique de la Feuillée suivi de Sur le* Jeu de la Feuillée. *Quatre études complémentaires*, Paris, Champion, 2008, p. 119.

[7] Gérard Gouiran, « La *Vielha* au pays de *Joven* », *Vieillesse et vieillissement au Moyen Âge*, *Senefiance* n° 19, Publication du CUER MA, Université de Provence, 1987, p. 89-107, ici p. 91. Voir l'étude de M. Lazar, *op. cit.*, p. 33-44 ; et Alexander J. Denomy, « Sens et fonction du terme *jeunesse* dans la poésie des troubadours », *Cahiers de Civilisation Médiévale*, Supplément, *Mélanges offerts à R. Crozet*, P. Gallais et Y.-J. Biou (dir.), Poitiers, 1966, p. 569-583.

[8] Voir l'édition et la traduction du poème par Gérard Gouiran, *Le seigneur-troubadour d'Hautefort : l'œuvre de Bertran de Born*, Seconde édition condensée, Aix-en-Provence-Marseille, 1987, n° 38, p. 534-536.

[9] On peut consuter en ligne l'ouvrage de G. Gouiran, *Le seigneur-troubadour d'Hautefort : l'œuvre de Bertran de Born*, édition de 1985, ici p. CXVI.

[10] Les citations sont tirées respectivement des *Chansons* xxii (str. iii, v. 22), xxviii (str. ii, v. 11) et xxiii (str. ii, v. 10). *Éd.* P.-Y. Badel, p. 90, 104 et 92. Dans la *Chanson* iii (str. iii, v. 32), le « je » lyrique se désigne par le terme « enfant ». *Ibid.*, p. 44.

[11] *Chanson* xii (str. ii, v. 14-18) : « Car li souvenir/ Qui en viennent font courous,/ Despit, haïne et maus tous/ Laissier, despire et haïr/ Et le jouvent en joie maintenir. » *Ibid.*, p. 66.

[12] Voir respectivement les *Chansons* xxxii (v. 1) et xxx (str. iv, v. 42-43), et le *Jeu-Parti* vi (str. vi, v. 55). *Ibid.*, p. 114, 112 et 142.

[13] Sont successivement cités les vers des *Chansons* ix (str. ii, v. 12), xxx (str. ii, v. 16-17) et xxvii (str. i, v. 4). *Ibid.*, p. 58, 110 et 102.

[14] Il pourrait s'agir de Jean de Gréviller ou de Jean le Cuvelier, deux habitants d'Arras. Voir P.-Y. Badel, Introduction, éd. cit., p. 15.

[15] André le Chapelain, *Traité de l'amour courtois.* Traduction, introduction et notes par Claude Buridant, Paris, Klincksieck (Bibliothèque française et romane. Série D : Initiation, textes et documents, 9), 1974, p. 51.

[16] Conformément à l'idéal troubadouresque où les poètes ne font pas de la vieillesse un thème poétique à moins de le traiter dans un registre satirique. Voir G. Gouiran, art. cit.

[17] Voir encore l'emploi dans le texte de « canebustin » (v. 192) sur le sens duquel les éditeurs du *Jeu de la Feuillée* ne sont pas d'accord. Suivant J. Dufournet, le terme désigne « un baril, un petit tonneau ou encore une bouteille entourée d'osier tressé » (éd. cit., p. 155, note 191). Pour P.-Y. Badel, « Canebustin est un nom propre, celui d'un financier à qui Maître Henri regrette d'avoir confié ses économie » (éd. cit., p. 32).

[18] Cet aspect a été analysé par Glynnis M. Cropp, *Le Vocabulaire courtois des troubadours de l'époque classique*, (Publications romanes et françaises), Genève, Droz, 1975, en particulier les p. 413-421.

[19] Suivant la tradition de la *fin'amor* d'oc, la dame peut être « jeune » même à un âge avancé (G. M. Cropp, *op. cit.*, p. 415-416). Adam de la Halle, lui, ne chante qu'une dame jeune et belle qui présente toutes les qualités de la courtoisie morale et sociale : elle est « Essample de courtoisie ;/ Diex a si tres grant partie/ De bien mise a vous furnir/ C'une autre se doit tenir/ Dou meneur a bian païe. » (*Chanson* xvii, str. iii, v. 20-24, dans P.-Y. Badel, éd. cit., p. 78).

[20] Dans la tradition courtoise, le maquillage est une des manifestations de la vieillesse. G. Gouiran a cité pour exemple le Moine de Montaudon, « thélémite avant l'heure », selon ses termes, qui exploite ce motif dans une pièce en vers racontant le conflit entre les statues et les femmes qui demandent l'arbitrage du tribunal divin. G. Gouiran, art. cit., p. 92.

[21] Henri Rey-Flaud, *Le Charivari. Les rituels fondamentaux de la sexualité*, Paris, Payot, 1985, p. 186-187.

[22] *Rondeau* xii (v. 1-3). P.-Y. Badel, éd. cit., p. 192.

[23] L'expression est reprise à l'article de Léo Spitzer : « L'amour lointain de Jaufré Rudel et le sens de la poésie des troubadours », *Études de Style*, Paris, Gallimard, coll. Tell, 1980, p. 81-133, ici p. 81-82.

[24] *Rondeau* xi (v. 5-6). *Ibid.*, p. 192. Dans le *Jeu-Parti* xv (str. vi, v. 47-48), la métaphore alimentaire, mise dans la bouche d'un certain Jehan qui donne la réplique à Adam, est plus triviale et rappelle par sa formulation un proverbe : « On doit vitaille a familleuse gent/ Appareiller. » *Ibid.*, p. 172.

[25] Chanson xxi (str. ii, v. 16). *Ibid.*, p. 88.

[26] Dans le *Rondeau* vi (str. ii, v. 9-12), l'éventualité d'une grossesse est une source d'inquiétude de l'amant : « Et s'ele est de moi enchainte,/ Tost devenra paile et tainte :/ S'il en est esclandle et plainte,/ Deshonneree l'arai. » *Ibid.*, p. 186.

[27] Traduction : « et pour la sevrer, je mettrai/ de la moutarde sur ce que vous pensez ». Pour J. Dufournet, *espanir* « est traduit habituellement par 'sevrer' ; [...] mais il se peut qu'il faille conserver l'idée d'*épanouir*, et l'on traduira vulgairement par 'pour la faire jouir' ». J. Dufournet, éd. cit., p. 148, note 43.

[28] Maroie est une « pagouse », terme qui, suivant l'analyse de J. Dufournet, « démythifie la dame qui redevient une Arrageoise parmi d'autres et n'échappe pas à cette société mesquine ». (*Adam de la Halle à la recherche de lui-même..., op. cit.*, p. 108).

[29] Ce rituel social ayant trait à la sexualité qu'est le charivari pourrait d'ailleurs expliquer la dimension carnavalesque du *Jeu de la Feuillée*. Sur le phénomène du charivari, voir Henri Rey-Flaud, *Le Charivari..., op. cit.*

[30] Voir le portrait de Vieillesse représentée, avec d'autres vices, sur le mur du verger de Délit dont elle est exclue : Guillaume de Lorris, *Le Roman de la Rose*, Présentation et traduction inédite par Jean Dufournet, Paris, GF Flammarion, 1999, v. 339-360.

[31] *Ibid.*, v. 361-406.

[32] Voir le commentaire de J. Dufournet : « Le verbe *revenir* signifiait soit reprendre connaissance après un évanouissement, soit retrouver sa lucidité après un accès de folie ». J. Dufournet, *Adam de la Halle à la recherche de lui-même..., op. cit.*, p. 67.

[33] J. Dufournet a montré le poids de la tradition littéraire sur le portrait de Maroie où, écrit-il, « s'entremêlent deux tons, courtois dans l'évocation du semblant de jadis, bourgeois dans la manière de rendre ce qu'il voit maintenant, et le Jeu, par moments mais avec beaucoup de discrétion, se rapproche de la sotte chanson qui ne s'attachait qu'à la peinture de la laideur et de l'horrible ». J. Dufournet, *Adam de la Halle à la recherche de lui-même..., op. cit.* p. 71.

[34] Dans les chansons ou les rondeaux, la dame ne fait jamais l'objet d'une telle description détaillée. À l'exception de la *Chanson* x où son portrait est plus développé et qui pourrait offrir un canevas résumé de celui de Maroie dans le *Jeu de la Feuillée*, ne sont retenus que certains traits de sa physionomie : les yeux, la bouche et le teint. Voir, par exemple, la *Chanson* xix (str. iv, v. 31-33) : « Vermeille que rose en mai/ Pour mirer,/ Clere que solaus el rai ». P-Y. Badel, éd. cit., p. 82-84.

[35] On pense à l'évocation du charivari dans le *Roman de Fauvel* (v. 711-713) : « Et l'un portait grelots de vaches/ Cousus aux cuisses et aux naches/ Et par-dessus grosses sonnettes. » Cité par Nancy Freeman Regalado, « Masques réels dans le monde de l'imaginaire. Le rite de l'écrit dans le charivari du *Roman de Fauvel*, ms. BnF fr. 146 », *Masques et déguisements dans la littérature médiévale*, Études recueillies et publiées par Marie-Louise Ollier, Vrin, Les Presses de l'Université de Montréal, 1988, p. 111-126.

[36] Il s'agit vraiment du dernier mot que prononce le personnage avant de quitter, avec son père, la scène. Le discours suivant, formé de six vers, correspond au monologue du moine qui annonce sa décision de se rendre à l'église de Saint-Nicolas.

[37] Ce défaut est discuté aussi dans le *Jeu-Parti* iv (str. vi, v. 43-44) : « Uns fins cremans est plus prisiés tous dis/ Que li parlans : uns en vaut miex que troi ». P.-Y. Badel, éd. cit., p. 136.

[38] P.-Y. Badel, éd. cit., Introduction, p 16.

[39] *Ibid.*, p. 15.

[40] R. Dragonetti, *op. cit.*, p. 339. Pour la référence à « H. Guy », voir Henri Guy, *Essai sur la vie et les œuvres littéraires du trouvère Adam de la Hale*, Paris, Hachette, 1898, p. xvi.

[41] Voir J. Dufournet, Introduction du *Jeu de la Feuillée* : « Le grand jeu de la littérature », éd. cit., p. 26-32.

[42] Jacqueline Cerquiglini-Toulet, *La Couleur de la Mélancolie. La fréquentation des livres au XIVe siècle 1300-1415*, Paris, Hatier, 1993, en particulier, les parties intitulées respectivement « La tristesse du 'déjà dit' », p. 57-88, et « Les vieux enfants exténués d'un siècle », p. 155-161, ici p. 155.

[43] On trouve dans le *Roi de Sicile* : « Et pour chou c'on ne soit de moi en daserie,/ On m'apele Bochu, mais je ne le sui mie ! » (Adam de la Halle, *Œuvres complètes*, éd. cit., p. 378, v. 69-70).

[44] Eustache Deschamps, *Selected Poems*, Edited by Ian S. Laurie and Deborah M. Sinnreich-Levi. Translated by David Curzon and Jeffrey Fiskin, New York and London, Routledge (Routledge Medieval Texts), 2003, « Sur tous autres doy estre roy des lays », p. 113.

[45] Charles d'Orléans, *Poésies, Tome I, La Retenue d'Amour. Ballades, chansons, complaintes et caroles* éditées par Pierre Champion, Paris, Champion, Classiques français du Moyen Âge, 2010 (1re éd. 1923), Ballade xcv.

[46] *Ibid.*, Ballade cxvii.

[47] J. Cerquiglini-Toulet, *op. cit.*, p. 96.

[48] *Ibid.*, p. 100.

Impliquer Dieu dans l'aventure du désir : à propos du *Tristan* de Béroul

S'il est vrai que le christianisme médiéval se définit moins comme une religion, au sens où nous l'entendons aujourd'hui, que comme un fait social[1], aucun texte roman ne saurait ignorer Dieu. À l'égard de cette « présence [qui] habite le Moyen Âge, lui impose sa marque et s'offre au regard de quelque point de vue qu'il se pose sur lui[2] », la littérature des XIIe et XIIIe siècles présente un large éventail de situations. À l'opposé de la *Queste del Saint Graal*, qui « laisse se manifester les signes les plus nets et les plus audacieux » d'une « symbiose spirituelle de la religion et de la chevalerie[3] », s'inscrit le *Roman de Renart*, dans lequel Claude Reichler reconnaît l'un des avatars du *discours séducteur* ou de ce qu'il nomme la *diabolie*[4]. Tandis que Galaad, *figura Christi*, entraîne les quêteurs du Graal dans un itinéraire de ressemblance fléché vers le Dieu transcendant, Renart s'enfonce toujours plus loin dans la région de la dissemblance[5].

Au sein de ce spectre littéraire, la position occupée par le *Tristan* de Béroul est à la fois singulière et paradoxale. Bien que le comportement des héros soit très proche de la *renardie* décrite par C. Reichler[6], « Dieu est avec les amants », comme ne cesse de le souligner la critique[7]. Il y a là un point d'achoppement sur lequel les spécialistes reviennent régulièrement, comme en témoigne l'étude récente que Stéphane Marcotte consacre au nom de Dieu et qu'il fonde sur un paradoxe linguistique :

> Chacun connaît [...] le commandement biblique qui interdit de proférer le nom divin pour de mauvaises raisons ; or ce texte, qui culmine, sous la forme qui nous est parvenue, dans la double réussite d'un mensonge et d'un adultère, n'est pas avare de son occurrence et la mêle au plus scabreux du récit[8].

En prenant appui sur la notion de *transcendance décalée* proposée par Francis Dubost, nous entendons nous interroger à notre tour sur ce point. Nous prolongerons l'abord poétique de la question par une approche socio-historique.

Tristan, ou la « transcendance décalée »

Dans un article publié en 1999, F. Dubost a rapproché les personnages de Lancelot et de Tristan en les plaçant sous le chef d'une même « transcendance décalée » et en précisant que le roman de Béroul entretient un « rapport biaisé avec le Ciel[9] ». Après avoir rattaché ces figures à ce qu'il nomme une « littérature du désir[10] », il a cherché à distinguer les formes que revêt cette double « subversion de la relation de l'homme à la transcendance divine ». Tandis que le *Lancelot* procèderait « d'un déplacement, d'un décalage d'essence métaphorique dont l'ironie et la convention d'écriture viennent désamorcer la portée subversive », le *Tristan* « serait plutôt le lieu d'un défi, [...] où l'homme, non content de bénéficier du concours du ciel, du miracle plus ou moins avéré, cherche à impliquer la divinité dans l'aventure du désir[11] ».

Le décalage sur lequel repose le *Chevalier de la charrette* a souvent été étudié. Attentifs à l'élaboration du langage amoureux, les spécialistes y ont relevé, au titre de l'ornement difficile, l'usage de « métaphores religieuses[12] » : « dans l'univers autonome et intérieur de la *fin'amor* se multiplient les calques de religion », notait Jean Frappier, lesquels tendent à en faire « une religion de l'amour avec des adorations, des extases, des scrupules, des repentirs, des examens de conscience, une ascèse, des joies, des tourments[13] ». Revenant à son tour sur l'extase que connaît l'amant *pensif*, sur la découverte des cheveux de la reine, aussitôt assimilés à de saintes reliques, ou bien encore sur la nuit d'amour, frémissante de joie et de merveille, F. Dubost montre comment « un système métaphorique décalé de l'amour sacré vers l'amour profane règle alors la représentation[14] ». Au même titre que « la femme subtilisée (Fénice) » ou que « la femme libérée par la mort du rival mythique (Laudine) », la « femme divinisée (Guenièvre) [...] occupe le lieu transcendantal à partir duquel elle peut juger de son pouvoir et regarder l'homme de haut, le regarder souffrir, obéir, pâtir[15] ».

Dans le cas du roman de *Tristan*, c'est grâce au jeu complexe des discours, au silence et à la parole, que Dieu est « impliqué dans l'aventure du désir ». Tel est le décalage sur lequel repose la transcendance selon Béroul : cessant d'être sujet de l'énonciation, Dieu devient l'objet de nombreux énoncés, ce qui permet à l'homme d'intégrer la divinité à sa propre visée discursive. Si « aucune intention de dérision ou de profanation ne préside à la mention du nom divin », remarque S. Marcotte[16], c'est parce que celle-ci permet le transfert de parole de l'Énonciateur par excellence, garant de la Vérité[17], vers les énonciateurs humains.

Le silence du Ciel a retenu l'attention de bien des commentateurs. Ainsi Étienne Dussol note-t-il que « Dieu s'exprim[e] par le silence[18] », en une formule subtile qui associe les deux aspects d'une même dialectique : si Dieu intervient bien dans le cours de l'action, à la faveur des menues « grâces » dont semblent bénéficier les amants[19], il reste obstinément muet. « Tout suggère le miracle et rien ne le prouve[20] », souligne J. Frappier. Dès lors, « la vérité transcendante et une, accessible en effet à Dieu seul, cède la place à des vérités, relatives, partiales et partielles, jamais acquises », ce qui permet à Marie-Louise Ollier de constater que « ce texte apparaît d'un bout à l'autre comme une mise en scène du caractère insaisissable de la vérité[21] ». Il ne faut cependant pas en rester là, comme le suggère l'examen des vérités humaines, car « il s'agit moins de vérités à faire valoir, que d'un assentiment à obtenir de l'autre, ou à lui imposer : elles ne se constituent en fait et ne se révèlent que dans le discours. Ces vérités ont donc partie indissolublement liées avec le désir[22] ».

Quels sont donc les discours désirants qui donnent consistance à ce qui reste, chez Béroul, « un élément subjectif, une foi, une présomption[23] » ? M.-L. Ollier a noté qu'« aucun texte sans doute, en moins de cinq mille vers, ne comporte autant d'invocations à Dieu ». Or celles-ci sont « essentiellement le fait des amants et de ceux qui les soutiennent[24] ». Plus de vingt ans auparavant, G. Raynaud de Lage avait, lui aussi, relevé chez Béroul l'« extraordinaire densité du nom de "Dieu" » :

> Dieu est invoqué dans cesse, et nous n'en sommes pas surpris, puisque le narrateur l'a enrôlé au nombre des amis et des défenseurs de Tristan et Iseut, avec le chœur populaire et avec Dinas, les fidèles pour qui la question de la culpabilité n'a en somme pas à être posée. Il n'en est pas

> ainsi pour Dieu : mais, le narrateur et l'ermite le rappellent, Dieu pardonne aux pécheurs ; et il y a un signe de la protection divine, Dieu sauve matériellement Tristan ; c'est le « saut de la chapelle » ; « si un écureuil avait sauté de là, il en serait mort, jamais il ne s'en serait tiré » (923-24), et le poète conclut : « Bele merci Dex li a fait ! » (960)[25].

Trois types d'énonciateurs se détachent donc : les amants et leurs soutiens, l'ermite et, enfin, le narrateur. Il n'est sans doute pas utile d'insister sur le premier groupe, dont les prières appellent sur les médisants le châtiment divin (par exemple avant la mort de Godoïne) ou dont les actions de grâce saluent l'heureuse issue de l'épisode du pin (« grant merci / Nos a Dex fait », v. 371-372). Ces aspects sont bien connus.

Le cas de l'ermite est plus complexe. Sans doute rappelle-t-il aux amants le respect de la loi divine mais il ne saurait représenter l'Église officielle. « Il y a une altérité de l'ermite », note Patrick Henriet en rappelant que l'histoire de l'érémitisme pose, à chaque instant, la question de son intégration dans l'Église[26]. Si de nombreux travaux se sont intéressés à la place qu'il occupe dans la littérature française des XIIe et XIIIe siècle[27], certains d'entre eux ont montré que dans les romans arthuriens notamment, la figure de l'ermite permet non seulement d'esquiver tout rapport avec l'Église institutionnelle (les ermites ne sont pas des clercs), mais d'établir des liens privilégiés avec le monde de la chevalerie. Parmi les traits que l'on peut relever, il faut noter le rôle que joue le lexème *prodome*, au cours d'une longue histoire qui le conduit (de Chrétien de Troyes jusqu'aux romans du XIIIe siècle) à évoluer d'un sens intramondain à un sens spirituel[28]. Il s'agit du terme le plus employé pour dénommer et caractériser les religieux[29] et pourtant, « dans la *Queste del Saint Graal*, œuvre mystique, les mots *prodome* et *chevalier* sont sans cesse associés[30] ». Les ermites du *Perlesvaus* sont dans le même cas. Disant à peu près tous la messe, entendant les confessions et organisant la liturgie des défunts, ils « ne sont pas prêtres occasionnellement mais fonctionnellement[31] ». Comment comprendre un tel phénomène ? L'explication que propose P. Henriet tient en quelques lignes : « Ces ermites prêtres, qui semblent échapper à toute contrainte hiérarchique, permettent aux chevaliers de mener une vie chrétienne dans un cadre sacramentel tout en les soustrayant à l'autorité, réelle ou symbolique, d'une institution ecclésiale remarquablement absente du roman[32] ». Dans le cas du *Tristan* de Béroul, remarque M.-L. Ollier, si les amants et leurs soutiens invoquent Dieu à de nombreuses reprises, « les félons eux-mêmes ne savent prendre à témoin que "iglese et messe" (v. 4278)[33] ». Il convient donc à cet égard de distinguer entre Dieu et l'Église institutionnelle, entre les amants et les *losengiers*, ce qui donne tout son sens à la médiation d'Ogrin, comme en témoignent son éloge du bel mentir (v. 2354 *sq.*) et la fière lettre que Tristan adresse à Marc, prouvant son innocence par l'exposé de tous les « miracles » par lesquels Dieu les a préservés, lui et Iseut (v. 2583 *sq.*).

Au narrateur béroulien, enfin, la critique associe traditionnellement le mot de *sympathie*. Ce terme revêt deux acceptions complémentaires. Au plan de l'écriture, *sympathie* est le nom que l'on peut donner à un style, ainsi que l'a montré Jean Rychner à propos du *Roman de Renart*, un style « solidaire de l'actualisation orale des œuvres [et qui] disparaîtra avec elle ». Loin de se borner à ce dernier texte, « il se manifeste par les mêmes signes dans un vaste ensemble d'œuvres narratives qu'il rassemble au-delà de leurs différences spécifiques : chansons de geste, certains romans (comme le *Tristan* de Béroul), certaines branches de *Renart*, certains fabliaux, certaines vies de saints, etc., dès les origines de notre littérature[34] ». À ce premier sens, qui relève de la notion générale de *performance*[35] et qui englobe les pôles de la production et de la réception de l'œuvre, s'en attache un second, souvent souligné par la critique : « On sent bien que Béroul sympathise avec son héros », note J. Frappier[36]. À propos de l'emploi du mot *pechié* au v. 700, J.-Ch. Payen observe à son tour que « Béroul prend, ici comme ailleurs, le parti des amants[37] », avant de rappeler qu'Alberto Varvaro évoque à cet égard une véritable « participation » du narrateur aux souffrances des amants[38]. Une telle participation, précise-t-il, est « un aspect de cette "solidarité sentimentale" entre narrateur et public[39] ». On le voit, la poétique des premiers textes offre ainsi aux prises de parti idéologiques un puissant moyen d'intégration, auquel Dieu même ne saurait échapper. Mais à quoi correspondent ces prises de position ?

Béroul et le désir laïque

Si, écrit F. Dubost, « le genre romanesque naissant entretient une relation consubstantielle avec la représentation du désir amoureux[40] », il importe d'élargir la perspective en contextualisant le désir dont les discours des amants, d'Ogrin et du narrateur se font les vecteurs. Ce désir mérite aussi d'être caractérisé car, en lui-même, il ne saurait relever seulement du *roman*, au double sens du mot[41]. Au fond, sur un plan socio-historique, à quelle(s) instance(s) d'énonciation faut-il rattacher le désir béroulien ?

Les travaux d'Anita Guerreau-Jalabert ont montré que le développement de la littérature courtoise, entre 1100 et 1240, « correspond à la construction d'un discours porté par les milieux aristocratiques et créé dans le cadre du système de représentations chrétien qui est celui de la société médiévale, discours qui vise à l'affirmation d'un groupe social dans une structure de société historiquement datée[42] ». En prenant appui sur deux thématiques en apparence opposées, en réalité complémentaires – la *fin'amor* et le Graal –, les textes courtois poursuivent un but identique, à savoir la revendication d'une définition spirituelle de ce qui constitue le chevalier à un moment où « l'aristocratie reconnaît la prééminence du principe spirituel comme fondement des relations sociales[43] ». Au fond, les distinctions sur lesquelles repose la définition de ce « défi laïque[44] » (latin *vs* langue vulgaire, clercs *vs* laïcs, textes ecclésiastiques *vs* « littérature » romane) prendraient sens d'après « la relation antagoniste du charnel et du spirituel », qui constitue « comme la matrice à travers laquelle sont perçus et pensés, dans la société chrétienne médiévale, divers pans de la réalité matérielle, pratique et idéelle[45] ».

Si les stratégies de spiritualisation que mettent respectivement en œuvre les textes de la *fin'amor* et ceux du Graal ont été reconnues avec précision[46], il est plus malaisé de distinguer entre les figures de Lancelot et de Tristan car l'approche critique s'est trop longtemps confondue avec une histoire des doctrines amoureuses. Non contente de tracer une frontière entre amour-passion et amour courtois (ou, selon les mots du Moyen Âge, entre *fol'amor* et *fin'amor*), celle-ci a reproduit la même distinction à l'intérieur de la tradition tristanienne en opposant une version commune et une version courtoise. À l'encontre du postulat essentialiste sur lequel repose une telle démarche[47], la notion de transcendance décalée proposée par F. Dubost permet d'inscrire la question de l'amour dans le champ de la poétique en l'abordant sous l'angle de la construction d'un discours[48]. Les deux types de déplacement que nous avons distingués (métaphorique dans le *Chevalier de la charrette,* énonciatif dans le *Tristan* de Béroul) s'expliquent par la confrontation des discours aristocratique et ecclésiastique, le premier se développant à la fois *dans* et *contre* le second. La littérature courtoise apparaîtrait donc ainsi comme « le contrepoint laïc de la théologie et des vies de saint [49]». Dans le roman de Chrétien de Troyes, ce contrepoint discursif prend Dieu comme *objet* (d'amour) puisque le transfert s'accomplit vers la Dame, que le discours courtois « divinise ». Chez Béroul, il intéresse le *sujet* de l'énonciation et, comme on l'a vu, il vise à convertir la Vérité, dont Dieu est le garant, en des vérités plurielles que le désir humain oriente à sa guise.

Les mécanismes formels qui permettent d'impliquer Dieu dans l'aventure du désir[50] ne sauraient cependant suffire à rendre compte de ce qui distingue Lancelot et Tristan. Pour peu que l'on cherche à mieux saisir le sens qui oriente la tradition tristanienne, il convient de préciser les contours du discours ecclésiastique *dans* et *contre* lequel celle-ci se construit. Parmi d'autres exemples, le lai de *Chèvrefeuille* montre que la conjonction de l'amour et de la mort – « l'*Eros-Thanatos* » – constitue le centre de perspective du « mythe » tristanien. À supposer que le plus court lai de Marie de France cherche à dégager l'essence de ce mythe à partir du motif de la symbiose qui unit le chèvrefeuille et le coudrier, on ne saurait s'en tenir aux vers bien connus qui semblent livrer la clé de l'emblème : « Bele amie, si est de nus : / Ne vus sanz mei, ne jeo sanz vus[51]. » Comme l'a montré Jean-Pierre Bordier, le comparant végétal est plus révélateur que le comparé :

> Ensemble poënt bien durer,
> Mes ki puis les voelt desevrer,
> Li codres muert hastivement
> Et li chievrefoilz ensement.
>
> (*Chèvrefeuille,* éd. cit., v. 73-76)

Sans doute ces vers reposent-ils sur la dialectique de l'union et de la séparation, l'union étant exprimée par le terme *ensemble,* la menace de séparation par le verbe *desevrer.* Toutefois,

« l'adverbe final *ensement* rétablit la conjonction sur un autre plan, qui n'est plus celui de l'alternative "vivre avec ou mourir sans", mais celui du dépassement "mourir avec"[52] ».

Ainsi que le fait observer Robert Castel, « chaque époque revit à sa manière la tragédie d'une modalité de l'alliance qui ne peut s'accomplir que dans la mort » et c'est pourquoi « ce conte nous parle encore[53] ». Toutefois, comme il le montre à la faveur d'une analyse structurale, le mythe de Tristan se caractérise par la « m[ise] en scène, sous forme de tableaux partiels, [d']une même situation de rupture », où se joue « l'annulation de la société et de l'histoire ». Pour qualifier ce « décrochage par rapport aux régulations à travers lesquelles la vie sociale se reproduit et se reconduit », R. Castel emploie le terme de *désaffiliation*, avant de donner l'exemple de deux « désaffiliés » : Moïse, d'une part, flottant sur le Nil dans un panier d'osier et recueilli par la fille de Pharaon ; Jésus-Christ, de l'autre, « qui n'était pas le fils de son père ». Cependant, ajoute-t-il, « l'un et l'autre ont, à partir de cette dérive, inventé une chose inouïe, un Royaume qui n'est pas de ce monde[54] ».

Riche de nombreux enseignements, l'étude de R. Castel se distingue par deux traits remarquables : 1) La désaffiliation tristanienne produit une utopie, au sens où Paul Ricœur entend ce terme[55] ; 2) Comme le soulignent les références que l'auteur emprunte à la Bible, cette utopie repose sur une visée spirituelle. Il s'agit bien, pour les amants, d'inventer « un Royaume qui n'est pas de ce monde », ainsi que le montre l'épisode de la chambre de verre narré par la *Folie Tristan d'Oxford*. Au roi Marc, qui lui demande où il emmènerait Iseut s'il la lui abandonnait, le héros, qui avait revêtu le masque de la folie, répond :

> [...] la sus en l'air
> ai une sale u je repair.
> De veire est faite, bele et grant ;
> li solail vait par mi raiant.
> En l'air est et par nues pent,
> ne berce ne crolle pur vent.
> Delez la sale ad une chambre
> faite de cristal e de lambre.
> Li solail, quant par matin le frat,
> leenz mult grant clarté rendrat[56].

En renouant avec la description de la loge de feuillage, lieu intime à l'écart du monde, et en la projetant pour ainsi dire dans les cieux, l'utopie présentée par la *Folie Tristan d'Oxford* se construit par référence au paradis chrétien. Les deux passages reposent au moins sur deux traits communs : le temps s'immobilise[57] tandis que rayonne une grande clarté[58].

À l'égard de l'utopie tristanienne, la stratégie de spiritualisation inhérente à la *fin'amor* prend clairement ses distances dans la mesure où elle s'attache à construire, pour les amants, un royaume qui est bien *de ce monde*. Comme le souligne l'expression d'*amour courtois*, inauthentique mais profondément juste[59], une telle érotique acquiesce « à toutes les régulations qui tissent, à un moment donné, un réseau défini de contraintes dans lesquelles s'inscrit l'union de l'homme et de la femme, l'acceptation de ce principe de réalité donnant à la relation amoureuse sa fonction sociale et sa légitimité morale[60] ». Tandis que le paradis promis à Tristan et à Iseut se présente comme une chambre de verre suspendue dans les airs, celui qui réunit les êtres courtois du *Roman de la Rose* consiste en un jardin bien clos, séparé de la société des vilains par un haut mur. Si *fol'amor* et *fin'amor* correspondent, l'une et l'autre, à deux spiritualités déclércalisées, elles traduisent à leur manière (en vertu du contrepoint discursif évoqué précédemment) les deux « grandes directions » suivies par la patristique dans le rapport que celle-ci entretient avec les « structures de ce monde »[61].

Tandis que le paradis promis à Tristan et à Iseut ne relève pas de ce monde, un philtre merveilleux permet aux amants de s'éprouver et de s'affirmer innocents en ce monde. « Qu'el m'aime, c'est par la poison », déclare Tristan devant Ogrin (v. 1384) et même si, comme on l'a souvent remarqué, les amants mentent sur les faits (l'absence de relation charnelle), ils ne mentent pas sur l'intention : jamais ils ne se sont adonnés à l'amour « par puterie » (v. 408, 4166), c'est-à-dire par goût de la débauche, et ils récusent toute « vilanie » (v. 34) ; quant à la « druerie », ils ne sauraient y céder. Comme l'a souligné I. Machta, Iseut ne ment pas quand elle déclare « N'ai corage de druërie / Qui tort a nule vilanie » (v. 33-34), car le second vers ajoute une restriction au premier et la reine ne considère pas que sa relation avec Tristan soit *vilaine*[62]. Le breuvage d'amour agit à cet égard comme une « contre-grâce[63] », expression qu'il convient de mettre en relation avec nos remarques concernant le contrepoint discursif. Grâce au merveilleux, envers laïque du surnaturel officiel[64], « l'absolu de la passion, incarné par le philtre, fait vivre Tristan et Iseut dans un autre monde, régi par d'autres valeurs ; c'est même à y obéir avec fidélité qu'ils édifient sur la faute une innocence plus haute[65] ». En d'autres termes, le philtre contribue ainsi à spiritualiser la chair, selon le projet socio-historique avec lequel se confond la littérature courtoise en langue romane.

*

« Devant le Dieu de Béroul, note É. Dussol, la critique moderne [a] hésité, reculé[66] ». Afin d'expliquer la « complicité béroulienne » qui s'étend à Dieu même et lui fait « encourager en fait ce qu'il condamne et ne peut pas ne pas condamner en droit[67] », de nombreuses hypothèses ont été avancées. En prenant appui sur la notion de transcendance décalée, nous avons cherché à montrer, pour notre part, en quoi l'approche socio-historique offrait une réponse acceptable. La piste de l'énonciation, celle des personnages qui impliquent Dieu dans l'aventure du désir, a permis d'élargir le questionnement au contexte en suggérant que les paroles des amants et de leurs soutiens, d'Ogrin et du narrateur prenaient sens dans le cadre d'une confrontation entre deux vastes formations énonciatives, selon un contrepoint qui articule discours aristocratiques et discours ecclésiastiques.

À cet égard, si l'implication de Dieu dans l'aventure du désir peut se lire comme l'un des « premiers signes d'une crise de la transcendance[68] », c'est dans la mesure où celle-ci repose sur ce que Joseph Morsel nomme « l'appropriation laïque de Dieu[69] », au « grand tournant » des années 1150-1250, au moment où « des valeurs qu'on associait à l'au-delà descendent sur terre[70] ». C'est dire que l'œuvre de Béroul n'est pas isolée : sans même mentionner les thèmes du Graal qui constituent, à côté de l'amour courtois, l'autre grand témoignage littéraire de cette « appropriation laïque », il faut renvoyer aux textes qui prennent Lancelot pour héros, car ils forment le second pan romanesque où s'illustre la « transcendance décalée » chère à F. Dubost. Si l'on revient à notre corpus, il convient surtout de rappeler la manière dont J. Frappier définissait l'esprit des *Tristan* en vers, mettant ainsi en lumière les deux faces du même « défi laïque » :

« complicité de Dieu chez Béroul, glorification de l'amour profane chez Thomas[71] ».

Au moment où « l'Unique change de scène », selon la belle formule de Michel de Certeau[72], la littérature courtoise s'inscrit donc dans le vaste processus de désenchantement du monde souvent décrit par ailleurs. Un tel transfert, de Dieu vers la Dame, de l'amour de Dieu vers l'amour humain, est cependant loin d'être univoque. Porté par la lyrique et le roman des XIIe et XIIIe siècles, l'amour courtois connaît une telle diffusion qu'il va contribuer, à son tour, à l'émergence de nouvelles écritures spirituelles. C'est sans doute parce qu'il est cousu de fil théologique qu'il joue un grand rôle aussi bien dans la spiritualité franciscaine ou dans l'œuvre de Dante, *poeta theologus*, que dans les écrits de ces mystiques rhéno-flamandes qu'on a parfois appelées *troubadours de Dieu*[73], au premier rang desquelles il faut citer Marguerite Porete[74]. Autant d'œuvres, en somme, qui cherchent à impliquer l'homme dans l'aventure du désir de Dieu.

Jean-René Valette
Université de Paris-Ouest-Nanterre-La Défense - CSLF

NOTES

[1] Alain Guerreau précise que la notion de religion apparaît entre le XVIIe et la fin du XVIIIe siècle : « En distinguant religion de l'homme et religion du citoyen, Rousseau constituait la religion en relation privilégiée avec Dieu, en sphère particulière de l'activité. S'effondrait par là même l'Église féodale, union intrinsèque du rapport de chacun avec Dieu et de l'organisation générale de la société » (« Fief, féodalité, féodalisme. Enjeux sociaux et réflexion historienne », *Annales ESC*, 1, 1990, p. 156).

[2] Michel Zink, *Poésie et conversion*, Paris, PUF, 2003, p. 1.

[3] Jean Frappier, « Le Graal et la chevalerie », *Romania*, 75, 1954, p. 205.

[4] « Inversion, contrefaçon, perversion : tels sont les trois aspects que prend la diabolie en s'attaquant à trois sémioticités différentes. Ils emportent, à chaque fois, une relation règlementée et un *relatum* tenu pour stable : la symbolisation et le symbolisé, la désignation et le référent, la signification et le signifié. Étant donné que les trois relations [...] sont touchées, ces trois types dessinent les virtualités du discours diabolique, en tant qu'il est conçu comme *pouvoir de séparer.* » (Claude Reichler, *La Diabolie : la séduction, la renardie, l'écriture*, Paris, Minuit, 1979, p. 15).

[5] Voir Jean-René Valette, « Entre Renart et Galaad : remarques sur la littérature des XIIe et XIIIe siècles », *À la recherche d'un sens : littérature et vérité. Mélanges Monique Gosselin-Noat*, dir. Yves Baudelle *et al.*, Lille, Éd. Roman 20-50, 2014, t. I, p. 79-90.

[6] Voir aussi Jean R. Scheidegger : « *Renart* prend place dans la littérature (la culture) médiévale comme un lieu de séduction et de subversion » (*Le Roman de Renart ou le texte de la dérision*, Genève, Droz, 1989, p. 19). Une telle formule conviendrait bien à Tristan (cf. Jean-Charles Payen, « Lancelot contre Tristan : la conjuration d'un mythe subversif (réflexions sur l'idéologie romanesque du Moyen Âge) », *Mélanges Pierre Le Gentil*, Paris, SEDES, 1973, p. 617-632).

[7] Telle est l'expression par laquelle est généralement désigné ce qui est devenu un véritable thème historiographique. Voir notamment Moshé Lazar, *Amour courtois et fin'amors dans la littérature du XIIe siècle*, Paris, Klincksieck, 1964, p. 146 *sq.*

[8] Stéphane Marcotte, « Le nom de Dieu dans le *Tristan* de Béroul », *Béroul, Rabelais, La Fontaine, Saint-Simon, Maupassant, Lagarce*, Paris, PUPS (Styles, genres, auteurs, 11), p. 15.

[9] F. Dubost, « Lancelot et Tristan ou la transcendance décalée », *Personne, personnage et transcendance aux XIIe et XIIIe siècles*, dir. Marie-Étiennette Bély et J.-R. Valette, Lyon, Presses Universitaires de Lyon, 1999, p. 25.

[10] *Ibid.*, p. 21. Pour une distinction entre littérature d'édification et « littérature du désir », voir aussi, sous la plume de F. Dubost, « Merveilleux et fantastique au Moyen Âge : positions et propositions » (*Revue des Langues Romanes*,

t. C/2, 1996, p. 5 *sq.*). Sur le désir dans la littérature du XIIe siècle, souvent lié au merveilleux, voir Daniel Poirion, *Le Merveilleux dans la littérature française du Moyen Âge*, Paris, PUF (Que sais-je ?), 1982, ainsi que *Résurgences. Mythe et littérature à l'âge du symbole (XIIe siècle)*, Paris, PUF, 1986 ; Laurence Harf-Lancner, *Les Fées au Moyen Âge. Morgane et Mélusine, la naissance des fées*, Paris, Champion, 1984 ; Francis Gingras, *Érotisme et merveilles dans le récit français des XIIe et XIIIe siècles*, Paris, Champion, 2002.

[11] F. Dubost, « Lancelot et Tristan… », art. cit., p. 30.

[12] Roger Dragonetti, *La Technique poétique des trouvères. Contribution à l'étude de la rhétorique médiévale*, Genève, Slatkine Reprints, 1979 [1960], p. 113-121. À côté des métaphores religieuses, R. Dragonetti étudie aussi la transposition du vocabulaire féodal, ce qu'on a nommé le *vasselage amoureux*, ainsi que les métaphores empruntées aux plantes et à la lumière.

[13] Jean Frappier, « Structure et sens du *Tristan* : version commune, version courtoise », *Cahiers de Civilisation Médiévale*, 6, 1963, p. 265.

[14] F. Dubost, « Lancelot et Tristan… », art. cit., p. 29.

[15] *Ibid.*, p. 25.

[16] S. Marcotte, « Le nom de Dieu… », art. cit., p. 30. L'auteur montre cependant que « certaines précautions […] atténuent l'outrage ».

[17] C'est ce que souligne Brengain en évoquant Dieu « qui ne menti » (Béroul, *Le Roman de Tristan*, Paris, Champion (CFMA), 1974 (4e éd.), v. 372).

[18] Étienne Dussol, « À propos du *Tristan* de Béroul : du mensonge des hommes au silence de Dieu », *Et c'est la fin pour quoy sommes ensemble. Hommage à Jean Dufournet*, Paris, Champion, 1993, t. 2, p. 527.

[19] Sous cette expression, S. Marcotte range notamment l'épisode de la fontaine où Dieu fait parler Iseut la première (v. 352) et celui au cours duquel il venge les amants des médisants (v. 2763).

[20] J. Frappier, « Structure et sens du Tristan… », art. cit., p. 447. Sur la « logique du miracle ambigu » et, plus généralement, sur le rapport entre ruse et transcendance, voir Insaf Machta, *Poétique de la ruse dans les récits tristaniens du XIIe siècle*, Paris, Champion, 2010, en particulier p. 337-357.

[21] Marie-Louise Ollier, « Le statut de la vérité et du mensonge dans le *Tristan* de Béroul », *Tristan et Iseut, mythe européen et mondial*, Actes du colloque des 10-12 janvier 1986, dir. Danielle Buschinger, Göppingen, Kümmerle, respectivement p. 299 et 298.

[22] *Ibid.*, p. 299.

[23] « Dans la version commune, en vérité, l'intervention de Dieu au profit des amants reste un élément subjectif, une foi, une présomption. Possibilité ardemment espérée, probabilité si l'on veut, jamais on ne la voit se traduire en acte, objectivement, devenir certitude. » (J. Frappier, « Structure et sens du *Tristan…* », art. cit., p. 447)

[24] M.-L. Ollier, « Le statut de la vérité … », art. cit., p. 304 et 307.

[25] Guy Raynaud de Lage, « Du style de Béroul », *Les premiers romans français et autres études littéraires et linguistiques*, Genève, Droz, 1997, p. 177 (1re public. de l'art., 1964).

[26] Patrick Henriet, « Le saint ermite, hors de l'Église puis en son cœur », conférence prononcée le 6 févr. 2014 dans le cadre du séminaire *Ecclésiologie et théories anciennes de la société* (EHESS, CNRS, ENS Lyon), dir. Frédéric Gabriel, Dominique Iogna-Prat et Alain Rauwel.

[27] Voir notamment Paul Bretel, *Les Ermites et les moines dans la littérature française du Moyen Âge (1150-1250)*, Paris Champion, 1995 et, du même auteur, les articles regroupés sous le titre *Littérature et édification au Moyen Âge*, Paris, Champion, 2012.

[28] Erich Köhler, « Le concept de *prodome* dans le roman arthurien, en particulier chez Chrétien de Troyes », dans, Erich Köhler, *L'Aventure chevaleresque*, Paris, Gallimard, 1970 [1956], p. 149-159.

[29] P. Bretel *Les Ermites et les moines…, op. cit.* (cf. chap. 15, « Le *preudome* comme type littéraire »).

[30] E. Köhler, « Le concept de *prodome…* », art. cit., p. 156.

[31] P. Henriet, en collaboration avec J.-R. Valette, « *Perlesvaus* et le discours hagiographique », *Repenser le Perlesvaus*, dir. Catherine Nicolas et Armand Strubel, *Revue des Langues Romanes*, t. 118/2, 2014, p. 73-93 (ici p. 79).

[32] *Ibid.*

[33] M.-L. Ollier, « Le statut de la vérité… », art. cit., p. 307. Quant au roi Marc, précise-t-elle, « il ne connaît que l'auteur de la création et n'en appelle à lui que comme image de sa propre puissance ».

[34] Jean Rychner, « Renart et ses conteurs : le style de la sympathie », *Travaux de linguistique et de littérature*, 91, 1971, p. 321. On se souvient que J.-Ch. Payen récusait la distinction entre version commune et version courtoise en présentant le *Tristan* de Béroul comme une version épique et celui de Thomas comme une version lyrique. Il invoquait même « une troisième tradition, celle de la version chevaleresque illustrée par le *Tristan en prose* » (J.-Ch. Payen éd., *Tristan et Iseut*, Paris, Garnier, 1974, p. VII).

[35] Voir Paul Zumthor, *Introduction à la poésie orale*, Paris, Seuil, 1993, p. 32.

[36] J. Frappier, « Structure et sens du Tristan… », art. cit., p. 445.

[37] J.-Ch. Payen, *Le Motif du repentir dans la littérature française médiévale (des origines à 1230)*, Genève, Droz, 1967, p. 336.

[38] Alberto Varvaro, *Il Roman de Tristan di Béroul*, Torino, Bottega d'Erasmo, 1963, p. 89 *sq.*

[39] J.-Ch. Payen, *Le Motif du repentir…, op. cit.*, p. 336, n. 14.

[40] Voir l'article figurant dans le présent numéro de la *Revue des Langues Romanes* sous le titre « La folie du désir : Tristan, Lancelot, Galehot *et alii…* ». Sur l'identification du roman à la « littérature du désir », voir aussi F. Gingras, *Le Bâtard conquérant. Essor et expansion du genre romanesque au Moyen Âge,* Paris, Champion, 2011, chap. 3, p. 119 *sq.*

[41] Pour s'en convaincre, il suffit probablement de se reporter à l'ouvrage classique de Dom Jean Leclercq, *L'amour des Lettres et le désir de Dieu. Initiation aux auteurs monastiques du Moyen Âge*, Paris, Cerf, 1990 [1956].

[42] A. Guerreau-Jalabert, « Le graal, le Christ et la chevalerie », *Pratiques de l'eucharistie dans les Églises d'Orient et d'Occident (Antiquité et Moyen Âge)*, dir. N. Bériou *et al.*, Paris, 2009, t. 2, p. 1071.

[43] *Ead.*, « Parenté », *Dictionnaire raisonné de l'Occident médiéval*, dir. J. Le Goff et J.-C. Schmitt, Paris, 1999, p. 874.

[44] Nous empruntons cette expression au titre d'un ouvrage récent (Ruedi Imbach et Catherine König-Pralong, *Le Défi laïque. Existe-t-il une philosophie de laïcs au Moyen Âge ?*, Paris, Vrin, 2013).

[45] A. Guerreau-Jalabert, « Le temps des créations (XIe-XIIIe siècle) », *Histoire culturelle de la France*, t. 1, dir. M. Sot *et al.*, Paris, 2005, p. 236.

[46] Ainsi A. Guerreau-Jalabert distingue-t-elle une logique de renversement et une logique de surenchère : « 1. D'abord celle de l'amour dit courtois, qui non seulement met en cause les principes du mariage chrétien, mais plus encore fonde en quelque sorte la légitimité aristocratique de la chair, prétendant associer progrès spirituel et amour charnel [...] 2. À partir des années 1180, les thèmes du Graal, qui correspondent à une stratégie non plus de renversement, mais de surenchère, font des chevaliers des hommes plus spirituels que les clercs et les représentent comme la véritable Église, fondée, à la mort de Jésus, par un chevalier, Joseph d'Arimathie. » (A. Guerreau-Jalabert, « L'Arbre de Jessé et l'ordre chrétien de la parenté », *Marie. Le culte de la Vierge dans la société médiévale*, dir. Dominique Iogna-Prat, *et al.*, Paris, Beauchesne, 1996, p. 169)

[47] Sur ce point, voir l'introduction de John W. Baldwin, qui fonde la présentation de sa position théorique sur cinq concepts : discours, hétérogénéité, constructions, non-essentialisme, altérité. À propos du quatrième concept, il note : « Traiter de constructions culturelles permet de prévenir toute tentative pour produire des explications essentialistes, ontologiques, réifiées ou originaires » (*Les langages de l'amour dans la France de Philippe Auguste*, Paris, Fayard, 1997 [1994] p. 26).

[48] À propos de l'idée selon laquelle, avant d'être un état d'esprit, l'amour courtois est un langage, voir Rüdiger Schnell, « L'amour courtois en tant que discours courtois sur l'amour », *Romania*, 110, 1989, p. 72-126 et 331-363.

[49] A. Guerreau-Jalabert, « Histoire médiévale et littérature », *Le Moyen Âge aujourd'hui*, dir. J. Le Goff et G. Lobrichon, Paris, 1997, p. 147.

[50] Comme on le voit, nous proposons de généraliser l'emploi de la belle formule que F. Dubost réservait au seul Tristan.

[51] Marie de France, « Chèvrefeuille », *Les Lais*, éd. Jean Rychner, Paris, Champion, 1978, v. 77-78.

[52] Jean-Pierre Bordier, « La "vérité" du Chèvrefeuille », *Perspectives médiévales*, 2, 1976, p. 50.

[53] Robert Castel, « Le roman de la désaffiliation : à propos de Tristan et Iseut », *Le Débat*, 61, 1990, p. 152.

[54] *Ibid.*

[55] « Toutes les idéologies répètent ce qui existe en le justifiant, et cela donne un tableau – un tableau déformé – de ce qui est. En revanche, l'utopie a le pouvoir fictionnel de redécrire la vie. » Ainsi « l'élément utopique a toujours fait bouger l'élément idéologique » (P. Ricœur, *L'idéologie et l'utopie*, Paris, Seuil (Points), 2005 [1997], p. 406 et 411).

[56] *La Folie Tristan d'Oxford*, dans *Les deux poèmes de la Folie Tristan*, éd. Félix Lecoy, Paris, Champion, 1994, v. 301-310.

[57] Le vers 306 (« ne berce ne crolle pur vent ») fait écho au célèbre octosyllabe béroulien : « Vent ne cort ne fuelle ne tremble » (v. 1826).

[58] Suspendu entre terre et ciel, inaccessible aux intempéries, et fleuri en toutes saisons, le lieu que présente la *Folie Tristan de Berne* offre une nouvelle version décléricalisée du paradis des amants : « Entre les nues et lo ciel, / de flors et de roses, sanz giel, / iluec ferai une maison / o moi et lui deduiron. » (éd. F. Lecoy, v. 164-167).

[59] Faut-il rappeler que l'expression d'*amour courtois*, forgée par référence à la vie de cour, se trouve pour la première fois, sous la plume de Gaston Paris, dans un article consacré au *Chevalier de la charrette* (*Romania*, t. 12, 1883, p. 459-534). Inconnue du Moyen Âge, cette formule n'est pourtant pas absurde : « Gaston Paris fut fort bien inspiré », estime G. Duby (*Histoire des femmes en Occident*, dir. G. Duby et M. Perrot, t. 2, *Le Moyen Âge*, dir. Ch. Klapisch-Zuber, Paris, Plon, 1991, p. 266).

[60] R. Castel, « Le roman de la désaffiliation… », art. cit., p. 154.

[61] C'est ce qu'a bien marqué Joseph Ratzinger en opposant deux théologies de l'histoire : « D'un côté, celle de la "théologie impériale" qui, en tant que théologie d'une construction chrétienne du monde, dit un oui résolu à ces structures – elle est depuis Eusèbe de plus en plus fréquente en Orient, et en Occident, c'est Orose qui peut être considéré comme son représentant ; de l'autre, celle de la "théologie pneumatique" de la victoire chrétienne sur le monde au sens néo-testamentaire. Elle a trouvé en Augustin son défenseur le plus remarquable. » (Joseph Ratzinger, *La Théologie de l'Histoire de saint Bonaventure*, Paris, PUF, 1988 [1959], p. 110)

[62] I. Machta, *Poétique de la ruse dans les récits tristaniens français du XIIe siècle*, *op. cit.*, p. 346.

[63] J.-Ch. Payen, « Ordre moral et subversion politique dans le *Tristan* de Béroul », *Mélanges Jeanne Lods (du Moyen Âge au XXe siècle)*, Paris, Collection de l'ENSJF, 1978, t. 1, p. 474.

[64] Voir sur ce point A. Guerreau-Jalabert, « Fées et chevalerie : observations sur le sens social d'un thème dit merveilleux », *Miracles, prodiges et merveilles au Moyen Âge*, XXVe Congrès de la SHMES (Orléans, 1994), Paris, Publications de la Sorbonne, 1995, p. 133-150.

[65] M.-L. Ollier, « Le statut de la vérité… », art. cit., p. 301.

[66] É. Dussol, « À propos du *Tristan* de Béroul… », art. cit., p. 525.

[67] Pierre Le Gentil, « La Légende de Tristan vue par Béroul et Thomas. Essai d'interprétation », *Romance Philology*, 7, 1953-1954, p. 113.

[68] F. Dubost, « Lancelot et Tristan ou la transcendance décalée », art. cit., p. 33.

[69] Joseph Morsel, *L'Aristocratie médiévale. La domination sociale en Occident (V^e^-XVe siècle)*, Paris, A. Colin, 2044, p. 160.

[70] J. Le Goff, « Le Moyen Âge a poursuivi quelque chose de plus fort que le bonheur : la joie », *Le Point*, *« Le Bonheur. Les textes fondamentaux »,* Hors série, 23, 2009, p. 65.

[71] Telle est la formule par laquelle J.-Ch. Payen (« Lancelot contre Tristan… », p. 617) résume l'étude que J. Frappier a consacrée au *Tristan* (« Structure et sens… », art. cit.).

[72] « Depuis le XIIIe siècle (l'Amour courtois, etc.), une lente démythification religieuse semble s'accompagner d'une progressive mythification amoureuse. L'unique change de scène. Ce n'est plus Dieu, mais l'autre et, dans une littérature masculine, la femme. » (Michel de Certeau, *La Fable mystique, I (XVIe-XVIIe siècle)*, Paris, Gallimard (Tel), p. 13)

[73] Georgette Epiney-Burgard et Émilie Zum Brunn, *Femmes troubadours de Dieu*, Turnhout, Brepols, 1988.

[74] « Marguerite Porete et le discours courtois », *Marguerite Porete et le* Miroir des simples âmes, dir. S. L. Field, R. E. Lerner, S. Piron, Paris, Vrin (Études de philosophie médiévale), 2013, p. 169-196.

VARIA

Philologie et onomastique : trois formes gévaudanaises suspectes dans les *Biographies des troubadours* (*Capieu, Meinde, Jauvadan*)*

1. Aocc. *Capieu* ?

Dans la *razo* introduisant la *cobla* d'Iseut de Capio (P.-C. 253, 1), Boutière/Schutz (1973, 423) impriment « N'Iseuz de Capi*eu* ». Les éditeurs rejettent dans l'apparat la leçon « Capion » du seul ms. (*H*)[1].

1.1. Une telle correction (non argumentée) paraît contestable. D'après les données fournies au lecteur, elle ne peut avoir été pratiquée qu'en s'appuyant sur la forme qu'affecte le toponyme en français contemporain : *Chapieu,* nom d'un écart de la commune de Lanuéjouls, près de Mende (cf. Boutière/Schutz 1973, 424 n. 1 ; l'identification est due à Brunel 1915-1916, 463)[2]. Il s'agit donc, à notre avis, d'un rajeunissement intempestif qui altère le texte.

1.2. La forme *Capion* du ms. est irréprochable. Elle répond parfaitement à la tradition médiévale du toponyme telle qu'elle est connue par des textes non littéraires de la région, et elle fournit un très bon point de départ permettant d'expliquer la forme française actuelle.

1.2.1. Les attestations médiévales vernaculaires du toponyme, fournies par les *Feuda Gabalorum,* sont en effet en *-iö* : aocc. *Chapïö* « castra de Mont Teulos et de Chapio [...] dictum castrum de Chapio » 1264 (Porée 1919, 502) ; (dans des noms de personnes) : « domino Guigone de Chapio, [...] Gervais de Chapio » (en contexte latin, acte de 1239 reproduit en 1307, FG 2/2, 56) et

* Nos remerciements s'adressent à Yan Greub pour ses remarques sur une première version de cette note, et à Walter Meliga pour son confraternel soutien bibliographique.

« G. de Chapio » (acte en occitan de 1249 reproduit en 1307, *op. cit.*, 2/2, 44), « Henricus de Chapio » en 1269 (Porée 1919, 507). Les formes latinisées médiévales adaptent fidèlement la forme occitane : Brunel (1915-1916, 463, 467 et n. 8) donne mlt. *Capione* en 1229 et 1259 ; Brunel (1954, 252), *Capione* en 1314 ; dans les *Feuda Gabalorum*, on trouve de même, en 1307, mlt. *Capione* (FG 1, 90 et n. 4 ; 2/1, 28 et n. 2 ; 2/2, 95 et n. 2), *Capionem* (*op. cit.*, 2/1, 29) et *Capionis* (*op. cit.*, 1, 94). On ajoutera mlt. *Capione* en 1364 (Bernard 1982, 182).

1.2.2. À partir de *Chapïó*, le toponyme a évolué comme les autres mots en *-ïó* (généralement des emprunts savants au latin). L'accent a été retrogradé en **-ío* ; puis ce groupe de voyelles est devenu une diphtongue décroissante et celle-ci a suivi la même évolution que la diphtongue *íu* (sans doute après fusion avec celle-ci) jusqu'à [ˈjeu̯] (*iéu*) ; cf. Ronjat (1930-1941, 1, 391). On a parallèlement, par exemple, Mende (et autres points dans la partie méridionale de la Lozère) [asẽnˈsjeu̯] s. f. "fête de l'Ascension" (ALMC 1664) < aocc. *ascensió* (FEW 25, 416a, ASCENSIO), et [rugaˈsjeu̯s] s. f. pl. "rogations" (ALMC 1664 ; Escolo Gabalo 1992, 443 *rougacieus*) < **rogació* (Ø FEW 10, 447a, ROGATIO, peut-être emprunté au français, où *rogations* est attesté depuis la fin du 14e siècle, TLF)[3]. Le stade *iéu* est attesté en Gévaudan depuis le milieu du 15e siècle (Brunel 1916, 260 [a. 1440, a. 1455], qui cite d'ailleurs ici frm. *Chapieu*). C'est par conséquent à une issue occitane régulière et ancienne **Chapiéu* que le français (frm. *Chapieu* depuis 1779-1780, Cassini, f. 55) a emprunté le mot.

1.3. Au total, *Capion* s'intègre de manière entièrement satisfaisante sur l'axe diachronique du toponyme, et l'on a toutes les raisons de s'en tenir à la forme du ms. : « Capion ».

2. Aocc. ***Meinde*** **?**

Favati (1961, 218) et Boutière/Schutz (1973, 343, 1) éditent ainsi le début de la *vida* de Garin d'Apchier : « Garins d'Apchier si fo uns gentils castellans de Jauvadan, de l'evesquat de Meinde, qu'es en la marqua d'Alverne e de Roserge e de l'evesquat del Puoi Sainta Maria ». Chabaneau (1885, 270) et Latella (1994, 96) impriment également « Meinde ».

2.1. L'insuffisance, voire l'absence d'analyse linguistique (diachronique) des toponymes, qui nous a semblé patente dans le cas de « Capi*eu* », se manifeste aussi dans celui de « Meinde ».

2.1.1. En dépit de l'accord des deux mss (*IK*), il ne nous semble pas que la forme « Meinde » puisse être admise. D'une part, elle n'est pas attestée par ailleurs (voir les matériaux réunis ci-dessous § 2.1.2.). D'autre part, une graphie « Meinde » ne peut représenter aucune des étapes que l'on peut établir sur l'axe diachronique qui relie protorom. rég. *[ˈmemate], reflété à l'écrit par *Mimate* (abl.) chez Grégoire de Tours (*H. F.* X, 29 = Vincent 1937, 87)[4], à occ.cont. [ˈmẽnde] (Hallig 1970, 113)[5]. Le développement phonétique du toponyme, qui est parfaitement régulier, a été assez correctement décrit par Flutre (1957, 193 n. 1) : (**Mĭmăte* ? >) **Mémate* > **Mémade* > **Mémede* > aocc. *Memde* > aocc. occ.cont. *Mende* (cf. Ronjat 1930-1941, 1, 239, 263 ; 2, 210).

2.1.2. En revanche, la forme médiévale *Memde*, représentation graphique adéquate de la forme orale *[ˈmemde] attendue sur l'axe diachronique du toponyme, est facile à attester. Dans les documents : aocc. *Memde* mil./2e m. 11e s. [cop. fin 11e s.] (doc. Mende, Brunel 1951, 40), ~ 1152 [orig.] (doc. Gévaudan, Brunel 1916, 21 = 1926, n° 70, 2 = Flutre 1957, 195 n. 3), ~ 1219 [orig.] (doc. Mende, Brunel 1916, 23, 24, 27, 28 [3]), ~ 1231 [cop. 1307] (en contexte latin, dans un nom de personne) « Raymundo de ~ » (doc. Mende, FG 2/2, 168), ~ 1249 [cop. 1307] (doc. Mende, FG 2/2, 41, 44 [2]). En ancien occitan littéraire : *Memde* ~ 1re m. 13e s. [ms. 1re m. 14e s.] (SÉnim [auteur gévaudanais], Vincent 1937, 87 = éd. Brunel 1970 [1916], v. 1050, 1938), ~ ms. 14e s. (strophe apocryphe, figurant seulement dans le ms. *C*, de P.-C. 355, 37, Wiacek 1968, 133 = Chambers 1971, 184 = éd. Lavaud 1957, 397 n. 56). On trouve déjà le dérivé (+ -ĒNSE) *Memdés*, nom de pays, dans « Bonafos de Memdes » 1036-1061 [cop. 14e s.] (Flutre 1957, 195 n. 3 = Cassan/Meynial 1900, 348)[6].

On rencontre un peu plus tard la forme graphique en <-nd-> qui enregistre l'assimilation régressive de la consonne nasale, elle aussi attendue sur l'axe de l'oralité : aocc. *Mende* 1263 (doc. Montferrand, Lodge 1985, 95), ~ 1270-1271 (doc. Montferrand, *op. cit.*, 121 [2]), ~ 1307 (doc. Mende, cop. d'un acte de 1235, en contexte latin, dans un nom de personne, FG 2/2, 183)[7], ~ *de Guavaldá* [orig.] 1385-1386 (doc. Rodez, Bousquet 1943, 316), ~ 1391-1452 [orig.] (doc. St-Flour, DAOA 38, 102, 115, 316, 336, 605, 662, 1092, 1200)[8], ~ 1414 [orig.] (doc. Chaudes-Aigues, DAOA 5), ~ *ca* 1423 (doc. Gévaudan, Brunel 1916, 35 [2], 36), ~ 1437 (doc. Mende, Brunel, *art. cit.*, 37 [2]), ~ 1441 (doc. Mende, Brunel, *art. cit.*, 39), ~ 1472-1473 (doc. Mende, André 1885, 23), ~ 1499 [minute] (doc. Gévaudan, Brunel 1916, 40, 41 [3], 42, 43, 44, 47), occ.mod. ~ 1507 [orig.] (doc. St-Flour, DAOA 305), ~ 1552 (doc. La Canourgue, *art. cit.*, 52)[9]. Selon Vincent (1937, 87), *Mende* serait documenté dès 1152, mais l'auteur renvoie à « BEC 77 », c'est-à-dire à Brunel (1916, 21), où l'on ne trouve que *Memde*.

2.2. Ainsi, <ei> ne pouvant noter [e] et <in> ne pouvant noter [n], « Meinde » est privé de toute assise dans la langue. Cette forme isolée ne peut donc trouver d'explication qu'à l'intérieur du code écrit : c'est une faute de copiste manifeste pour « Memde », faute commise probablement loin du Gévaudan. Il nous semble donc qu'on a le droit et même le devoir de corriger en « Memde » une forme qui ne peut être qu'étrangère à la langue dans lequel le texte a été rédigé.

3. Aocc. *Jauvadan* ?

Au début de la même *vida* de Garin d'Apchier, Favati (1961, 219) et Boutière/Schutz (1973, 343, 1) éditent, on l'a vu (ci-dessus § 2), « Jauvadan », en accord avec les deux mss (*IK*). Latella (1994, 96) fait de même. Chabaneau (1885, 270) imprimait, au contraire, « Javaudan », mais sans indiquer qu'il corrigeait (il n'indiquait pas davantage qu'il corrigeait, dans la même phrase, « Roserge » en « Rosergue »).

3.1. Voici les formes occitanes médiévales du nom du Gévaudan qui sont parvenues à notre connaissance. Dans les documents : aocc. *Javaldá* 1219 [orig.] (doc. Mende, Brunel 1916, 23, 24 n. *b*, 25 et n. *b*, 27 = Billy 2011, 277), *Gavaldá* 1219 [orig.] (doc. Mende, Brunel 1916, 23 n. *i*), *Javaldá* 1249 [cop. 1307] (doc.

Mende, FG 2/2, 41), *Javaldá* 1378-1439 [orig.] (doc. St-Flour, DAOA XXXVI, 69, 78, 106, 136, 139, 638, 1116, 1134, 1290 ; Boudet 1900, 25, 28, 99)[10], *Guavaldá* 1385-1386 [orig.] (doc. Rodez, Bousquet 1943, 316), *Gavaldá* 1388 [cop. 14e s.] (doc. Rodez, Saige/Dienne 1900, 1, 294), *Guavaldá* 1413-1415 [orig.] (doc. Aubrac, Rigal 1934, 743, 753, 767), *Javaldan* 1433 et 1439 [orig.] (DAOA 13, 16), *Gavaldá* 1452 [orig.] (doc. Aubrac, Rigal 1934, 719), *Givaudá* 1499 [minute] (doc. Gévaudan, Brunel 1916, 40 ; continué par occ.cont. [La Chaze-de-Peyre] *Gibaudan* 1898-1911, Remize 1968-1981, 1, 454 ; 3, 316, 374)[11]. En ancien occitan littéraire : *Guavaudá* [graphie de *C*] 1193-1210 [var. *Guavaldá IK*, *Gavaudá ER*] (MongeMont, Routledge 1977, 125, 130 = Wiacek 1968, 119 = Chambers 1971, 140), ~ 1re m. 13e s. [ms. 1re m. 14e s.] (SÉnim [auteur gévaudanais], Vincent 1937, § 268 = Flutre 1957, 134 n. 2 = éd. Brunel 1970 [1916], 72), *Guavaudá* [graphie de *CT*] *ca* 1255 [var. *Gavaudá I*, *Guavaudan R*, *Javaudá M*, « guavalida » *K*, « iavanda » *D*b] (PCard, Vatteroni 2013, 2, 678 = Wiacek 1968, 119 = Chambers 1971, 140)

3.2. Nous n'avons jamais rencontré, pas même dans les *vidas*[12], de forme métathésée du type de « Jauvadan »[13]. Cette dernière forme, qu'on peut dire sans enracinement dans la langue, doit être analysée comme le fruit d'un accident d'écriture individuel : un *lapsus calami* qu'on est en droit, à la suite de Chabaneau, mais à condition de le dire et de dire pourquoi, de corriger en « Javaudan ».

Jean-Pierre Chambon
Université de Paris-Sorbonne

NOTES

[1] Chabaneau (1885, 282) imprimait à tort « Capnion » (voir Brunel 1915-1916, 462 n. 2, 463 ; P.-C. 236). Même forme fautive dans Chabaneau/Anglade (1915, 180, 348).

[2] Bogin (1978, 117) soutenait que « ALMUCS DE CASTELNAU et ISEUT DE CAPIO [...] étaient originaires de deux villes de Provence, à une cinquantaine de kilomètres à l'est d'Avignon, dans la vallée du Lubéron ».

[3] Cf. encore Lozère *definicieu*, *digestieu*, *oucasieu*, *punicieu* etc. (Escolo Gabalo 1992, 169, 187, 357).

[4] Cf. aussi l'adjectif *Memmatinsis* montis (*H. F.* I, 28 ; Vincent 1937, 87 ; Soutou 1953, 258 et n. 1 et Flutre 1957, 194 n. 2 « *Memmatensis* »),

[5] « *Mende* » (Camproux 1962, 1, 784) est, en principe, une notation phonétique, mais en réalité inconsciemment phonologique, qui n'« entend » pas la nasalité de la voyelle notée en revanche par Hallig. — Forme occitane écrite contemporaine : *Mende* (1908-1927, Remize 1968-1981, 1, 206, 210, 212 ; 2, 134, 136 ; 3, 104, 372, 380).

[6] Cassan/Meynial et Flutre voient à tort dans « Memdes » le nom de la cité. Cf. Lozère *mendés* adj. "mendois ; de Mende" (Escolo Gabalo 1992, 332).

[7] Flutre (1957, 193 n. 1) connaît *Mende* en 1288, mais il ne fournit pas de référence.

[8] Nous remercions Philippe Olivier qui a bien voulu extraire pour nous les données du DAOA.

[9] De l'ancien occitan, par emprunt : fr. *Mende* (1318, Billy 2011, 362 ; 1390 [copies 17e s.], Saige/Dienne 1900, 1, 323, 325, 326, 327 ; 1391, HGL 10, 1826 ; 1390-1391 [orig.], Saige/Dienne 1900, 1, 328 ; 1391-1394 [orig.], *op. cit.*, 1, 345-401, *passim* ; 1400 [cop.], Rigal 1934, 699 [2] ; depuis 1440, HGL 10, 2182).

[10] Nous remercions Philippe Olivier qui a bien voulu extraire pour nous les données du DAOA.

[11] Pour des attestations latines et françaises, voir Flutre (1957, 134 et n. 1, 2). Malgré ce que paraît laisser entendre Billy (2011, 277), *Givaudan* 1387 (HGL 10, 1729 [2], n° 696) ne relève point de « l'occitan local », mais du moyen français de la chancellerie du duc de Berry (le document est « escript à Paris »).

[12] Voici les graphies qui se trouvent ailleurs dans les mss d'après Boutière/Schutz (1973, 321, 2 ; 349, 1; 408, 2) : *Gavaudá*, *Gavaudan*, *Gavaudam*, *Javaldá*, *Javaudá*, *Javaudan*, *Jauvaudá*.

[13] Il en va de même dans les noms de personne médiévaux du type (*de*) *Gavaldá*, pour lesquels nous renvoyons aux dépouillements de Guida (1980, 70-76).

Références bibliographiques

ALMC = Nauton, Pierre, 1957-1963. *Atlas linguistique et ethnographique du Massif Central*, 4 vol., Paris, CNRS.

André, Ferdinand, 1885. « Le budget municipal de la commune de Mende en l'an 1472-3 », *in* : *Documents antérieurs à 1790 publiés par la Société d'agriculture, industrie, sciences et arts du département de la Lozère*, 3e partie, t. I, 23-43.

Bernard, René Jean, 1982. *Paroisses et communes de France. Dictionnaire d'histoire administrative et démographique. Lozère*, Paris, CNRS.

Billy, Pierre-Henri, 2011. *Dictionnaire des noms de lieux de la France (DNLF)*, Paris, Errance.

Bogin, Meg, 1979. *Les Femmes troubadours*, Paris, Denoël/Gonthier.

Boudet, Marcellin, 1900. *Registres consulaires de Saint-Flour en langue romane avec résumé français (1376-1405)*, Paris/Riom, Champion/Jouvet, 1900.

Bousquet, H., 1943. *Comptes consulaires de la cité et du bourg de Rodez. Première partie : cité, volume deuxième [1358-1388]*, Rodez, Carrère.

Boutière, Jean / Schutz, Alexander Herman, 1973. *Biographies des troubadours. Textes provençaux des XIIIe et XIVe siècles*, 2e édition, refondue et augmentée, avec la collaboration de Irénée-Marcel Cluzel, Paris, Nizet.

Brunel, Clovis, 1915-1916. « Almois de Châteauneuf et Iseut de Chapieu », *Annales du Midi* 27-28, 462-469.

Brunel, Clovis, 1916. « Documents linguistiques du Gévaudan », *Bibliothèque de l'École des chartes* 77, 5-57, 241-285.

Brunel, Clovis, 1951. « Les juges de paix en Gévaudan au milieu du XIe siècle », *Bibliothèque de l'École des chartes* 109, 32-41.

Brunel, Clovis, 1954. « Sur l'identité de quelques troubadours », *Annales du Midi* 66, 243-254.

Brunel, Clovis, 1970 [1916]. Bertran de Marseille, *La Vie de sainte Énimie*, Paris, Champion.

Camproux, Charles, 1962. *Essai de géographie linguistique du Gévaudan*, 2 vol., Paris, Presses universitaires de France.

Cassan (l'abbé) / Meynial, E., 1900. *Cartulaires des abbayes d'Aniane et de Gellone publiés d'après les manuscrits originaux. Cartulaire d'Aniane*, Montpellier, Société archéologique de Montpellier.

Chabaneau, Camille, 1885. « Biographies des Troubadours », *in* :

Devic, Claude / Vaissette, Joseph, *Histoire générale de Languedoc*, Toulouse, Privat, t. X, 209-386.

Chabaneau, Camille / Anglade, Joseph, 1915. « Onomastique des troubadours », *Revue des langues romanes* 58, 81-136, 161-269, 345-481.

Chambers, Frank M., 1971. *Proper Names in the Lyrics of the Troubadours*, Chapel Hill, The University of North Carolina Press.

DAOA = Olivier, Philippe, 2009. *Dictionnaire d'ancien occitan auvergnat*, Tübingen, Niemeyer.

Darnas, Isabelle / Duthu, Hélène, 2002. « Le Moyen Âge : l'affirmation du Gévaudan », *in* : Chabrol, Jean-Paul (dir.), *La Lozère de la préhistoire à nos jours*, Saint-Jean-d'Angély, Éditions J.-M. Bordessoules, 91-149.

Escolo Gabalo (L'), 1992. *Dictionnaire occitan-français. Dialecte gévaudanais*, Millau, Maury/L'Escolo Gabalo.

Favati, Guido, 1961. *Le Biografie Trovadoriche. Testi provensali dei secc. XIII e XIV. Edizione critica*, Bologne, Palmaverde.

FEW = Wartburg, Walther von, 1922-2002. *Französisches Etymologisches Wörterbuch. Eine darstellung des galloromanischen sprachschatzes*, 25 vol., Leipzig/Bonn/Bâle, Klopp/Teubner/Zbinden.

FG = Boullier de Branche, Henri, 1938-1949. *Feuda Gabalorum*, 2 vol. en 3 t., Nîmes, Chastanier Frères et Alméras.

Flutre, Louis-Fernand, 1957. *Recherches sur les éléments prégaulois dans la toponymie de la Lozère*, Paris, Les Belles Lettres.

Guida, Saverio, 1980. *Il trovatore Gavaudan*, Modène, Mucchi.

Hallig, Rudolf, 1970. *Spracherlebnis und Sprachforschung. Aufsätze zur romanischen Philologie*, herausgegeben von Helmut Peter Schwake, Heidelberg, Winter.

HGL = Devic, Claude / Vaissette, Joseph, 1872-1905. *Histoire générale de Languedoc*, 16 vol., Toulouse, Privat.

Latella, Fortunata, 1994. *I sirventesi di Garin d'Apchier e di Torcafol*, Modène, Mucchi.

Lavaud, René, 1957. *Poésies complètes du troubadour Peire Cardenal (1180-1278)*, Toulouse, Privat.

Lodge, R. Anthony, 1985. *Le Plus Ancien Registre des comptes des consuls de Montferrand en provençal auvergnat, 1259 – 1272*, Clermont-Ferrand, La Française d'édition et d'imprimerie.

P.-C. = Pillet, Alfred / Carstens, Henry, 1933. *Bibliographie der Troubadours*, Halle, Niemeyer.

Remize, Félix (lou Grelhet), 1968-1981. *Contes du Gévaudan*, éd. par Félix Buffière, Rome, Typographie des frères Spada.

Rigal, Jean-Louis, 1934. *Documents sur l'Hôpital d'Aubrac*, t. II, Millau, Artières et Maury.

Ronjat, Jules. 1930-1941, *Grammaire istorique des parlers provençaux modernes*, 4 vol., Montpellier, Société des langues romanes.

Routledge, Michael J., 1977. *Les Poésies du moine de Montaudon. Édition critique*, Montpellier, Centre d'études occitanes de l'Université Paul-Valéry.

Saige, Gustave / Dienne, le comte de, 1900. *Documents historiques relatifs à la vicomté de Carlat*, 2 vol., Paris/Monaco, Picard/Imprimerie de Monaco.

Soutou, André, 1953. « *Mende* et le "*Mont Mimat*" », *Revue internationale d'onomastique* 5, 257-260.

TLF = *Trésor de la langue française. Dictionnaire de la langue du XIX*e *et du XX*e *siècle (1789-1960)*, 16 vol., Paris, Gallimard, 1971-1994.

Vatteroni, Sergio, 2013. *Il trovatore Peire Cardenal*, 2 vol., Modène, Mucchi.

Vincent, Auguste, 1937. *Toponymie de la France*, Bruxelles, Librairie générale (réimpression, Brionne, Gérard Montfort, 1981).

Wiacek, Wilhelmina M., 1968. *Lexique des noms géographiques et ethniques dans les poésies des troubadours des XII*e *et XIII*e *siècles*, Paris, Nizet.

Autour de l'aveu trisyllabique de Lavine dans le *Roman d'Eneas*

À Monique Gosselin

À partir de l'aveu trisyllabique de Lavine à sa mère dans le *Roman d'Eneas*[1], immédiatement repris par Heinrich von Veldeke[2] et qualifié par ailleurs par Franz Kluckow de *Wortzerstückelung*[3], il s'agit d'une réflexion sur l'emploi de ce procédé chez Hue de Rotelande, pour *Ipomedon*[4] et *Prothesilaus*, dans *Partonopeus de Blois*[5], voire *Yder*[6]. Où prend-il place ? Quelles sont sa nature, son origine, sa fonction ? E. Faral pensait en trouver la source dans les *Métamorphoses*, puis il a permis de le rapprocher de l'*Architrenius* de Jean de Hanville[7]. On pourra ensuite élargir jusqu'aux jeux sur l'étymologie. Cela correspond-il à la *syllabation* ? Faut-il qualifier les mots concernés de *mots décomposés* (B. Dupriez, *Gradus*) ou répondent-ils à l'*épellation par syllabisation* (Littré) ?

Dans la troisième partie du *Roman d'Eneas*, la mère de Lavine, découvrant que sa fille aime, l'interroge sur l'identité de l'aimé :

Dont n'a Turnus non ton amis ? D 8605 A 8551
– Nenil, dame, jel te pluvis.
– Et comment dont ? – Il a non « E »,
Dont soupira, puis redist « ne », D 8608
d'illuec a piece nomma « as »,
tout tramblant li dist et bas.
La roÿne se porpensa
Et les sillabes[8] assambla : D 8612
« Tu m'as dit « E » et « ne » et « as »,
ces letres sonnent Eneas.
– Voire, voire, dame, c'est il. 8615 A 8561

On appréciera l'ingéniosité du procédé qui découpe le mot en syllabes que l'on peut relier déjà entre elles de manière verticale, sorte d'acrostiches inversés, mis en valeur par le rythme :

8607 : 4 – 3 – 1,
8608 : 4 – 3 – 1,
8609 : 5 – 2 – 1

Et cela sans oublier le vers cumulatif 8613, constitué intégralement de monosyllabes. On peut apprécier l'originalité formelle de cet aveu, qui a tant impressionné Heinrich von Veldeke qu'il l'employa, on vient de le voir, en premier lieu dans son *Éneide,* pour le personnage de Didon confiant son amour à sa sœur. Il l'utilise ensuite dans les mêmes circonstances que dans le roman français, mais avec une différence notable : Lavine révèle par écrit à sa mère, présente, le nom de celui qu'elle aime, et l'aveu devient une sorte d'épellation écrite, lettre par lettre :

Ir tavelen sie nam 0618
und einen griffel von golde,
dar an si scrîben wolde.
Mit angesten plânete sie daz was
und solde scrîben Ênêas,
Dô ir ir mûder urloub gab.
E was der êrste bûchstab,
dar nâch **N** und aber **Ê.**
Diu angest tete ir vile wê.
Dar nâch screib si **A** unde **S**.
Do bereite sich diu mûder des
und sprach dô si in gelas
« hie stêt Ênêas ! »[9]

Le passage du *Roman d'Eneas,* l'un des plus marquants de l'œuvre, a suscité la curiosité de Jean-Charles Huchet qui le commente ainsi :

> « Lavinia, épelant le nom de l'aimé faute de pouvoir le prononcer (…) soulignera l'illusion ordonnant les rapports entre les sexes : E-NE-AS. Ainsi segmenté, le nom pourra s'entendre comme un message : « il (tu) ne l'a(s) pas, mais je le lui (te) suppose », où se chiffre la condition même du surgissement du désir et de la naissance de l'amour. »[10]

Laissons de côté ce genre d'exégèse, dont nous avons jadis souligné le caractère pour le moins alambiqué, voire spécieux. Ce qui nous préoccupe davantage, c'est que, revenant ensuite sur ces vers, J.-Ch. Huchet, après avoir évoqué vaguement Edmond Faral, conclut que « l'épellation du nom est une trouvaille de l'adaptateur médiéval[11] ».

Il est vrai qu'E. Faral, dans ses *Recherches sur les sources latines des contes et romans courtois du Moyen Âge* avait rapproché cet aveu si singulier dans le roman médiéval de deux passages des *Métamorphoses,* d'une part dans le livre IX où Byblis, remettant à un esclave une lettre pour son frère Caunus, exprime ainsi son émotion :

> « Feras, fidissime, nostro » 569
> Dixit et adjecit longo post tempore ; « fratri .»[12]

Et d'autre part dans le livre X où Myrrha n'ose prononcer le nom de celui qu'elle aime, son père, mais c'est la nourrice qui répond de manière « segmentée » :

> « Vive », ait haec, « potiere tuo »et, non ausa, « parente ». 429[13]

Mais ces deux passages ne sont pas formellement convaincants, bien que, dans leur esprit, il s'agisse aussi de réticences. Une trentaine d'années plus tard, E. Faral cite un passage de Gervais de Melkley[14] que celui-ci attribue à son maître Jean de Hanville, dans l'*Architrenius.* Ajoutons, à ce que dit Faral, l'introduction de Gervais :

> **Precisio**
> *Precisio est quando precidimus aliquid a dictione vel oratione. Hec fit dupliciter : vel per plenam subtractionem vel per interpositam sumptionem sub quadam tamen simulatione non plene dicendi…*
> **Interposita sumptio**
> **Fit etiam precisio per interpolatam sumptionem ; secundum quod introducit Iohannis de Hauvilla Caunus interrogantem et Biblidem pavide respondentem cum invenisset eam Caunum dolentem ;**
> *Quis te lesit? – A. Quis ? – Am. Quis ? – Amo. Quis ? – Amor.*
> *Et iterum cum ipsa vexaret eum :*
> *Quid tibi vis ? – Quod a. Quid ? – Quod ama. Quid vis ? – Quod amare. Quid ? – Quod amare ve. Quid vis ? – Quo amare velis.*

Or ces passages sont absents de l'*Architrenius*[15] ; peut-être, comme le dit Faral, ont-il été inventés par Jean pour les besoins de son enseignement ; en tout cas, on peut reconnaître ici le procédé employé dans le *Roman d'Eneas.*

Or la *praecisio* [< *praecidere* : couper, tailler, trancher] est définie dans la *Rhétorique à Herennius*[16] dans les termes suivants :

> « *Praecisio est cum, dictis quibusdam, reliquum quod coeptum est dici reliquitur inchoatum, sic :*
>
> « *Mihi tecum par certatio non est ideo quod populus Romanus me – nolo dicere, ne cui forte adrogans videat : te autem saepe ignominia dignum putavit* »[17]

Devant ces différents exemples, on voit combien, pour ce qui est du *Roman d'Eneas,* la figure appelée *réticence* est proche de la *praecisio,* comme le montre ce passage de l'*École des femmes* cité par H. Morier dans son *Dictionnaire de Poétique et de Rhétorique* :

Agnès

… Hé ! Il m'a

Arnolphe

Quoi ?

Agnès

pris

Arnolphe

Euh !

Agnès

le…

Tout cela pour aboutir peu après à :

Il m'a pris le ruban, que vous m'aviez donné

Mais on aura remarqué qu'ici les mots – des monosyllabes – ne peuvent pas être découpés en syllabes, il n'y a pas épellation. C'est pourquoi, dans un souci de précision, il vaut mieux employer le terme *Wortzerstückelung* utilisé par F. Kluckow[18] que l'on peut traduire par « morcellement, fragmentation de mots ». Un autre terme paraît tout aussi idoine, c'est celui de *Silbenzersteilung eines names*[19] utilisé par A. Hilka : « division, fractionnement en syllabes d'un nom » qui conviendra à tous les cas que nous traitons, en soulignant que dans l'*Eneas,* il s'agit bien d'une forme de la réticence.

Dans l'ordre chronologique, un passage comparable figure dans l'*Ipomedon* de Hue de Rotelande, mais il ne s'agit pas du nom de l'aimé, mais de son surnom, *le vallet estrange*, formulé par exemple au v. 1421 ou *l'estrange meschin* au v. 480, car Ipomedon n'a pas donné son nom à La Fière. Ici aussi, c'est une scène d'aveu réunissant La Fière et sa suivante Ismène :

E Ismeine mult se esbloï
E li dit : « Dame, nel celez,
Ki est il ke vus tant amez ? »
En suspirant li respondi,
Quant meulz dut dire, si failli.
« Jas est », fet el, « le estrange va. »
En pece après si li dist : « Ha !
– Dame, ne sai que dit avez
Se vus autrement n'asemblez,
Kar n'i ai entendu nul nun
Ne de parler nule reisun.
– Jo vus dis le comencement,
Mes un grant suspir me suprent.
Quant jo tut le meulz dire quit ;
Prenez cel mot ke vus ai dit,
Si l'acreisez un petitet,
Od ce que dis metez un let,
Si entendrez assez pur qui
A tel dolur moir e me oci. »
Imeine dit : « Ne sai cument ;
Va fut vostre cumencement,
Après le va deïstes ha
Le let ovec s'ajustera ;
Vahalet ad nun, est issi ?
– Nai, ostez le supir en mi,
Dunc l'avrez vus bien entendu. »

Ce passage est d'une importance cruciale, car La Fière, qui s'était auparavant refusée à aimer Ipomedon (vv. 680-88), avoue son amour pour lui à Ismène. Comme dans le *Roman d'Eneas*, le surnom de l'aimé est décomposé, mais plus que de manière syllabique ; en 4 l(e)estrange va, puis 1 Ha puis 1 en 1510 let. On remarque que la syllabe VA est décomposée en VA–HA, ce qui correspond à la longueur de la voyelle à l'époque[20], et nous ne sommes plus dans le domaine de la syllabation pure et simple mais du bégaiement, et l'on comprend que l'éditeur,

A.J. Holden, qualifie ce passage de « motif du balbutiement » et le classe dans « la parodie ». Nous pensons qu'ici on peut même parler de bégaiement, et nous observons que le nom de l'aimé n'est pas donné.

On retrouve le motif du balbutiement dans *Partonopeus de Blois* où l'épellation en syllabes du nom est préparée par plusieurs interventions interrogatrices d'Urraque (vv. 6689-92, 6959-60, 6969-72 et 7143-48) ; ici l'aveu du nom de l'aimé est précédé d'un autre forme de la réticence, une aposiopèse :

> « Car il ne me puet prendre mie
> por ço que j'ai esté amie.... »
> Quant volt Partonopeus nomer,
> Ses diols li trence son parler,
> Pasmee chiet sor sa seror
> Et quant revient de sa dolor,
> Nel puet nomer ; et neporquant,
> Balbié l'a en souglotant ;
> « Parto...Parto... » a dit sovent,
> Puis dist : « ...nopeu » molt feblement ;
> Et quant a « Partonopeu » dit,
> Pasmee ciet desor son lit.

Nous sommes ici encore proches de l'aveu trisyllabique du *Roman d'Eneas*, mais le nom est divisé en deux seulement, deux groupes de deux syllabes, **Parto** et **nopeu** ; le verbe *balbier*, « balbutier », est expressément employé par le narrateur pour Mélior.

Et c'est à une simple scène de balbutiement que nous assistons dans *Yder*, lors d'un dialogue entre Luguain et Guenloie ; le nom d'Yder est entièrement prononcé tout de suite et décomposé partiellement ensuite sous le coup de l'émotion :

> « Com out il non, bels amis chers ?
> – Yder » dist il. Elle jette un cri ;
> « Yder » volt dire, si dist « I !»
> Mes dolurs qui la feit pasmer
> Ne li leist « der » od le « I » joster.

La fragmentation du nom en syllabes n'est plus l'objet d'un aveu dans le second roman de Hue de Rotelande, *Protheselaüs*. Il s'agit ici, au contraire, d'un abrègement destiné à masquer l'identité du héros

D'abord Melander s'adresse à Protheselaüs dont il connaît l'identité :

Mais dirrai vus que vous ferrez :
Vos estres pas ne descovrez,
Et si nuls vus met a raison,
Ben li celez vostre dreit nun.
« Prothes » vus nomez, neent plus
Et si relaissez l'« -elaüs » !
Si n'avrez pas menti del tut.
Amis, l'em se deit garder mult
Que par tut ne seit coneü
Par bone garde unc trop ne fu. »

Bien que nous nous trouvions toujours dans le contexte du dialogue, Melander, par prudence, conseille au héros de modifier son nom en l'abrégeant par une apocope qui est ici la forme prise par la réticence, *precisio per substractionem.* Non seulement le nom est fragmenté, mais il est amputé de 3 syllabes, c'est, sinon le contraire de l'aveu, une modification du nom qui permet de conserver l'incognito. Il se fera passer pour un écuyer (vv. 2900-03 et 3106-07).

Plus loin, la reine Medea, qui connaît déjà le nom de Prothesilaüs qu'elle aimait déjà sans jamais l'avoir vu, l'interroge sur son identité :

Puis li ad demandé son nun.
« Dame, Prothes m'apele l'un. »
Cum el oï Prothes nomer,
Tot li cors li prent a trembler :
Ço fu del nun le començail
En suspirant fait un baail
Et dit : « Ad del nun neent plus ?
– Nenil ! » fait Protheselaüs.

On aura remarqué que la situation de dialogue n'est plus la même que dans les deux précédentes : cette fois, ce n'est plus une scène de confidence où l'amante révèle le nom de l'aimé, mais au contraire l'aimé qui renâcle à découvrir son identité, car il a alors de bonnes raisons de craindre Medea.

Prothesilaüs a-t-il réussi ? On peut en douter, puisque, antérieurement la reine, à sa vue, s'est souvenue de son père

Ipomedon et que, juste avant ce passage, elle pressent l'identité de notre héros :

> Et en son cuer sevent diseit 3246
> Qu'il filz Ipomedon esteit
> E diseit veir, nel saveit mie.
> Trespensee est et esbaïe.

Mais cette intuition n'est pas suffisante pour l'éclairer, et ce sera Melander qui donnera à la reine le nom de celui qu'elle aime :

> Et dit : « Ma dame, il i a plus : 3596
> C'est enfin Protheselaüs,
> Fiz al bon rei Ipomedon…

La réticence par apocope, *per substractionem,* aboutit donc bien à ce qu'elle vise, l'opposé d'un aveu sincère.

En revanche, c'est en quelque sorte à un aveu que répond la décomposition en syllabes du nom de Romadanaple dans *Florimont* d'Aymon de Varennes[21], mais ici au cours d'un monologue de l'héroïne. Après que sa suivante Cyprienne a essayé de la dissuader d'aimer le *Povre perdu, estrainge chevalier,* à cause de sa pauvreté indigne du rang de l'héroïne, celle-ci exprime la conscience qu'elle a d'aimer en décomposant son nom en un palindrome syllabique :

> Que i puis je dons esgarder ? 7759
> Seu me devroit amors mostrer.
> Puels qu'ele chalonge son droit,
> Bien le moustre, qu'ele vodroit
> Torner mon nom, se m'est avis,
> Que seu davant fust derrier mis
> Et les soulabes dairiaignes
> Fussent mises a premeraignes :
> Le 'ple', le 'na', le 'da' derrier
> Mesist davant a comensier.
> Qui droit les savroit asembler,
> Plena d'amors poroit trover.
> Et qui le 'roma' premerain
> I vodroit conter dairain,
> Se il trestorne letre a letre,
> De 'roma' i puet 'amor' metre.
> Qui bien ajoster le savrait,
> Plena d'amors i troverait.
> Un 'a' i ait plus, se m'est vis ;

Por un sospir i serait mis.
Se je ai nom Plena d'amors,
Mes cuers en ait plus de dolors
Et por amor est en grant paigne.

Il s'agit bien ici d'un palindrome, mais il est en partie syllabique. Un palindrome parfait serait une inversion totale des lettres reprises en ordre inverse, où le mot comme la phrase offrent la particularité de pouvoir se lire aussi bien de gauche à droite que de droite à gauche ; comme dans *L'arôme moral, Roma tibi subito motibus ibit amor* ou le célèbre *N'a-t-elle pas ôté cet os à Pelletan,* ce qui donnerait ici ELPANADAMOR ; ici, c'est un palindrome d'abord syllabique, puis un bref palindrome « classique » avec ROMA > AMOR . On observe qu'Aimon de Varennes a pensé à tout, en transformant le 'a' subsistant en un soupir. Nous nous trouvons ici très loin de l'aveu arraché à l'amante au cours d'un dialogue. Le palindrome est un jeu verbal au cours duquel l'héroïne se dévoile elle-même, elle s'avoue que, quoi qu'on lui dise, l'amour l'a envahie, prenant possession d'elle-même, - et ici on ne peut pas ne pas songer à Soredamors, *sororee d'amors* dans le *Cligès* de Chrétien de Troyes. La fragmentation syllabique révèle un sens caché qu'elle met en valeur ; nous sommes encore une fois à l'opposé de la réticence, on se trouve plutôt aux frontières de l'*ethymologie* chère à l'auteur de *Florimont.* Ici encore, la versification épouse l'épellation dans son rythme :

7767 2 - 2 -2 -2
7771 2 - 3 - 3
7774 3 - 2 - 3
7775 4 - 4

On connaît la manière dont Aymon de Varennes fait l'étymologie de son nom *Aymes* (vv. 9218-9330), mais il est, auparavant, d'autres exemples de cette pratique, notamment pour le héros Florimont, dont le nom est alors également décomposé :

« Cil qui te nomment Florimont 2019
Pas a ton nom faillit nen ont.
Enjandrez fus en Edorie :
En fransois welt dire : Florie.
De Florie fus enjandrez,

Flor del Mont seras apalez. » 2024[22]

La plupart de ces passages illustrent l'influence du *Roman d'Eneas* (vers 1160) sur la génération suivante : *Ipomedon* (peu après 1180) et *Prothesilaüs* (avant 1191) de Hue de Rotelande, *Partonopeu de Blois* (avant 1188), sans oublier l'*Eneide* d'Heinrich von Veldeke[23]. Si ce qu'offre en la matière *Yder,* plus tardif, reste anecdotique, c'est Aymon de Varennes qui manifeste le plus d'originalité dans *Florimont* (vers 1188), puisqu'il a inventé une sorte de palindrome[24] prenant place dans un monologue. Ailleurs, en particulier chez Hue de Rotelande, il s'agit d'un balbutiement qui évolue vers le bégaiement, non sans intentions parodiques. On peut dire qu'à partir d'une figure empruntée aux *artes* contemporains, l'une des formes de la *precisio* héritée de l'Antiquité et transmise par l'auteur du *Roman d'Eneas,* nos auteurs médiévaux manifestent un certain goût pour « les noms décomposés », dont ils jouent avec virtuosité dans l'emploi de l'octosyllabe. Le terme technique qui pourrait s'appliquer à tous les cas est sans doute celui qu'a employé A. Hilka, « fragmentation en syllabes » ; mais on peut utiliser ici le mot *syllabation,* tel que le définit Littré : « Lecture des mots en les divisant par syllabes, par opposition à épellation [mot qui ne convient qu'à l'aveu écrit par Lavine dans le second passage de l'*Eneide* d'Heinrich de Veldeke cité] »[25], à ceci près que nos personnages ne lisent pas, mais qu'ils parlent en vers, en jouant à la fois de la rhétorique et du rythme alors que nous, lecteurs du XXIe siècle, lisons la plupart du temps silencieusement.

Aimé Petit
Université de Lille 3

NOTES

[1] La lettre D correspond à l'édition Aimé Petit, Paris, Lettres Gothiques, Le Livre de Poche, 1997 ; la lettre A à l'édition J.-J. Salverda de Grave, Paris, Champion, CFMA 44 et 62, 1925 et 1931.

[2] Dans un passage qui correspond au v. 1360 de D (A 1277) : "Her heizet" sprach si, der « Ê »,/ und dar nâch NÊ uber lank,/ alsô sie diu minne dwank,/ ê si vollesprâche AS,/ dô weste sie wol wer er was (Éd. D. Kartschoke, vv. 1530-34). "Il s'appelle, dit-elle, "E", et après de longues hésitations, "NE", comme l'amour l'y forçait, avant de finir par "AS". Alors Anna sut qui c'était.

[3] Hue de Rotelande, *Protheselaüs*, Ein altfranzösischer Abenteuerroman, Göttingen, 1924, p. 31.

[4] *Ipomedon,* poème de Hue de Rotelande (fin du XIIe siècle), éd. A.-J. Holden, Paris, Klincksieck, 1979.

[5] *Le Roman de Partonopeu de Blois*, éd. par Olivier Collet et Pierre-Marie Joris, Paris, Les Lettres gothiques, Le Livre de Poche, 2005.

[6] *The Romance of Yder*, edited and translated by Alison Adams, D.-S. Brewer Biblio, 1983.

[7] Dans ses *Recherches sur les sources latines des contes et romans courtois du Moyen Âge*, Paris, Champion, 1913, nouveau tirage 1983, p. 129. Il cite ensuite Gervais de Melkley dans *Le manuscrit 511 du « Hunterian Museum » de Glasgow,* avec le passage attribué à Jean de Hanville, dans *Studi Medievali, Nuova serie*, vol. 9, 1936, p. 91. E. Faral n'identifie pas la figure et ne songe pas à la rapprocher du *Roman d'Eneas.*

[8] Première occurrence, semble-t-il, de *sillabe* en AF, la seconde figurant dans la *Chronique des ducs de Normandie* de Benoît de Sainte-Maure (vers 1174).

[9] Elle prit sa tablette sur laquelle elle voulait écrire, et un stylet d'or. Elle polissait craintivement la cire et voulait écrire « Eneas » après que sa mère l'y eut invitée. **E** était la première lettre, ensuite **N** et encore **E**. La peur lui causait une cruelle souffrance. Ensuite elle écrivit **E** et **AS**. Alors sa mère se mit à l'examiner et dit, après avoir lu : « C'est Eneas qui est écrit ici ! »

[10] Dans *Le Roman médiéval*, Paris, PUF ; Littératures modernes, p. 53 ; voir aussi pp. 125 et 140-42

[11] *Ibidem*, p. 140.

[12] « Fidèle serviteur, dit-elle, porte cette lettre à mon… et au bout d'un long silence elle ajoute « frère. » dans *Ovide, Les Métamorphoses*, tome II (VI-X), texte établi et traduit par Georges Lafaye, Paris, Les Belles Lettres, 1995.

[13] « Vis donc, dit la nourrice, tu auras ton… » ; elle n'ose dire « ton père ».

[14] *Gervais von Melkley Ars poetica*, kritische Ausagabe von Hans-Jürgen Gräbener, Aschendorffsche Verlagbuchhandlung, Münster, Westfalen, 1965, pp. 28-29.

[15] *Johannes de Hauvilla Architrenius*, éd. Paul Gerhard Schmidt ; Wilhelm Fink Verlag, München, 1974. Notons que l'éditeur appelle l'auteur Jean de Hauville, p. 24.

[16] *Rhétorique à Herennius*, texte établi et traduit par Guy Achard, Paris, Les Belles Lettres, 1989.

[17] *Ibid.*, IV, 41 : « Il y a réticence quand, après avoir dit quelques mots, nous laissons inachevé ce que nous avons commencé. Exemple : « La lutte entre vous et moi n'est pas égale car le peuple romain m'a… je ne veux pas le dire de peur de paraître prétentieux à quelqu'un. Quant à vous, il a souvent jugé que vous méritiez d'être frappé d'ignominie. »

[18] *Op. cit.*, p. 31.

[19] *Aimon von Varennes Florimont.* Ein altfranzösicher Abenteuerroman, Göttingen, 1932, p. CXXXIII.

[20] Allongement de la voyelle après amuïssement du -s implosif dans la deuxième partie du XIIe s. (CF. G. Zink, *Phonétique historique du français*, PUF, Linguistique Nouvelle, 1986, p. 123).

[21] *Op. cit. supra.*

[22] Voir aussi, par exemple, les vv. 124, 445-48, 855-60, 1701-04.

[23] Dont son dernier éditeur, qui l'intitule *Eneasroman*, situe l'achèvement vers 1183 (*éd. cit.,* p. 855). W. Spiewok et D. Buschinger placent cette adaptation entre 1170 et 1190 (*Histoire de la littérature allemande du Moyen Âge*, Nathan université, 1992, p. 116).

[24] Le nom Romadanaple apparaît dès le v. 988.

[25] Le verbe *silaber* apparaît dès le premier tiers du XIIIe siècle chez Gautier de Coincy, au sens d'« assembler des syllabes », pour écrire ou parler correctement.

Deux fragments poétiques inédits tirés d'un *Livre de raison* limousin du XVe siècle

Nous présentons dans cet article deux fragments de textes de contenu moral ou religieux qui, enfouis qu'ils étaient dans un livre de raison limousin du XVe siècle, avaient échappé à l'attention des spécialistes[1].

Ce recueil a été assemblé par Estève Beynech, un marchand de Limoges qui vivait au XVe siècle, puis publié en 1889 par l'érudit limougeaud Louis Guibert[2] ; actuellement, il se trouve conservé dans une bibliothèque privée. On le connaît également comme le manuscrit **x** de la lyrique occitane[3]. L'existence de ce parchemin de petites dimensions a été signalée à la fin du XIXe siècle par Camille Chabaneau[4]. Pour ce qui est de son origine et de sa typologie, il s'agit d'un de ces « recueils qui contiennent des recettes et dépenses, des récits domestiques et locaux, ce que l'on peut appeler vieux comptes et vieilles histoires »[5], donc à la fois registre de comptes, où sont consignées les dépenses engagées par l'auteur ou par ses ancêtres, mêlées à des réflexions sur les mœurs et les morts, et cahier privé où sont inventoriés des faits historiques centrés sur la famille, qui se sont déroulés à Limoges pendant un demi-siècle.

Ce manuscrit autographe conserve, à côté des notes familiales et municipales recueillies par Estève pendant presque cinquante ans, trois fragments de poèmes en vers occitans : le premier correspond à la chanson religieuse du troubadour Falquet de Romans BdT 156,10 *Quan be me sui apensatz*[6] et les deux suivants sont des extraits de textes parémiologiques[7], dont voici les textes :

> Al comenssar de touta re prega Dieu que el sia
> am te prega lo quet guart de meschap * et tos
> fach traga a bon chap Ament

Cors cossira que tu muras so que as huey
apres no auras thesaurs honors touts los
perdras seguont que faras be penras
si guanhas mal de te tort as tarma metras
en ifern bas las cheytieu que ay fach diras
donqueys fay be y a be venras.

Un fragment du *Libre de Seneca*

Les quatre premiers vers proviennent du *Savi*, ou *Libre de Seneca*[8], et correspondent aux vv. 639-643 du manuscrit **V**, aux vv. 53-56 du manuscrit **P** et aux vv. 965-968 du manuscrit **M**. Dans les *Mettra Ceneche* enfin, il y a un couplet qui ressemble de près à notre fragment.

Nous proposons d'éditer ainsi ce premier texte :

Al comenssar de touta re
prega Dieu que El sia am te ;
prega Lo que ·t guart de meschap,
et tos fach traga a bon chap.
Ament

Commentaire

Meschap : **P** transcrit ainsi le v. 641 : *e quet garde de tot mescap* (en omettant, par rapport aux autres témoins, le verbe *prega lo q.*, et en conservant la forme verbale analogique *garde* en lieu de *gart*). Dans **x**, en revanche, on lit : *pregalo que ·t guart de meschap*, avec omission de *tot*. Le v. 641 signale la divergence entre **V** et **x** : là où le témoin limousin écrit *pregalo*, V remplace le pronom en répétant à nouveau *dieu* comme au v. 640. Quant à **x**, comme il ne diverge de **M** que pour des faits graphiques (*gar* **M** - *guart* **x** ; *fashz* **M** - *fach* **x**), et de **P** et **V** pour deux variantes très peu symptomatiques, ses leçons nous permettent seulement d'exclure qu'il soit une copie d'un des autres manuscrits.
Ainsi donc, pour ce quatrain, **x** représente un sixième témoin et il faudra en tenir compte dans la prochaine édition critique.

Un fragment d'un Débat inconnu du Corps et de l'âme ?

Les 8 vers monorimes octosyllabiques suivants paraissent traiter le thème bien connu du *memento mori* et du Jugement Dernier.

Cors, cossira que tu muras :
so que as huey, apres no auras.
Thesaurs, honors, touts los perdras:
seguont que faras be penras :
si guanhas mal, de te tort as,
t'arma metras en ifern bas.
'Las, cheytieu, que ay fach ? ' diras.
Donqueys, fay be y a be venras.

Notes :

V. 1. La structure du vers se retrouve dans de nombreux passages du *Libre de Seneca* : voir par exemple 241-2 : *Cossira quet'es a venir,/ qu'el tems no fina de fugir. muras :* à la rime encore : 31-32 *e·l duptes en tot can faras,/ qu'el sieu poder vieus e morras ;* 335-6 *qu'el sieu poder vieus e estas/ et el sieu poder tu morras.* V. 2. encore une expression semblable 167-8 : *No·t vulhas lauzar mas fai be, c'aquo te lauzara dese* (mais surtout voir la version du ms. **C** : *non te louar tu meteous/ fay ben que a las obras pareis*) ; 185-6 : *De toz faitz cossira la fi/ e de ta vida atressi* (encore une fois la version de **C** 23-24 : *pensso lou jorn de ta fin/ et de ta vito atressi*) ; 197-8 *tant cant poyras fai ben dessa,/ que la on vas no·t lezera* (où nous retrouvons le couple *dessa* [ici bas, sur terre] et *la on vas* [de l'autre côté, dans l'au-delà]) ; 311-312 *fils, enans que mueyras fay be,/ que ya pueis non auras de que. apres* : préposition et adverbe de temps. Dans notre vers il faudra le traduire par 'ensuite', qui s'oppose parfaitement à 'aujourd'hui' (*huey*). Vv. 4-6. On repère des expressions analogues 59-62 : *Tot can faras fai Dieu temen/ e menbre·t de la mort soen./ Fils, ton coratge garda fort :/ d'aqui auras vida e mort* ; 445-6 : *bels filhs, tan can poyras fay be,/ menbre te que fo ni que ve.* V. 8 : **y** : au sens de 'et'[9]. Le vers est hypermètre.

Malgré la rareté des textes occitans composés en octosyllabes monorimes, je n'ai pu établir l'origine de ce fragment, mes recherches n'ayant abouti à aucun résultat.

En revanche, j'ai été un peu aidé par la deuxième liste du *Répertoire* d'I. Frank, qui inventorie un petit groupe de poésies composées en laisses monorimes d'octosyllabes, voire en quatrains monorimes. On y dénombre quatre œuvres dont le schéma est très instable, voire franchement incorrect, mais où on devine la présence de strophes monorimes d'octosyllabes[10]. Curieusement, ces compositions sont surtout des morceaux destinés à la représentation théâtrale, comme les *Mystères,* ou des dramatisations de versets évangéliques, ou encore des narrations de la Passion, pour la plus grande part écrites en octosyllabes à rimes plates, mais parmi lesquelles ne manquent pas les fragments composés sur « un ton plus lyrique, de petites strophes d'une structure très simple »[11], comme les hagiographies des origines occitanes, la *Passion* provençale et les textes religieux écrits en quatrains monorimes d'octosyllabes. Par leur structure et leur contenu, nos *vers* limousins pourraient bien provenir d'un débat entre le corps et l'âme proche de celui qui nous a été conservé[12], à partir duquel ils seraient passés dans un recueil de proverbes.

Poésies ou prières ?

Il faut maintenant nous demander d'où Beynech a pu tirer ses textes et pourquoi il a voulu les recopier dans son livre. Le marchand limousin ne fournit aucun indice à cet égard, mais sa chronique peut nous livrer quelques renseignements. Notre bourgeois a commencé par écrire les traditionnelles invocations à Dieu (*In nomine Domini,* etc.) et la date de début de la rédaction de ses notes (*de pargami lo divenreys que fo lo 6 jorn deu meys de setembre l'an miel jiii cent xxvj*), avant d'enregistrer le premier quatrain, séparé du second texte par trois lignes laissées en blanc.

Estève a probablement puisé une partie des informations de son journal dans des documents antérieurs : - actes notariaux, vieux papiers et un (ou plusieurs ?) livre(s) de raison familiaux. À la fin de sa courte introduction, il ajouta en effet la « remembransa [...] que lo senher Esteve Beyneyc leysset en escrich a sos nebots » : est-ce à dire « aquestas paroulas que sen en seguent eyssi apres [...]. Et pueys apres, mon senher Peyr Beyneyc, nostre oncle, beylhet las nous en una charta, et yeu ay ho ayssy mays tout lo semblant ».

Estève a donc copié dans son livre de raison les *paroulas* de Peyr Beynech et les souvenirs de l'un de ses aïeux, qui s'appelait lui aussi Esteve Beynech, qu'il avait trouvés dans un deuxième *liber familiaris* des Beynech.

Il a complété cette partie de ses mémoires par la transcription partielle du partage des biens qui eut lieu en 1308 entre les deux frères Peyr et Johan Beynech, et par le texte intégral de la chanson religieuse de Falquet de Romans *Quan be me sui apensatz* dont l'examen des variantes textuelles nous conduit à penser qu'elle a été tirée d'un antigraphe qui devait appartenir à sa famille depuis 1308[13] et qu'elle procédait d'une tradition extra-canonique : il n'y a que le témoin **x** qui ne commette pas la seule faute conjonctive qui indique que toutes les copies de BdT 156,10 remontent à une même source[14].

L'examen de la tradition manuscrite de BdT 156,10 situe **x** dans les étages les plus bas du *stemma*, descendant du même antigraphe que **GPSYc**, ce qui implique que la copie dont disposait Beynech était un manuscrit collatéral du manuscrit Paris BN fr. 795.

Ce n'est qu'une fois transcrite cette poésie - qu'il a encore fait suivre d'un verset du livre d'Isaïe - que le marchand a commencé à rédiger son livre de raison.

Ces trois fragments nous livrent en outre quelques autres renseignements tant sur l'ambiance culturelle du Limousin du XVe siècle, que sur un phénomène qui a caractérisé la transmission des vers produits au XIIIe siècle par les auteurs de langue d'oc.

L'examen du texte nous fait supposer, en effet, qu'Estève ignorait l'origine littéraire de ces vers et qu'il était persuadé qu'il s'agissait de prières.

On éprouve ce soupçon devant l'*Amen(t)* qui figure à la fin des vers du *Savi* copiés dans ce livre de raison, mais qui ne se trouve ni dans l'original ni dans aucun des manuscrits qui nous ont conservé l'œuvre du Pseudo-Sénèque. Estève aurait-il ajouté lui-même ce mot au texte ? Ce n'est pas impossible : le manuscrit **t** présente également *Amen* à la fin de la poésie BdT 156,10 de Falquet de Romans que le bourgeois de Limoges a copiée quelques lignes après notre fragment. Or, à coup sûr, la péricope ne faisait pas partie du texte original : on peut donc estimer que, au fil des siècles, ces vers ont été assimilés à des prières auxquelles on a ajouté tout naturellement le mot qui concluait toutes les oraisons. *Quan be me sui* et le quatrain du *Savi* ont donc pu, à un moment de leur histoire textuelle, être destinés à la méditation, et une partie de leur tradition nous a conservé une trace de cet emploi : on trouve bien dans les sermons des vers courtois ou des citations empruntés à la littérature profane[15] et des poésies religieuses ont trouvé place dans nombre de livres de raison. Il n'est que de se souvenir de Jean de Barbentane, procureur du Chapitre de Saint-Castor d'Apt en 1400, qui a transcrit dans son livre de raison une prière qui correspond à une paraphrase du Credo, ou de Bertran Boysset, ou du marchand avignonnais Peire de Serras, ou enfin des Massiot[16].

Mon hypothèse est donc que des extraits de compositions lyriques et de textes parémiologiques occitans furent considérés au fil du temps comme des oraisons ; c'est ainsi qu'Estève, croyant qu'il s'agissait de prières, les aurait insérés dans son écrit du for privé.

Gerardo Larghi
Università di Messina

NOTES

[1] Voir R. LATOUCHE, *La vie en Bas-Quercy du 14e au 18e siècle*, Toulouse, Privat, 1923, et les inlassables recherches de Jean TRICARD (à partir de « Qu'est-ce qu'un livre de raison limousin au XVe siècle ? », *Journal des Savants*, juillet-décembre 1988, p. 261-275, et « La mémoire des morts dans les livres de raison limousins du XVe siècle et ses limites », *Autour des morts, mémoires et identité*, Rouen, Publications de l'Université de Limoges, 2000, p. 338-343.

[2] Éd. L. GUIBERT, « Le livre de raison d'Étienne Benoist », *Bulletin de la Société Archéologique et Historique du Limousin*, 29, 1881 (et plus tard en volume unique : L. GUIBERT, *Le Livre de raison d'Étienne Benoist*, Limoges, Ducourtieux, 1889) ; voir à son propos les notes de P. MEYER, « rec. de L. Guibert, « Le livre de raison d'Étienne Benoist », *Romania*, 12, 1883, p. 123-124. J'ai mené mon travail à partir des bonnes photographies du texte qui se trouvent dans l'édition de Guibert. Le microfilm du manuscrit est conservé aux Archives Départementales de la Haute-Vienne 1 Mi 783.

[3] R. ARVEILLER et G. GOUIRAN, *L'œuvre poétique de Falquet de Romans, Troubadour*, Aix-en-Provence, Publications du CUERMA, 1987.

[4] C. CHABANEAU, « La langue et la littérature du Limousin », *Revue des langues romanes*, 35, 1891, p. 379-430, a signalé l'existence de ces vers sans pour autant les identifier.

[5] Ph. TAMIZEY DE LARROQUE, *Deux livres de raison de l'Agenais, suivis d'extraits d'autres registres domestiques*, Auch-Paris, L. Cocharaux-A. Picard, 1893, p. XII, n. 3, cité par N. LEMAITRE, « Les livres de raison en France (fin XIIIe-XIXe siècles) », *Testo & Senso. Bollettino della ricerca sui libri di famiglia*, 7, 2006, p. 1-18, à la p. 2.

[6] R. ARVEILLER et G. GOUIRAN, *op. cit.*, p. 109. Plus récemment P. DI LUCA, « La *posizione* del *manoscritto Didot* nella tradizione della lirica trobadorica», *Medioevo romanzo*, 37, 2013, p. 88-124, a étudié cette poésie.

[7] Les astérisques, qui signalent la présence d'une rime, sont de Guibert et nous les avons repris. Les barres notent la fin d'une ligne.

[8] Sur le *Savi* cf. A. D'AGOSTINO, *Le* Savi, *testo paremiologico in antico provenzale*, Roma, Bulzoni, 1984; S. ORLANDO, *Un'altra testimonianza del* Seneca *provenzale*, Alessandria, ed. Dell'Orso, 1984, et L. BORGHI CEDRINI, *Cultura provenzale e cultura valdese nei* Mettra Ceneche ("Versi di Seneca") *del ms. Dd XV 33 (Bibl. Univ. di Cambridge),* Torino, Giappichelli, 1981.

[9] Voir à ce propos Å. GRAFSTRÖM, *Étude sur la graphie des plus anciennes chartes languedociennes avec un essai d'interprétation phonétique*, Upsal 1958, pp. 56-7 et H. KALMAN, *Étude sur la graphie et la phonétique des plus anciennes chartes rouergates*, Zurich 1954, p. 34.

[10] I. FRANK, *Répertoire métrique de la poésie des troubadours*, Paris, Champion, 1953-57, II, p. 79.

[11] Voir W. P. SHEPARD, « La Passion Provençale du manuscrit Didot, mystère du XIVe siècle », Paris, Champion, 1928, p. XV ; S. ASPERTI, «Flamenca» e dintorni. Considerazioni sui rapporti fra Occitania e Catalogna nel XIV secolo » *Cultura neolatina* 45 (1985), pp. 59-103, aux p. 91-93 ; P. DI LUCA, « Le «novas del manoscritto Didot » *Cultura Neolatina*, 71, 2011, p. 287-312.

[12] Le vers 1018 de la *contentio* et l'*incipit* des vers d'Estève sont identiques : *Cors, augas de tu que sera.* V. T. BATIOUCHKOF, « Le débat de l'âme et du corps », *Romania*, 20, 1891, p. 1-55, 513-578.

[13] J. TRICARD, « La mémoire des Benoist : livre de raison et mémoire familiale au XVe siècle», *Temps, Mémoire, Tradition au Moyen Âge,* Aix-en-Provence, éd. du Cuerma, 1983, pp. 119-140 à p. 121.

[14] Il s'agit de l'hypermétrie du v. 5 qui se trouve dans **EGJKpPRSYcfx**. L'examen de la tradition manuscrite de BdT 156,10 situe **x** dans les degrés les plus bas du stemma, et voit en lui un collatéral de **GPSYc**.

[15] Voir sur cette particularité le livre de M. ZINK, « La prédication en langue romane avant 1300 », Paris, Champion, 1976, p. 266 sqq.

[16] Cf. L. GUIBERT, « Livres de raison, registres de famille et journaux individuels limousins et marchois », Paris-Limoges, Picard-Veuve Ducourtieux, 1888, p. 25 et 123 n. 2 ; D. ZORZI, « Una versione provenzale del '300 del Liber de moribus e delle sentenze di Publilio Siro », *Aevum*, 28, 1954, p. 484-504; B. SPAGGIARI, « Poesia religiosa anonima catalana o occitanica », *Annali della Scuola Normale Superiore di Pisa,* classe di lettere e filosofia, 7, 1977, p. 177-350; W. D. PADEN, « Bernart Amoros : Liber proverbiorum vulgarium et sapientum (1333) », *Cultura Neolatina*, 70, 2010, p. 59-144; V. MINERVINI, *Il* Libre de Sidrac *di Bertran Boysset*, Fasano, Schena, 2010 ; M. MOTTE, *Manuscrit 327 de l'Inguimbertine dit* Traité d'arpentage, *Bertran Boysset ; transcription, traduction du provençal, notes et commentaires,* Montpellier, PULM, 2010.

Contribution à la connaissance

du lexique occitan

des mines et forges à fer au 18e siècle

(deuxième partie)

4.2. Le travail dans les mines et sables et le traitement du minerai avant la fonte

Après l'extraction, on ne peut directement passer à la fonte du minerai. En fonction de sa forme, il doit être trié (à l'époque on disait aussi *chédé*), lavé, concassé (bocardé) ou grillé, cf. aussi Éluerd 1993:159ss. Pour une grande partie de ces opérations ou pour les outils qu'elles nécessitent, les ouvrages en question révèlent des désignations autochtones.

andusa « une pelle montée en crochet [...] de 9 pouces & demi de longueur & 7 pouces & demi de largeur, ayant les rebords relevés des deux côtés d'environ quatre lignes »[1] (chez les orpailleurs de Pamiers ; de Dietrich 1786:1,12)

FEW 24,554a (s.v. *Anduze*), Mistral 1,97a

Ce terme, qui dérive du nom de lieu *Anduze* dans le Gard « d'où provenait ce type de bêche » (*FEW*), est bien documenté, et ce déjà au 16e siècle (Aude *andusac, andusat*). J'aimerais néanmoins retenir l'attestation qu'en fournit de Dietrich (qui correspond à Foix *andusà* dans le *FEW*), car elle excelle par sa précision remarquable.

desque, desco « petite corbeille qui sert à mesurer la mine & à la donner, ainsi que la → greillade » (de Dietrich 1786:1,133), ***desque*** 'id.' (Picot de la Peirouse 1786:360 ; Landrin 1829:214)

Éluerd 1993:179, Corbion 2012:1,1432 et 1436

Nous apprenons ainsi que le mot, bien attesté pour désigner différentes sortes de paniers (Mistral 1,746a, *desco* ; *FEW* 3,93a s.v. *dĭscus*), était aussi employé dans ce contexte spécifique du travail des mines. De même, on y utilisait *desquade* ('mesure de charbon et de minerai', Landrin *ibid.*), cf. Mistral 1,741a et *FEW* 3,93a.

gourbaliers 'ouvriers transportant le minerai dans une hotte' (Picot de la Peirouse 1786:18) ; ***gourbatier*** (O. Rieux de la Porte, *Journal de voyage* 1878, selon Cantelaube 2005:353)

∅ *FEW*, ∅ Mistral ; Corbion 2012:1,2311

À l'évidence, nous sommes en présence d'un dérivé de *gorbo* 'hotte d'osier' (Mistral 2,64c) (et non pas d'un dérivé de *gourbiho* comme le suppose Lapassat 1983:32), formé avec le double suffixe *-alier* (cf. AlibertGr 110). La forme *gourbatier* avec *-t-* rapportée par Cantelaube n'est pourtant pas due à une faute de graphie, mais a existé à côté, cf. le dérivé *gourbateja* 'porter la hotte' cité par Mistral (2,72a) et le nom de famille *Gourbatier*[2], même s'il est *hapax legomenon*.

gressale, gressane « espèce de plat de bois d'un pied & 8 à 9 pouces de diamètre, évasé, de manière qu'au centre il y a environ 3 pouces & demi de profondeur » (de Dietrich 1786:1,13) ; on y met le gravier et le sable écartés lorsqu'on creuse en cherchant l'or

∅ Mistral

Pour ce qui est de la sémantique, le terme est très proche des dérivés de *crātis* listés dans le *FEW* (2,1293b) comme Ariège *grazal* 'jatte', Agen *grezal* 'auge de bois', Tarn *grézal* 'terrine', et phonétiquement la forme *grasal* (Aveyron : 'plat profond à pied', Prades : 'auge à faire le mortier') rappelle encore plus *gressale* à cause de l'*s* sourd.

Vu l'*e* de la première syllabe, on pourrait aussi penser – surtout dans le cas de *gressane* (AlibertGr 101) – à un dérivé de *grésso* 'crèche, auge' (Vallée d'Aure, Hautes-Pyrénées). Dans *FEW* 22/1,257b, ce mot apparaît parmi d'autres d'origine incertaine pour désigner la crèche, et le rapprochement avec l'étymon **krippia*, soutenu dans le seizième tome (390b, là aussi les formes Bigorre *gréssa*, Bagnères *gréso*), y est réfuté. Je proposerais de mettre toutes ces formes ensemble avec Var *grèisso* 'claie sur laquelle on fait sécher les figues' dans l'article 2,1286b du *FEW* (*cratīcius*) ; l'évolution sémantique de la claie vers un récipient plus profond est bien admissible, et les formes citées partagent toutes l'*s* sourd. Le vocalisme de la syllabe tonique (*-e-* / *-ei-*) n'y fait pas problème, cf. p.ex. les dérivés de *graisso* (Mistral 2,92c - 93a) où *-ai-*, *-ei-* et *-e-* coexistent sans guère de régularité.

mialia 'bocardeur' (de Dietrich 1786:1[2],453 ; dans la forge de Larrau en pays de Soule, Basse-Navarre)

∅ *FEW*, ∅ Mistral ; Corbion 2012:1,3019

Il s'agit ici du mot - d'abord basque - *meaiła* 'homme de peine ou manouvrier de forges, chargé de pulvériser le minerai' (Azkue 2,27a). Pour d'autres termes basques dont il sera question dans le contexte de la terminologie de la forge à fer, on doit être prudent quand on veut parler d'emprunt par l'occitan, car il se peut que de Dietrich nous donne seulement une liste de termes utilisés par des ouvriers basques. Comme le montre cependant le dérivé occ. → *miaillou* bien attesté (cf. 4.3.4), *meaiła* a été emprunté par les parlers occitans proches de la zone basque.

Le scientifique strasbourgeois ne nous donne pas plus d'informations sur le langage des mineurs et bocardeurs dans le pays de Soule et d'autres ateliers en pays basque. Mais comme le montre le terme hybride → *pièce à pia*, employé dans la même forge, il doit certainement y avoir eu mélange de langues.

picomine, pique(-)mine 'bocardeur' (Tronson du Coudray 1775:53 ; de Dietrich 1786:1,60 et 136 ; Picot de la Peirouse 1786:371 ; Landrin 1829:235)

∅ *FEW*, ∅ Mistral ; Éluerd 1993:161 et 360 ; Corbion 2012:1,3421 et 3454s.

C'est le terme commun pour désigner le bocardeur dans les forges occitanes. Mistral (2,568a) connaît un bon nombre de compositions identiques avec *pico-*, mais pas celle-ci.

Littré 1885:3,1129a: « Terme de métallurgie. Ouvrier qui bocarde. Au plur. *Des pique-mine*[3].»

Larousse 1874:12,1055d : « Métall. Ouvrier qui bocarde. »

piquadou '1. atelier où l'on bocarde ; 2. pierre sur laquelle on broie la mine grillée' (Picot de la Peirouse 1786:371 ; Landrin 1829:235 retient seulement le premier sens)[4]

Éluerd 1993:161, Corbion 2012:1,3453

Mistral (2,565c, *picadou*) et le *FEW* (8,467b) connaissent le mot, mais n'en donnent que le sens très général 'lieu où l'on frappe'.

pouls 'mofette' (Picot de la Peirouse 1786:13)
∅ *FEW*, ∅ Mistral
À propos de la minière du Tail, Picot écrit : « Elle est remarquable par la mofette qui y regne. Les mineurs la connoissent sous le nom de *Pouls* (poussiere). » S.v., ni le *FEW* (9,560b, PULSUS) ni Mistral (2,628a, *pou(l)s*[2]) ne relèvent ce sens. À mon avis, le terme des mineurs est plutôt à rapprocher de *pou(l)s*[1] 'pouls', qui en Languedoc signifie aussi 'haleine', 'souffle' (Mistral l.c.) ; au bout du compte, la mofette n'est autre qu'un souffle dangereux.

recuit 'grillage du minerai' (de Dietrich 1786:1,38s.) ; ***requeit*** id. et 'fourneau pour le grillage du minerai' (Picot de la Peirouse 1786:374 ; Landrin 1829:238 seulement « grillage de la mine »)
∅ *FEW*, ∅ Mistral ; Éluerd 1993:162, Corbion 2012:1,3855
Mistral (2,726b) donne des formes semblables comme participe du verbe *recouire*, mais sans signification particulière ; *recoueit* serait la forme limousine. Comme mot occitan, le *FEW* (2/2,1165b s.v. *cŏquĕre*) a seulement béarn. *recoéyte* s.f. 'opération par laquelle on recuit les métaux'. Dans ce même sens, le fr. *recuit* est déjà attesté depuis 1676. Si la forme que de Dietrich a entendue était effectivement *recuit* (« Le grillage ou recuit de la mine (pour me servir de l'expression du pays) » – *i.e.* l'Ariège), il pourrait donc s'agir d'un emprunt au français ; mais comme Picot cite une forme indubitablement autochtone et qu'à côté de [wɛjt], [wit] existe aussi en Ariège comme résultat régulier de *-oct-* latin[5], on a plutôt affaire à un terme proprement occitan.

saumion, sauméon '(capacité d'un) seau dont vingt-six composent une *portion* et dont la valeur annuelle est de 130 à 160 livres' (de Dietrich 1786:1,427 ; il s'agit des droits usufructuaires des fontaines salantes de Salies en Bigorre)
∅ *FEW*, ∅ Mistral
Mistral (2,853b) connaît la forme (*saumihon*), mais exclusivement dans le sens de 'petit ânon, petit baudet', ainsi que le *FEW* (11,62a s.v. *sagma*). L'occ. *saumo* signifie, entre

autres, 'charge d'une bête de somme' (Mistral *ibid.*), on a aussi *saumado* (2,852b) 'mesure de capacité'.

Pour expliquer le terme donné par de Dietrich, on pourrait admettre un glissement sémantique *porteur* > *objet porté*, à supposer que ces seaux aient été portés par des ânes. Un deuxième dérivé de *saumo* 'charge' - qui n'aurait donc rien à voir avec *saumihon* 'âne' - est possible avec le suffixe diminutif combiné *-ilhon* (AlibertGr 112 avec ce même exemple), donc d'abord *'petite charge', puis concrétisation en parlant des seaux utilisés dans les fontaines.

volte 'petite corbeille en forme de hotte dans laquelle les mineurs portent le minerai' (de Dietrich 1786:1,181 ; dans la mine de Vic-Dessos, généralité de Pau)

∅ *FEW*, ∅ Mistral ; Corbion 2012:2,728

Mistral 2,1143b (*vòuto, volto*) ne connaît pas ce sens précis, mais celui de 'mesure de capacité usitée pour la chaux' (en gascon et limousin) en est assez proche ; parmi les attestations fournies par le *FEW*, seules Aix *vauto* 'charge de vendange' et Séverac (Aveyron) *bouólto* 'ration de fourrage' comportent la notion de capacité / récipient. Le sens dont nous informe de Dietrich serait donc à y ajouter.

4.3. La forge à fer

Dans la région où ont séjourné Tronson, de Dietrich et Picot, on a affaire à des forges dites « forges catalanes », un type de forge propre aux régions montagneuses, caractérisé par l'emploi de la force hydraulique pour actionner le marteau ainsi que le système de ventilation. N'ayant été initialement qu'une « aire surélévée du côté de la tuyère où se trouve également le trou d'écoulement du laitier » (Éluerd 1993:258), elles évoluent vers un foyer « semblable au foyer type » (*ibid.*), mais les dénominations des différentes parties du massif diffèrent de celles (françaises) de ce foyer type (cf. *ibid.* 257), sans aucun doute parce que la « forge catalane » est typique de l'aire occitane (cf. Éluerd 1993:244). L'Ariège en constitue une zone de prédilection ; notons en passant qu'à la veille de la Révolution, on y comptait 42 forges fonctionnant « à la catalane »[6]. À part quelques remaniements techniques d'importance mineure, cette technique se pratiquait sans changement depuis la fin du 17e siècle avant de tomber en désuétude à la fin du 19e[7].

Les forgerons catalans sont dès le Moyen Âge connus pour leur habileté (cf. aussi Lapassat 1983:6). Si la forge dont il est question ici, née aux limites des aires linguistiques occitane et catalane septentrionale, est appelée « forge catalane », elle doit son nom probablement aussi à cette tradition artisanale. Cependant, la perfection de sa terminologie s'est faite en particulier dans les forges de l'Ariège et de là, celle-ci s'est diffusée dans d'autres régions occitanophones (cf. 2), ainsi que dans les vallées catalanophones des Pyrénées rousillonnaises.

4.3.1. Les parties du massif de la forge à fer

banquette « piéce de fer [...] qui sert de point d'appui aux ringards & leviers quand on sort le massé » (de Dietrich 1786:1,132) ; Picot de la Peirouse 1786:351 ; Landrin 1829:201

Éluerd 1993:259, Corbion 2012:1,388

Ce sens particulier manque parmi ceux que Mistral a listés (1,220b, *banqueto*) et dans le *FEW* (15/1,58a s.v. **bank-*).

Littré 1885:1,293c : « Bande de fer placée dans les fourneaux des forges, pour soutenir une portion de la charge du minerai et du charbon. »

Larousse 1867:2,184a : « Techn. Nom donné à des bandes de fer que l'on place du coté du laiterol des foyers à la catalane, pour soutenir une portion du minerai et du combustible, et faciliter l'affinage ou le chauffage. »

battant 'distance entre le trou de la → sentinelle et l'entrée de la tuyère dans le creuset' (de Dietrich 1786:1,49), 'distance du soufflard[8] au creuset' (Picot de la Peirouse 1786:351 ; Landrin 1829:202)

∅ *FEW*, ∅ Mistral ; Éluerd 1993:259, Corbion 2012:1,444

Parmi les dérivés de *battuere* (1,290b), le *FEW* ne mentionne pas ce sens particulier. Chez Mistral (1,247a, *batre*), il se trouve du moins une expression comme *batre uno encountrado* 'battre un pays, le parcourir en divers sens', qui contient entre autre la notion de distance qui est propre au terme *batant* (cf. aussi le fr. *battre le pavé*) ; néanmoins l'expression reste plutôt opaque.

cave 'côté de rustine[9] (dans le creuset)' (de Dietrich 1786:1,54 et 133 ; Picot de la Peirouse 1786:352 ; Landrin 1829:207)

∅ Mistral ; Éluerd 1993:259, Corbion 2012:1,775s.

Le *FEW* (2/1,559b s.v. *cavus*) ne fait que citer le Larousse (cf. infra) en glosant ainsi le fr. *cave* : « côté du foyer catalan opposé au bord où s'opère le travail ; excavation prismatique où le laitier s'écoule », « seit 1863 ». Là encore, on peut voir que c'est un emprunt - si on peut le nommer ainsi (cf. 5) - à l'occ. *cava* ; de surcroît, à ce qu'il paraît, les lexicographes se sont trompés, car le laitier ne s'écoule pas par ce côté « derrière » du fourneau, mais par le côté qui lui est opposé (en fr. *chio*). Ce n'est donc que le premier sens des entrées qui est correct, cf. aussi Villebrun 1990:80 et Corbion l.c.

Littré 1885:1,513a : « Terme de métallurgie. Côté opposé au bord où s'opère le travail. Excavation prismatique dans laquelle s'écoule le laitier. »

Larousse 1867:3,644a : « Métallurg. Nom donné, dans la méthode catalane, au côté du foyer qui est opposé au bord où s'opère le travail. | | Excavation prismatique formée au devant du laiterol, et dans laquelle le laitier s'écoule. »

cousture « partie de la tuyere, où un de ses bords se réplie sur l'autre » (Picot de la Peirouse 1786:358 ; Landrin 1829:212 : « dans les Pyrénées »)

∅ Mistral ; Corbion 2012:1,1212

S.v. **consūtūra* 'couture', le *FEW* (2,1098a) cite plusieurs formes occitanes gardant le sens original (béarn. *cousture*, Lescun (Basses-Pyrénées) *kustüro*). Mais apparemment, dans le langage des forgerons et fondeurs, le terme était aussi appliqué à des soudures.

foc 'creuset' (Picot de la Peirouse 1786:363 ; Landrin 1829:220)

∅ *FEW*, ∅ Mistral ; Éluerd 1993:259, Corbion 2012:1,1991s.

Le *FEW* (3,651b s.v. *fŏcus*) ainsi que Mistral (1,1136b, *fiò*) témoignent du sens général de 'foyer' que le mot occitan peut assumer, mais ils ne mentionnent pas que *fòc* fait partie de la terminologie du haut-fourneau dont il désigne la partie centrale.

fousinal 'mur de la tuyère' (de Dietrich 1786:1,134 ; Picot de la Peirouse 1786:364 ; Landrin 1829:222)

∅ *FEW*, ∅ Mistral ; Éluerd 1993:259, Corbion 2012:1,2194

Mistral (1,1195c) ne mentionne que le nom de lieu *Fusino/Fusine,* une « forêt du canton d'Aiguilles dans les Hautes-Alpes », « qui tire son nom, d'après quelques-uns, d'anciennes forges qui s'y trouvaient. » À part l'extrême est du territoire, où le piém. *füzina* a effectivement été emprunté par quelques parlers (*FEW* 7,335 s.v. *ŏffĭcīna* : dauph. 'forge, fonderie'), l'aire linguistique occitane semble dépourvue de continuateurs du lat. médiév. *fossina, foxina, fuxina, fucina* 'forge' (cf. Niermeyer 1,589a). Cependant, comme l'on ne peut guère voir dans *fousinal* autre chose qu'un dérivé de **fousina,* il faut supposer que ce mot y ait existé aussi. Cette hypothèse est étayée par le fait que les langues voisines, i.e. l'italien (cf. Battaglia 6,417c, *fucina*) et le catalan (cf. *DCVB* 6,102b, *fusina,* « ant. ») le possèdent (ou possédaient) également.

Le *fousinal* est l'ensemble de ce côté de la forge, constitué du → *parédou* et du → *porge.*

intrade 'saillie de la tuyère dans le creuset' (Picot de la Peirouse 1786:365 ; Landrin 1829:225)

Corbion 2012:1,2585

Il est compréhensible que cet emploi spécialisé de l'occ. *intrada* n'ait pas été repris ni par Mistral (2,141b), ni par le *FEW* (4,774b). Dans ce dernier, on trouve au moins une concrétisation comparable, aveyr. *intrado* 'trou de serrure'.

Littré 1885:3,141c : « s. f. Terme de métallurgie. Saillie de la tuyère dans le creuset d'un feu catalan. ÉTYM. *– Provenç.* intrada, *entrée. »*

jaz « la tuyere se fait son *jaz,* lorsqu'après avoir placé trop haut la pierre du fond du creuset, la tuyere l'abaisse en la brûlant » (Picot de la Peirouse 1786:350 ; Landrin 1829:226)

∅ *FEW*, ∅ Mistral ; Éluerd 1993:259, Corbion 2012:1,2605

Littré (1885:3,117c) précise : « [...] lorsqu'elle brûle la pierre du fond d'un creuset et l'abaisse », probablement parce que *fond* peut aussi désigner la caisse inférieure d'un soufflet (Éluerd 1993:207). C'est ici l'un des exemples les plus propres à montrer que le choix des entrées dans les grands dictionnaires français du 19e siècle relève souvent de l'arbitraire et n'a rien à voir avec l'usage français ; car on isole ici l'occ. *jaz* (normalement 'gîte') d'un contexte phrastique occitan, sans doute **se faire son jaz*, trouvé dans Landrin (cf. 5), en le faisant paraître comme lexème français, ce qu'il n'a certainement jamais été.

Littré 1885:3,177c : « s. m. Terme de métallurgie, dans les Pyrénées. La tuyère fait son jaz lorsqu'elle brûle la pierre de fond d'un creuset et l'abaisse. »

Larousse 1873:9,924c : « Métallurg. Dans les Pyrénées, Creux produit dans le fond d'un creuset par l'action de la tuyère : La tuyère a fait son JAZ. »

laitairol « côté du chio, ou trou du chio » (de Dietrich 1786:1,134) ; ***latairol*** (Picot de la Peirouse 1786:365s.) ; ***laiterol*** (Landrin 1829:226)

∅ *FEW*, ∅ Mistral ; Éluerd 1993:259, Corbion 2012:1,2643 (avec les var. ***laitairolle, laiterolle, laiteral, latirol***)

La *laitairol* est la plaque percée pour l'évacuation des scories (Éluerd l.c.), appelées en français *laitier*, dans le contexte de la fonte du fer. Ce dernier terme est attesté pour la première fois chez Félibien (1676:627) : « C'est une espece d'écume qui sort des fourneaux à faire le fer et qui vient des terres et crayes que l'on met pour aider à la fonte de la mine » ; selon Éluerd, on peut supposer que le terme « est aussi ancien que la fonte puisque la première production de fonte n'a pu que s'accompagner d'une production de scories liquides blanchâtres justifiant le terme » (1993:217). Ni le *FEW*, ni Mistral (ni d'autres dictionnaires) ne donnent d'équivalent occitan de *laitier*.

En français, on retrouve *laiterol* 'côté d'un feu d'affinerie par où s'écoule le laitier' dans Hassenfratz 1812:3,116 et 118 ; parmi les mots du corpus qu'on étudie ici, c'est le seul que cet ouvrage de référence pour le traitement du fer utilise « normalement », c'est-à-dire sans explication ni mise en italiques ni précédé par la formule « *x, nommé ... dans les forges catalanes*[10] ». Le mot semble donc déjà bien intégré en français, et probablement c'est le seul – à part *massé* – de ce corpus qui l'ait jamais été[11] (cf. 5).

Or *-ol* n'est pas un suffixe français : le terme doit donc avoir été emprunté à l'occitan, langue où des formations en *-airol* sont bien attestées, cf. AlibertGr 111. « Lo sens est sovent diminutiu », mais ceci n'est pas exclusivement le cas.

Une base **laitaire* peut être née à l'ouest et au sud de l'aire linguistique occitane, où la palatalisation du [-kt-] latin n'a pas abouti en [-tš-] et où l'on trouve divers autres dérivés de LAC(T)- avec *-it-* comme bearn. *lèytère,* Agen *lèitèro,* Lavedan *enlaytí-se* (*FEW* 5,111a).

Littré 1885:3,239a : « LAITEROL (lè-te-rol), s. m. Face de devant des creusets dans lesquels on affine la fonte. »

Larousse 1873:10,89c : « LAITEROL s. m. (lè-te-rol – rad. laitier*). Métall. Côté d'un feu d'affinerie par où s'écoule le laitier, et qui est situé à la partie antérieure du creuset. | | Plaque de fonte ou de pierre qui forme ou recouvre ce côté. | | On dit aussi* CHIO. *»*

ore 'côté du contrevent[12] dans le creuset' (de Dietrich 1786:1,54 ; Picot de la Peirouse 1786:369 ; Landrin 1829:232)

∅ *FEW,* ∅ Mistral ; Éluerd 1993:259, Villebrun 1990:80, Corbion 2012:1,3260

Ni le *FEW* s.v. *ōra* (7,382a) ni Alibert 516b (*òr* 'bord') ne mentionnent ce sens particulier du mot, mais *ore* semble tout de même y appartenir – même si la raison pour laquelle c'est exactement ce mur du fourneau qui est qualifié de 'bord' n'est pas claire.

Littré 1885:3,851c : « s.f. Terme de métallurgie. Contrevent au côté opposé à la tuyère, dans les feux catalans. »

Larousse 1874:11,1431a : « s.f. Métall. Contrevent qui existe sur le côté opposé à la tuyère, dans les fourneaux catalans. »

parédou « partie du côté de la tuyère, qui est au-dessus de la tuyère » (de Dietrich 1786:1,135)

Éluerd 1993:259, Corbion 2012:1,3327

Mistral (2,480a : *paredou(n)* 'petit mur', 'contre-cœur d'une cheminée') de même que le *FEW* (7,653a, s.v. *paries* : Ariège *paredú* 'plaque de fer qui protège la paroi contre le feu', Castres, Nestre, Ferrère id.) connaissent des sens semblables, par conséquent, il ne s'agit naturellement pas d'une découverte lexicologique ; mais j'aimerais néanmoins retenir l'attestation fournie par de Dietrich parce que son signifié est encore plus précis et qu'il s'agit d'un élément important de la terminologie occitane du fourneau, étonnamment passé sous silence par Picot. Dans la forge catalane, c'est la partie supérieure du côté de la tuyère, appelée *mureau* en Français (cf. Éluerd 1993:259), alors que la partie inférieure est le →*porge*.

piech del foc 'contre-mur ou mureau des affineries' (Picot de la Peirouse 1786:370 ; Landrin 1829:234)

∅ *FEW*, ∅ Mistral ; Éluerd 1993:259, Villebrun 1990:62, Corbion 2012:1,3424

Dans les forges catalanes, *piech del foc* désigne le côté du massif où entre la tuyère. Il est donc synonyme de → *fousinal*, terme répertorié par de Dietrich. Ni Mistral (2,571a *pies*, *piech*, *pièch*) ni le *FEW* (8,111b s.v. *pĕctŭs*) ne connaissent un emploi similaire, dont l'emploi métaphorique ('poitrine' du fourneau) est néanmoins clair.

porge « partie inférieure du creuset, du côté de la tuyère », « pièce de fer placée sous la tuyère » (de Dietrich 1786:1,53 resp. 136) ; ***porges*** « Taques de fer dont on garnit le côté du creuset sous la tuyere. C'est comme la varme des affineries » (Picot de la Peirouse 1786:372) ; « espèce de varme[13] » (Landrin 1829:236)

Éluerd 1993:259, Corbion 2012:1,3548

Le *FEW* (9,224a s.v. *pŏrtĭcus*) ainsi que Mistral (2,602c) ne mentionnent que des sens plus généraux comme 'porche', 'galerie couverte', 'parvis'. Le *FEW* retient en plus l'attestation du mot dans Littré :

Littré 1885:3,1215a : « PORGES (por-j'), s.m. Terme de métallurgie. Côté de la tuyère dans les fours catalans. ÉTYM. *– C'est la forme provençale de porche. »*

Larousse 1874:12,1437a : « PORGES s.m. (por-je). Métall. Côté de la tuyère d'une forge catalane. »

restanque « taque de fer [...] qu'on place dechamp à côté du *laitairol*, et qui, avec lui, forme le côté du chio » (Picot de la Peirouse 1786:375 ; Landrin 1829:238)

Éluerd 1993:259, Corbion 2012:2,11

Mistral 2,775b donne *restanco* s.f. 'barrage, digue, barre d'une porte, arrêt pour la pâte (terme de boulanger)', le *FEW* (12,232a s.v. *STANTICARE) témoigne aussi de la présence du terme dans toute l'aire occitane, p.ex. Alès *restanquo* 'tout ce qui sert à retenir', Cavalaire *rẹstaŋko* 'barrière en bois le long d'un chemin pour empêcher les eaux pluviales d'y passer'.

Dans les forges, le lexème prend un sens spécial qui s'accorde bien aux sens cités, ce côté de la forge étant celui par où les scories s'écoulent, une fois la *restanque* enlevée.

teste del foc 'rustine' (Picot de la Peirouse 1786:379) ; ***test del foc*** 'id.' (Landrin 1829:243 : « Pyrénées »)

∅ *FEW*, ∅ Mistral ; Éluerd 1993:259, Corbion 2012:1,445 et 447s.

Les dictionnaires (Mistral 2,982b *tèst*, *tès* etc. ; *FEW* 13/1,286b s.v. *tĕstu*) ignorent cet emploi du mot qui désigne ici la paroi arrière de la forge catalane, sens certainement dû à la notion de cavité (cf. 'têt', 'coque' etc. et le synonyme → *cave* pour désigner cette partie du four). Picot 119 donne aussi une forme faussement francisée *tête de feu*[14].

Désignations en pays basque

Un certain nombre des mines et forges visitées par de Dietrich se trouvent en pays basque, de sorte que le jargon des ouvriers, sans aucun doute linguistiquement hétérogène, lui a fourni quelques mots basques : ils sont cités ici, tous répertoriés dans la forge de Larrau en pays de Soule, Basse-Navarre.

estolda « côté de la cave » (1786:1²,452) se retrouve dans Azkue 1,284b ('tympe, tuyau par lequel sort la scorie du fer dans les hauts-fourneaux'). Par contre, les dictionnaires basques consultés ne fournissent nul terme correspondant à ***agariac*** 'contrevent' (*ibid.*) (selon Mispiratzeguy 29b, *contrevent* se dit *leiho* ou *kuntrebent*), ***scharbanda*** '(paroi de la ?) tuyère' (*ibid.*)[15] et ***soupressa*** 'côté du laitairol' (*ibid.*).

Dans l'expression apparemment hybride ***piece à pia*** 'côté de la →banquette' (*ibid.*), on pourrait peut-être voir le basque *peia*, entre autres 'sorte de planche', 'pilier' (Azkue 2,160), sens peu éloignés de celui de *banquette* ('barre').

4.3.2. Le ventilage

Dans les régions montagneuses comme les Pyrénées, l'adduction d'air dont a besoin le haut-fourneau peut être obtenue à partir de courants d'eau. Éluerd 1993:206 en donne une description exacte à partir des explications de Réaumur (*L'Art de convertir le fer forgé en acier*, 1722) :

« Le courant d'eau, conduit vers un entonnoir, y est resserré dans l'*étranguillon* et injecté dans un conduit vertical dont le nom semble être *trompe,* nom étendu par synecdoque à l'ensemble du dispositif. La partie haute de ce conduit est percée d'ouvertures, les *ventouses.* Dans sa chute rapide, l'eau aspire l'air par les ventouses et l'entraîne vers le bas. La partie basse du conduit pénètre dans une sorte de tonneau, la *cuve,* où l'eau s'écrase sur le plan, la *table de pierre.* Sous l'effet de la pression, l'air est chassé vers le haut de la cuve dans un conduit nommé le *porte-vent,* tandis que l'eau s'écoule par un siphon qui empêche toute fuite d'air. »

De Dietrich donne des informations sur les particularités des trompes pyrénéennes et les désignations qui y sont usitées : « on divise les trompes en trois parties principales ; dans le comté de Foix, les *tuyaux*, la *cuvette* & le *bourrec* » (1786:1,45). Nombre de termes que de Dietrich fournit semblent très français, d'autres sont purement occitans[16].

bourrec s.m. (ou *porte-vent*) « caisse de bois en forme de quarré long, rétrécie à mesure qu'elle s'éloigne de la trompe dans laquelle elle est engagée d'environ 3 pouces, & hors de laquelle elle saillit de 3 pieds 5 pouces vers la tuyère » (de Dietrich 1786:1,49 ; Picot de la Peirouse 1786:352s. ; Landrin 1829:204).

∅ *FEW*, ∅ Mistral ; Éluerd 1993:206, Villebrun 1990:63, Corbion 2012:1,588

Dans *FEW* 1,646b s.v. *bŭrrus* 'rouge ardent', on trouve entre autres *bourret* 'taureau', *bourrec* 'agneau d'un an', formé à l'aide du suffixe *-èc* (« le plus souvent avec valeur diminutive », Rohlfs 1931:350) ; de même Mistral 1,341a (*bourret, bourrèc* lang. gasc. ; plusieurs autres sens). Déjà un glissement sémantique comme 'taureau' / 'agneau' > 'caisse de bois' est tout à fait concevable ; Villebrun l'explique judicieusement par « analogie avec la matière », car « ce tuyau est [...] fabriqué à partir d'une peau de mouton[17]. »

campane 'orifice de la tuyère' (Picot de la Peirouse 1786:354)

∅ *FEW*, ∅ Mistral ; Villebrun 1990:59[18], Corbion 2012:1,708

Le *FEW* explique que les « technologischen übertragungen beruhen meist auf der ähnlichkeit der form der betr.

gegenstände » (2,151a s.v. *campana*), ce qui vaut aussi pour l'emploi de *campane* (*campana*) dans les fourneaux à la catalane.

canon du bourrec s.m. 'buse de fer de la trompe, entrant dans l'extrémité du → *bourrec*, placée sur une tuyère de cuivre' (de Dietrich 1786:1,49) ; ***canou du bourrec*** (Picot de la Peirouse 1786:355) ; ***canon del bourrec*** (Landrin 1829:206)[19]

∅ *FEW*, ∅ Mistral ; Éluerd 1993:206, Corbion 2012:1,721

debantal « planches qui ferment la huche & le corps des trompes » (Picot de la Peirouse 1786:359)

∅ *FEW*, ∅ Mistral ; Corbion 2012:1,1362

Le seul sens du terme donné dans Mistral (1,703a, *davantau*) et dans le *FEW* (24,9b s.v. ABANTE) est celui de 'tablier', qui probablement est à la base de l'expression relevée par Picot.

escampadou 'ouverture pour la sortie des eaux du réservoir de la trompe' (Picot de la Peirouse 1786:361 ; Landrin 1829:217)

Corbion 2012:1,1639

Il s'agit ici d'une variante de l'occ. *escapadou*, selon le *FEW* seulement attesté comme 'subterfuge' (3,269b s.v. **excappare*), selon Mistral (1,979b, *escampadou* s. et adj.) 'prodigue', cf. mfr. *échapoir* 'astuce'. Ici, le sens est moins éloigné du verbe sous-jacent (*esca(m)par* 'échapper', 'éjecter') : les eaux s'échappent ou bien sont éjectées par ce trou.

moussa 'colmater les divers parties de la trompe' (Picot de la Peirouse 1786:368 ; Landrin 1829:231)

Corbion 2012:1,3161

Ni Mistral (2,379a) ni le *FEW* (16,566b s., s.v. *mosa*) ne connaissent ce sens du mot. Il s'explique facilement pourtant : pour rendre étanche l'ensemble du système de ventilation, on se servait entre autres de la mousse, comme le montre l'explication du lemme suivant :

moussadou « instrument de fer dont on se sert pour coigner dans les joints, le chanvre, la mousse, &c. » (Picot de la Peirouse 1786:368)

∅ *FEW*, ∅ Mistral ; Villebrun 1990:69, Corbion 2012:1,3161

moussazou « le chanvre, la mousse, & tout ce qu'on emploie pour calfater » (*ibid.*)

∅ *FEW*, ∅ Mistral ; Corbion 2012:1,3161

Il s'agit d'un autre dérivé de → *moussa*, formé avec le suffixe *-asón* qui donne des substantifs abstraits (AlibertGr 104). Mais comme le montre l'exemple de *cargueson* 'charge d'un navire' (Mistral 1,471b), ces noms abstraits peuvent bel et bien assumer un sens concret, donc 1° *'action de colmater' > 2° 'les matières utilisées pour le colmatage'.

sentinelle s.f. « la saillie de la trompe dans l'attelier, qui est supérieur à la cuvette » (de Dietrich 1786:1,136) ; « portion antérieure & surhaussée du tambour de la trompe » (Picot de la Peirouse 1786:376 ; Landrin 1829:240)

Corbion 2012:2,190

Dans *FEW* 11,471b, on a seulement repris l'entrée du mot dans les dictionnaires (de AcC 1842 à Larousse 1875). Mistral (2,879b, *sentinello*) ne donne que le sens militaire. Le français connaît plusieurs emplois figurés du terme *sentinelle* (cf. *FEW*), mais comme celui de 'tuyau de conduite de l'air dans un appareil de soufflets hydrauliques' est documenté pour la première fois en domaine occitan, il faut supposer qu'il est né dans les Pyrénées, où les trompes constituaient la forme de soufflet la plus fréquente.

Littré 1885:4,1899b : « Tuyau de conduite de l'air dans un appareil de soufflets hydrauliques. » (= Acad. Suppl. 1842:1106c)

Larousse 1875:14,555b : « Technol. Tuyau de conduite de l'air, dans un appareil de soufflerie hydraulique. »

tampail 'fermeture en bois couvrant la → sentinelle' (Picot de la Peirouse 1786:378, Landrin 1829:242)

∅ *FEW*, ∅ Mistral ; Corbion 2012:2,390

Dérivé de *tampar* moyennant le suffixe *-alh*, historiquement le premier formateur de noms d'instruments (cf. AlibertGr 100). S.v. *TAPPÔN (goth.), le *FEW* (17,313b) cite *tampail* comme mot fr. (« seit 1872 »), mais il l'a seulement copié du Littré :

Littré 1885:4,2138c : « TAMPAIL (tan-pall, ll mouillées), s. m. Terme de métallurgie. Fermeture en bois qui sert de toit à la sentinelle de la trompe. »

trompille s.f. 'conduit d'air en bois qui entre dans l'arbre de la trompe' (de Dietrich 1786:1,137) ; ***trompils*** (Picot de la Peirouse 1786:380)

Éluerd 1993:206 et 371 ; Corbion 2012:2,581

À part le mfr. *trompille* 'trompette', le *FEW* (17,377b s.v. afrq. *trumba*) ne cite que *trompilles* 'cônes plongeant dans le bassin supérieur, et servant à remplacer l'air et à en fournir de nouveau dans les machines soufflantes', terme qu'il a littéralement repris de Bescherelle 1853:2,1545c (donc sans indication d'un emploi exclusif au sud de la France).

Pourtant Hassenfratz, expert en la matière, ne parle encore de *trompilles* que dans le contexte des forges pyrénéennes (1812:2,60). Il devrait donc s'agir d'un dérivé méridional de l'occ. *trompa* (Mistral 2,1056a) - entré pour sa part dans le domaine gallo-roman au cours du 18e siècle par emprunt à l'italien[20] - à l'aide du suffixe *-ilha* ou *-ilh* (cf. Rohlfs 1931:153 et AlibertGr 100).

tuèle 'tuyère de cuivre' (de Dietrich 1786:1,137 ; Picot de la Peirouse 1786:380[21])

Corbion 2012:2,596

Ce terme semble à rapprocher de l'occ. *tuèla*, attesté dans le sens de 'baquet, marmite' (*FEW* 22/2,127b s.v. 'cuve' et Alibert 682b, aussi 'tranchée de drainage'). Pour la sémantique, des attestations du mfr. semblent plus proches : *tuel* 'chalumeau' (*FEW* 17,405b s.v. **thūta*), *tuelle* 'tuyau de soufflerie' (22/2,128a). Selon le *FEW*, le mot est attesté dans l'Aude en 1551.

Si ces mots sont effectivement « à rattacher à la famille d'afrq. **thūta* » (ainsi *FEW* 22/2,127b), *tuèla*/*tuèle* ainsi que *tueilo* (Mistral 2,1062) devraient constituer des emprunts au français (faits assez tôt, cf. apr. *tuella* 'récipient de terre', *FEW* 22/2,127b), vu la chute de l'interdentale ; le dérivé autochtone qui les côtoie est *tudèl* 'tuyau, tube' (Mistral l.c.)[22]. L'étymologie proposée par Alibert l.c., lat.**tubella*, est plus pertinente.

(à suivre)

Moritz Burgmann
Bonn

NOTES

[1] Pour l'indication des significations, j'utilise « … » quand je cite les explications données par les auteurs telles quelles parce que les détails me semblent importants ; quand il est possible de définir avec précision le sens des mots en abrégeant les explications des ouvrages dépouillés, j'utilise '…'.
[2] Cf. *http://www.mesaieux.com/fr/premactesnom.asp?Code=GoTIER& Nom= Gauthier&Rang=31916* : le fils d'un certain Hilaire Gourbatier de Poitiers fut baptisé en 1643.
[3] Picot écrit *Pique-Mines* (1786:145).
[4] Première attestation : forge de Villeneuve 1741, cf. Cantelaube 2005:116.
[5] *ALG* 1030 : *nuit*, 1031 : *huit*.
[6] Cf. Villebrun 1990:2 et *ibid.* 14 : le procédé catalan est « utilisé dans une zone géographique qui s'étend de Mauléon (Pyrénées-Atlantiques) à Céret (Pyrénées-Orientales), descend jusqu'au domaine pyrénéen espagnol (Catalogne et Pays Basque) et en Corse. »
[7] Cf. Villebrun 1997:56.
[8] Le soufflard est « la cuvette de la trompe », Éluerd 1993:259.
[9] La rustine est la face opposée à l'ouverture du creuset du haut-fourneau (cf. Éluerd 1993:199s.).
[10] Dans les dictionnaires : de Mozin 1842 au Larousse de 1922.
[11] Cf. aussi l'attestation de *laiterolle* en Berry et Nivernais vers 1850 d'après Corbion l.c.
[12] Le contrevent est le côté opposé à celui où entre la tuyère dans le haut-fourneau.
[13] Dans le haut-fourneau, la varme est la plaque de fonte qui forme le côté où entre la tuyère.
[14] D'où l'explication de Cantelaube 2005:126, probablement erronée : « On l'appelle ainsi parce que c'est dans cette partie que la charge de minerai et de charbon de bois est la plus élevée, et parce que le forgeur qui manipule l'a toujours devant lui. »
[15] La phrase « la parois (*sic*) de la tuyère qu'on nomme *scharbanda* » ne permet pas de déterminer avec certitude à quoi se réfère *scharbanda* : est-ce la paroi (donc le *fousinal* ou *piech del foc*) ou la tuyère ?
[16] Sans en fournir les datations exactes, Cantelaube 2005:140 souligne : « Dès les premiers documents de la fin du XVIIe et du début du XVIIIe siècle (de 1693 à 1718), on note la présence […] des trompils, du "devant de la trompe", de la sentinelle, du bourrec, du "bourrec avec son canon". »
[17] À conclure d'un plan contenu dans les Archives départementales de l'Aude (S754) et les *Recherches sur le gisement et le traitement direct des minerais de fer dans les Pyrénées et particulièrement dans l'Ariège* de Jules François, Paris 1843.

[18] Chap. III, 1.1.3 : « Mots de la langue commune qui prennent une nouvelle acception. »

[19] Avec une explication fautive (« base de la trompe »), au lieu de « buse de la trompe » (Picot).

[20] Ainsi qu'en espagnol – selon Cantelaube 2005:141, le terme figure dans le *Tratado de Metalurgia de las Comisiones (Segundas) de la Real Sociedad Bascongada de Amigos de Pais* de 1765-1773 – et en catalan, cf. Corbion l.c.

[21] Première attestation : dans la forge de Mérens, 1708 (cf. Cantelaube 2005:130).

[22] On ne connaît pas d'attestation française de *tuelle* 'tuyère' après le 16e siècle (le mot survit pourtant à Loches (Indre-et-Loire), 'petit trou d'un tonneau', *FEW* 17 l.c.) ; les différentes variantes connues au 18e siècle sont toutes des variations de *tuyère* (cf. Éluerd 1993:201 : « Le nom n'a pas de concurrent. »). Cependant, dans ce contexte Éluerd l.c. cite une *tuilerie* « qui peut être un cône de terre réfractaire », attestation de 1722. Comme les tuiles n'y sont pour rien, on pourrait se demander si l'on n'a pas affaire à un dérivé de *tuelle* 'tuyau'.

Références bibliographiques

Outre les ouvrages cités dans la première partie de cet article, parue dans le précédent numéro de la Rlr, les publications suivantes ont été consultées :

Dictionnaires et autres ouvrages lexicographiques

Azkue, Resurección María de 1905-1906 : *Diccionario vasco-español-francés*, 2 vol., Bilbao : Dir. del autor.

Battaglia, Salvatore : *Grande dizionario della lingua italiana*, 21 vol., Turin : Unione tipografico-editrice torinese, depuis 1961.

Bescherelle, Louis Nicolas 1853 : *Dictionnaire national ou dictionnaire universel de la langue française*, deuxième édition, 2 vol., Paris : Simon / Garnier.

DCVB : *Diccionari català-valencià-balear*. Obra iniciada per Antoni Mª Alcover ; redactat per Francesc de B. Moll amb la col·laboració de Manuel Sanchis Guarner i Anna Moll Marqués, 2ª edició corregida i posada al día, 10 vol., Palma de Mallorca : Moll, 1968-1977.

Félibien, André 1676: *Des Principes de l'Architecture, de la Sculpture, de la Peinture, et des autres Arts qui en dépendent. Avec un Dictionnaire des Termes propres à chacun de ces arts*, Paris : Coignard.

Lhande, Pierre 1926 : *Dictionnaire basque-français et français-basque (Dialectes labourdin, bas-navarrais et souletin)*, Paris : Beauchesne.

Mispiratzeguy, Fenaille 1936 : *Dictionnaire français-basque. Grammaire*, Paris : Foldex.

Niermeyer, J.F. 1997 : *Mediae Latinitatis lexicon minus*, réimpression, 2 vol., Leyde : Brill.

Études scientifiques

Lapassat, Robert 1983 : *L'industrie du fer dans les Pyrénées orientales et ariégeoises au XIXe siècle, I – Les forges catalanes* (*Conflent* n° 120), Prades.

Peillen, Txomin 1995 : *Les emprunts de la langue basque à l'occitan de Gascogne* (Étude du dialecte souletin de l'euskara), Madrid : UNED.

Rohlfs, Gerhard 1931 : « Beiträge zur Kenntnis der Pyrenäen-mundarten », in : *RLiR* 7, 121-169.

Pier Paolo Pasolini, « *meglio* » et « *nuova gioventù* » : dépassement et horizons illuminés de « la nuit des lucioles »

Bologne, 1937 : le livre poétique s'ouvre et révèle une lumière insoupçonnée. Casarsa della Delizia, 1941 : naissance dans la lumière de la langue, de la poésie et du dépassement des horizons du monde. Idroscalo di Ostia, nuit du 1er au 2 novembre 1975 : la lumière s'éloigne, puis s'éteint, volée par les *ladri e assassini* lucifériens qui l'emportent en leur ténèbre, laissant un corps meurtri, écrasé, broyé à coups de pioche, un corps désormais privé de la féerie des lucioles réfugiées dans des traces poétiques éparses, livrées à l'abandon du temps. Ainsi se noue, accompagné des ténèbres et de la lumière, le destin si particulier de Pier Paolo Pasolini, ainsi se définit ce qui a été pour toute une génération d'Italiens, écrivains et intellectuels, un traumatisme essentiel qui, aujourd'hui encore, prouve que l'on ne se sépare pas aussi facilement de ses démons, comme d'ailleurs de la lumière qui aurait dû les égarer.

Naître à la littérature, pour Pier Paolo Pasolini, signifie une naissance double : celle en premier lieu d'un sujet fortement inscrit dans le texte qu'il écrit, corps vivant, souffrant, noué aux conflits de la psyché, et d'autre part celle qui s'effectue en littérature par l'appropriation et la récupération d'une parole littéraire, ces deux naissances dessinant donc les contours d'un Moi d'écriture qui tend à tisser les fils subtils qui cousent et décousent dans une trame ainsi constituée le corps, la lettre et le verbe de Pier Paolo Pasolini. De quoi est constituée cette naissance à la littérature, à quoi répond-elle, comment se détermine-t-elle et qu'est-ce qui guide la psyché pasolinienne à emprunter le chemin des mots ? Autant de questions auxquelles il est difficile d'apporter des réponses définitives, mais que nous pouvons essayer de comprendre, d'approcher, à l'aune des premiers poèmes pasoliniens écrits à Casarsa en frioulan à partir de 1941, *La meglio gioventù* rassemblant ces écrits en 1954, et *La nuova gioventù* les reprenant en 1975, testament poétique d'une réécriture sans cesse renouvelée.

*

Les poèmes écrits en frioulan constituent, avec des poésies écrites en italien, les premières tentatives poétiques de Pasolini[1]. En réalité, ce que l'on a trop souvent du mal à comprendre dans le cadre français, ne constitue pas en Italie un paradoxe. L'écriture *in dialetto* apparaît inscrite dans une tradition que nous ne retracerons pas ici, mais qui témoigne en 1941 comme aujourd'hui d'une diversité linguistique et littéraire qui fait justement la force et l'originalité de l'italien ou plutôt des parlers italiens. Ce que le contexte français renvoie aux écritures régionales n'existe pas en Italie ; aucune dévalorisation, aucun mépris n'accompagne cette écriture dialectale, la parole même *dialetto* ne relevant d'aucune péjoration. Le contexte pasolinien est toutefois particulier dans la mesure où il se situe pendant le fascisme, en ces temps où le régime mussolinien avait eu pour principe de réduire la portée et l'importance des dialectes considérés comme des obstacles à la grande aventure italienne. Peine perdue en ce qui concernait les usages bien évidemment, mais qui pèse sur la décision de Pasolini et place son choix dans une résistance au fascisme, du moins dans une opposition culturelle avant qu'elle ne se détermine tout à fait dans le champ politique.

Loin de nous cependant de tenter une explication sociologique ou politique. Si *la lenga furlana* occupe Pasolini en ces années de guerre et d'après-guerre, et même toute sa vie, ce choix ne s'explique pas par une action politique, cette dernière apparaissant bien plus un prétexte, une précaution d'écriture que l'on ne saurait mésestimer, mais qui n'est qu'une précaution ; les explications les plus profondes demeurant en d'autres lieux, en un mot en un cheminement poétique individuel. En effet, l'accession au frioulan est pour Pasolini indissociable d'un rapport au lieu natal de Susanna Colussi, sa mère, et à la configuration particulière de la structure familiale qui fut la sienne. Le choix de la langue, bien plus complexe que l'on ne croit, révèle en un premier temps un chemin vers la mère et sa culture, ainsi d'ailleurs, forme paradoxale essentielle, une tentative d'émancipation ou du moins une distance avec cette même mère ; le père de Pasolini, prisonnier au Kenya devenant le grand absent qu'il fut d'ailleurs à son retour, sombrant dans la folie et l'alcoolisme. Chemin vers la mère et Casarsa disons-nous : en effet Pasolini, né à Bologne, vivant au rythme des garnisons paternelles entre Parme, Crémone et autres villes du nord de l'Italie, revient à Casarsa lors des vacances d'été. Le village natal de sa mère constitue un refuge empli des images de l'enfance, un refuge réel quand la mère s'y rendit avec ses deux enfants et entreprit d'y faire vivre sa famille en reprenant son premier métier d'institutrice, son époux étant perclus de dettes, renvoyé de l'armée. Ces années de refuge en 1928 induisent certainement une imago déformée du père qui conditionne une relation fusionnelle entre la mère et les enfants, en particulier Pier Paolo, l'aîné.

Casarsa devient le lieu d'investissement des fantasmes pasoliniens : fantasmes d'été, de chaleur, d'eau et de fontaine, fantasmes des désirs naissants, des paysages découverts et prêts à offrir au jeune poète les formes d'une épiphanie. Cependant le passage du lieu à la langue, que l'on pourrait concevoir comme évident, ne l'est pas ; il se noue à une construction, à une élaboration, car le frioulan n'est pas à proprement parler la langue de Susanna Pasolini ; cette dernière parlait en effet *veneto*, un dialecte dans lequel la bourgeoisie rurale de Casarsa préférait s'exprimer dans la mesure où il jouissait d'un prestige plus grand[2], le frioulan étant à cette époque le parler populaire des paysans de Casarsa. La distance avec la mère est donc accomplie : Pasolini ne s'exprime pas dans sa langue, mais choisit une antériorité maternelle, une langue qui aurait dû être la sienne. À cet égard, le choix de la langue ne se réduit pas à celui de la langue maternelle, mais correspond au croisement de deux chemins : l'antériorité maternelle, une catharsis de la parole de la mère, la retournant et la poursuivant dans les formes d'une ascension vers les origines et, dans un deuxième temps, la découverte pasolinienne, son attirance, sa fascination pourrions-nous dire en nous référant à l'étymologie latine du *fascinus*[3], pour les êtres voués aux destins fragiles, simples, pour ceux qui, écrasés par l'histoire, dissimulent leur marginalité, mais sont perpétuellement relégués aux rives du temps et de la culture dominante. Une même démarche anime Pasolini quand il évoque les paysans de Casarsa qu'il transpose ensuite à Rome dans les *Ragazzi di vita*, et même au-delà dans les types humains, gros plans sur les visages des figurants de *L'Évangile selon Matthieu* ou du *Decameron*. Cette fascination pour les visages burinés, distordus, inélégants, pour une forme de beauté baudelairienne, ne quitte jamais Pasolini ; elle hante avec le paysage les premiers poèmes frioulans ; elle se noue aux formes diverses du désir pasolinien, jusqu'aux images insoutenables de la violence et du corps désarticulé.

Le refuge linguistique et littéraire trouve paradoxalement son accomplissement, son retirement le plus significatif lors du séjour à Versuta en 1944, quand, la maison de Casarsa bombardée, Pasolini et sa mère trouvent asile dans ce village, paix bucolique inscrite au cœur de la langue et des paysans, paix tragiquement déchirée par l'assassinat de Guido, le jeune frère de Pier Paolo[4]. Le refuge ne peut faire oublier les désastres de la guerre, et la mort de Guido, traumatisme essentiel, poursuit le poète toute sa vie, s'inscrit en creux dans les formes d'une œuvre en gestation. Cette reconstruction de la parole s'accomplit donc en surmontant le *trauma*, en le guidant vers les sources poétiques, et, dans ces années-là, vers une forme d'action culturelle : Pasolini fonde à Versuta *L'Academiuta di lenga furlana* et accomplit tout un travail de restitution littéraire dans la revue qui l'occupe, le *Stroligùt di cà da l'aga*[5]. Malgré la mort du frère, l'existence du refuge n'est pas remise en question, et ce n'est qu'en octobre 1949 que, dénoncé pour homosexualité, Pasolini dut partir de Casarsa et se rendre à Rome, radié de l'éducation nationale et exclu du Parti Communiste[6]. Là commence une autre vie, un autre chemin, celui des *Ragazzi*.

L'élaboration d'une parole poétique frioulane est déterminée par une série de faits biographiques qui ne peuvent pas consister à eux seuls une explication totalisante. Les séjours à Casarsa conduisent Pasolini à reconnaître en lui des images que l'accession à une culture poétique avait révélées. La découverte de Rimbaud, d'Ungaretti et de Montale dès 1937 au lycée de Bologne, les études menées à l'université où il eut pour maître, comme Giorgio Bassani, le critique et historien de l'art Roberto Longhi[7], et le long cheminement des lectures poétiques conduisent Pasolini au seuil d'une naissance où il s'approprie une poétique. La poésie française et castillane, ainsi que la présence revendiquée des littératures minorées, essentiellement l'occitane et la catalane, mènent Pasolini à concevoir les formes d'une redécouverte de la parole frioulane qui se veut avant tout parole poétique. On a pu ainsi parler d'un félibrisme pasolinien, d'une réappropriation d'une parole populaire, oubliée et minorée, et force est de constater que dès ses premiers recueils les troubadours occitans sont cités en compagnie de Machado[8] ; on lit dans cette poésie un cheminement proche de celui de Lorca par exemple, thèmes figurant une propension du matériau poétique puisant dans les images recomposées d'une culture populaire. L'essentiel demeure dans le paysage humain et physique de Casarsa, dans ce *Treib* que constitue l'*Heimat* quand il fait écho aux conflits psychiques. Les modèles pasoliniens apparaissent clairement « renaissantistes », mais on ne doit pas se méprendre sur ce « renaissantisme » : Pasolini, fin lecteur de la littérature occitane, ne s'y est pas trompé : le poème et l'intention politiques dissimulent le plus souvent une fêlure originelle nouée à la langue et aux conflits intérieurs ; c'est d'ailleurs cette résonance, que pour notre part nous concevons comme mistralienne[9], qui explique le cheminement pasolinien : le jeune poète de Casarsa ne choisit pas le frioulan pour la beauté de la langue, mais pour la liberté grande qu'il y trouve, cette force « marmoréenne » comme le suggéra Gianfranco Contini[10]. S'il découvre une puissance poétique dans une langue neuve, dans ce dialogue fécond entre *lingua* et *dialetto* si particulier à l'Italie, c'est toujours accompagné des lectures poétiques renouvelées, lectures qui viennent à point pour permettre une vue en perspective. Pasolini a lu les Troubadours et les félibres, les traduit, et s'inspire de l'irruption poétique occitane afin d'asseoir sa position dialectale[11]. Outre l'aspect renaissantiste, la lyrique de la *fin' amor* trace les contours d'un *joi* que l'on retrouve sans conteste dans l'épiphanie poétique de « la nuit des lucioles ». La tradition philologique italienne a sans doute été l'initiatrice de cet héritage poétique, relayé par l'amitié de Gianfranco Contini qui lui fit connaître notamment le poète catalan Carles Cardó[12]. Le corpus troubadouresque occitan, la poésie d'oc du XIXe siècle et la littérature catalane contemporaine permettent à Pasolini d'effectuer le lien indispensable entre une haute tradition littéraire, celle des poètes italiens, de Rimbaud, Machado, García Lorca et Shelley par exemple, avec une expression dialectale, une langue dévalorisée qu'il se devait de mettre en lumière[13].

Le mot, Pasolini en a parlé. Entendant un jour à Casarsa un jeune homme prononcer « *rosada* », « *rugiada* » en italien, il eut la révélation de la simplicité et de l'authenticité de cette langue, ce terme résonant dans son esprit comme une parole rustique qui n'avait jamais été écrite, la « rosée » d'un parler, beaucoup plus âpre que les autres variétés frioulanes[14]. Outre une évidente portée esthétique, l'épiphanie poétique se noue à la réalité, emprunte les chemins du désir de la parole du jeune homme, la rosée se retrouvant comme prémices de ces fontaines qui ouvrent *Poesie a Casarsa* le premier recueil de Pasolini. Révélation de la langue serions-nous tenté d'écrire, comme celle saisissant son contemporain Albino Pierro[15], mais révélation poétique, car la langue a depuis longtemps creusé en Pasolini son chemin entre frioulan et italien. L'œuvre de Pasolini souligne tout au long de sa vie ce qui fut une de ses préoccupations et le conduit vers cette parole dialectale qu'il affectionne, mais cette dernière est avant tout pour lui parole poétique, car elle révèle ce qui est de l'ordre du mystère de la présence au monde, une mystique de la terre débarrassée de ses concepts identitaires où sourdrait une parole intempestive, sociale et nue, profondément poétique, donc subversive.

Les poèmes frioulans revêtent des formes diverses dans le temps et l'espace de la publication. Ils n'occupent pas une partie de la vie de Pasolini, celle de ses années de résidence à Casarsa et à Versuta, mais toute sa trajectoire poétique, jusqu'à ses derniers jours. Les premiers essais poétiques de Pasolini datent de ses années universitaires à Bologne, dès l'automne 1940 ; ils sont le plus souvent contenus dans la correspondance qu'il adresse à ses amis étudiants[16]. Faisant des allers-retours fréquents entre Bologne et Casarsa où il réside le temps des vacances d'été, Pasolini commence à écrire en italien des poèmes nettement inspirés de la poétique rimbaldienne des années 1870, celle d'avant la composition d'*Une Saison en enfer* ; ils évoquent le plus souvent les effets d'une « sensation » poétique sur le jeune sujet, mais paraissent déjà refléter une expérience poétique casarsienne, du moins habitée par le paysage frioulan. Certains de ces poèmes seront par la suite traduits en frioulan ou serviront de matière poétique, transposés d'une langue à l'autre. Les premiers vers en frioulan, qui seront d'ailleurs repris dans un autre poème, figurent dans une lettre de juillet 1941, et le premier poème écrit entièrement en frioulan est contenu dans une lettre du mois d'août de la même année[17] ; italien et frioulan voisinent alors, Pasolini prenant soin de traduire et commenter ses poésies frioulanes dans ses lettres. Dans ces mêmes années, Pasolini mène également divers travaux de traduction en frioulan ou en italien, collecte les formes d'une langue qui devient très vite matériau littéraire, et s'exerce à une écriture réflexive qui constitue la matrice des abondants *Materiali di Casarsa* et plus sûrement celle des *Quaderni rossi*.

En ces temps où Pasolini continue ses études universitaires qui, en 1941, sont essentiellement occupées par la rédaction d'un mémoire de maîtrise sur Giovanni Pascoli, le poète souhaite très vite composer un recueil de ses poésies frioulanes : *Poesie a Casarsa* paraît en 1942 à Bologne[18]. Le recueil reçut un succès d'estime et attira l'attention de Gianfranco Contini : il piqua la curiosité du critique et philologue qui, outre l'emploi nouveau du frioulan, releva ce qu'il considérait comme un talent poétique assuré. Après avoir publié dans diverses recensions et plaquettes poétiques ses travaux et ses poèmes, ouvrages de diffusion restreinte, Pasolini, séjournant alors à Rome, décida d'éditer sous le titre reconnu de *La meglio gioventù. Poesie friulane* l'essentiel de ses productions dialectales[19]. Le recueil, soigneusement organisé, comprend *Poesie a Casarsa*, mais également une *Suite furlana*, et, dans un deuxième volume intitulé *Romancero* (en réalité une deuxième division), *Il Testamento Coràn* et le *Romancero* proprement dit. Le recueil publié chez Sansoni à Florence sous les auspices de la prestigieuse revue *Paragone* constitue une confirmation de la voix poétique de Pasolini, une voix de premier plan que confirment peu de temps après *Le ceneri di Gamsci* et *L'usignolo della Chiesa Cattolica* en 1957 et 1958[20]. On sait que de nombreux poèmes frioulans ne figurent pas dans cette recension, poèmes écrits essentiellement à Versuta en 1944-1945 ou dispersés, souvent inédits avant l'édition critique de 2003. Pasolini continue dans les années cinquante son exploration des dialectes italiens à des fins purement poétiques, la publication en 1955 de *L'Italiano è ladro* illustre bien son propos consistant à mêler habilement expressions dialectales et italiennes[21].

La meglio gioventù avait été précédée de divers essais critiques, soit dans le *Stroligùt* qui occupe Pasolini en ces années, soit dans des recensions, des essais littéraires ou des récits publiés dans divers périodiques, récits que Nico Maldini publia en 1993 sous le titre *Un paese di temporali e di primule*[22]. C'est au début des années 1950 que Pasolini publia deux essais remarqués, une anthologie de la poésie dialectale sous le titre *Poesia dialettale del Novecento* et un *Canzoniere italiano. Antologia della poesia popolare*[23]. L'intérêt de Pasolini pour la poésie *in dialetto* n'est donc pas une préoccupation de jeunesse qui disparut dès son séjour à Rome ; il se relie à une conception poétique beaucoup plus profonde, celle qui constitue les fondations de l'ensemble de l'œuvre pasolinienne, celle d'une *melodia infinita*[24].

Considérer que les poésies frioulanes relèvent d'une préoccupation de jeunesse est une erreur regrettable, d'autant plus que la publication de *La nuova gioventù. Poesie friulane 1941-1974*, dernier ouvrage publié par Pasolini de son vivant, revient avec insistance sur ces années et en propose une lecture renouvelée, souvent contradictoire. En effet, de *meglio* à *nuova*, la relecture pasolinienne inverse le temps ; elle réécrit les poèmes pour souvent les infirmer, reproduire avec force l'errement poétique comme une contradiction fondamentale plus de trente années après leur écriture. Pasolini exprime ici sa grande liberté, essentiellement vis-à-vis de lui-même, et sans rejeter ses anciens poèmes, ce qui constituerait un *topos* littéraire, il les confirme tout en les infirmant, les fontaines ouvrant le recueil de 1942 de « *frescia* » devenant par exemple « *vecia* » et de « *rustic amoùr* » « *amoùr par nissùn* »[25]. Le révélateur poétique frioulan est manifeste dès 1941 ; il continue tout au long de la vie de Pasolini à se manifester, à se confronter à un contexte de plus en plus problématique, à une liberté de parole la plus grande, un esprit critique aigu, à refléter les contradictions et les conflits de la psyché pasolinienne.

*

Au printemps 1941, Pasolini adresse à son ami Franco Farolfi une lettre connue et étudiée sous l'appellation de « lettres des lucioles »[26]. Le poète relate qu'une nuit à Bologne, il fit une excursion avec des amis à Pieve del Pino, sur les collines proches de la cité. Là, il raconte son émerveillement devant une quantité impressionnante de lucioles qui illuminaient le paysage, féerie lumineuse provoquant une épiphanie poétique sans précédent : Pasolini, après une nuit passée à déguster du vin, se mit nu à l'aube pour exécuter une danse en honneur de la lumière. Le poète revient sur cette expérience en 1975 dans un article critique sur « la disparition des lucioles », essai sur la situation politique où il critique vertement le régime italien et annonce l'avènement d'un autre fascisme, les lucioles étant *scamparse*[27]. On prit désormais l'habitude de lire cette première lettre des lucioles à l'aune du politique, comme le fait d'ailleurs Georges Didi-Huberman, accordant aux lucioles la symbolique de lumières et d'illuminations fragiles et éphémères qui s'opposeraient aux démonstrations fascistes en 1941, comme d'ailleurs en 1975. Nous serons plus réservé, non pas sur la portée politique de ces *lucciole*, mais sur l'affirmation qui consiste à penser que : *« la question des lucioles serait donc, avant tout, politique et historique »* comme l'affirme Didi-Huberman[28]. Considérer que le politique englobe le poétique, c'est refuser au poétique une autonomie de pensée et d'action. On peut définir, en considérant cette épiphanie poétique, une portée politique que nous ne nions pas, et sur laquelle Pasolini insiste en 1975. Cependant, le Pasolini transposant les lucioles dans le domaine du politique a vécu, intensément et poétiquement, cette nuit, comme autant d'apparitions, de fuites et d'intermittences de la lumière, ce que ses poésies frioulanes évoquent avec force. Le glissement est l'œuvre même de Pasolini ; le politique est discrètement évoqué en 1941, mais ne constitue pas le corps central de cette expérience. Le poète s'en empare en 1975, faisant des lucioles un symbole de la lumière s'opposant aux ténèbres fascistes, mais rien en 1941 n'affirme avec certitude la primauté de la symbolique politique. L'épiphanie poétique contient en germe les formes d'une pensée politique, elle sert à critiquer les errements d'une société qui ne peut s'accorder poétiquement avec un idéal d'absolu, dans la mesure où le fascisme, celui que Pasolini dénonce avec ténacité, est essentiellement ennemi du poétique, la parole pasolinienne devenant, en ce sens, éminemment subversive. Pasolini pense en politique en 1975, ce qui n'était pas exactement le cas en 1941 ; de même, une pensée philosophique permet d'analyser l'article de 1975, mais confond le Pasolini de la fin de sa vie avec celui de 1941. La philosophie nous éclaire à partir de son lieu critique, la poétique doit en faire de même ; « la nuit des lucioles » doit donc concentrer ces deux approches qui apportent un éclairage différent et complémentaire.

Revenons donc à ces *lucciole*, à leur force poétique et à l'événement qu'elles mettent en perspective : celui d'une recherche symbolique d'une lumière liée à l'éclosion du désir de langue et de chair. L'enjeu consiste donc à les retrouver dans le cœur même des poésies frioulanes, enchâssées dans le conflit de la psyché pasolinienne livrée aux tourments du désir et du corps supplicié.

Pasolini évoque dans cette lettre sa vie quotidienne d'étudiant, ce qu'il nomme les *parténai*, et la visite qu'il fit à un bordel bolognais en compagnie de son ami Paria, là où « [...] *alle latebre di un allegro meretricio, dove grasse mamme e aliti di nude quarantenni ci hanno fatto pensare con nostalgia ai lidi dell' innocente infanzia.* »[29] Les lucioles, il les rencontre après un repas et lors d'une promenade sur les collines : « [...] *una quantità immensa di lucciole, che facevano boschetti di fuoco dentro i boschetti di cespugli, e li invidiamo perché si amavano, perché si cercavano con amorosi voli e luci, mentre noi eravamo aridi e tutti maschi in artificiale errabondaggio.* »[30], lumière amoureuse qui le conduit à évoquer une communion intellectuelle où l'amour et l'art ne sont qu'une seule et même chose : « *Ho visto (e me stesso vedo cosí) giovanni parlare di Cézanne, e pareva parlassero di una loro avventura d'amore, con uno sguardo scintillante e turbato.* »[31] Arrivés au faîte de la colline, les jeunes hommes sont surpris par la lumière aveuglante des projecteurs, une autre lumière que la poésie n'a pas touchée, et réfugiée dans une clairière, ils y passent la nuit « [...] *parlando fra noi piacevolmente, sentivamo il vento battere e infuriare nei boschi, e non sapevamo dove fossimo e che luoghi fossero intorno a noi.* »[32] À l'aube, au terme de l'exaltation et au comble de la lumière naissante, ils boivent leurs dernières bouteilles de vin, puis Pasolini se dénude : « *Io mi sono desnudato e ho danzato in onore della luce ; ero tutto bianco, mentre gli altri avvolti nelle coperte come Peones, tremavano al vento.* »[33]

Le récit pasolinien affirme la primauté de la lumière errante ; son éclat n'en est que plus mesuré et son apparition est nimbée d'un mystère quasi religieux, d'une révélation teintée d'un mysticisme dont on devine, au-delà des bosquets en feu, les origines chrétiennes. Cette lumière, événement de la poétique, est celle d'un éclat que l'éphémère de chaque chose menace, opposée à l'artificialité agressive des projecteurs – une lumière d'une autre origine –, teintée de fragilité toute naturelle ; elle révèle cependant ce qui apparaît avec l'aube comme la lumière du monde et du désir que Pasolini salue avec la danse et la nudité dans les formes d'un *joi* troubadouresque. Ces lucioles apparaissent donc, dans leur polysémie italienne, comme l'irruption du désir ; semblables aux féeries shakespeariennes du *Songe d'une nuit d'été,* malice exceptée, elles guident le désir du poète parmi les ténèbres : *lucciola* désigne également l'ouvreuse de cinéma qui montre aux spectateurs tardifs le chemin avec sa lampe, ainsi que la prostituée, ces prostituées que Pasolini avoue dans la même lettre avoir visitées. La danse et la nudité pasoliniennes ressemblent ainsi à une offre au monde du corps et de l'esprit déterminant une illumination intellectuelle, un lien inexorable avec ce monde, ce que confirment par ailleurs le cheminement vers Casarsa, vers la terre et la langue maternelles. Les lucioles, en antériorité dantesque[34], désignent également la course poétique erratique, foisonnante, l'intensité de la lumière beaucoup plus déterminée par son apparition, par l'éclat de l'instant que par une longue durée du sentiment et de la pensée. Les poèmes adressés, en italien, à Franco Farolfi en juin de la même année traduisent l'idée essentielle de l'issue, celle qui permet au poète de sortir de la nuit et d'entrer dans la lumière, comme Dante, de bolge en bolge, s'était extrait de l'Enfer et de *la selva oscura* :

> Non voglio assorpimi
> perché al sonno
> seguirà il risveglio…
> […]
> Io non voglio perdermi nella notte…
> Mamma dormi vicino a me
> e tiemmi stretta la mano.
> […]
> Erano in due :
> lui e la sua ombra.[35]

poèmes qui font écho au distique d'Ungaretti :

> M'illumino
> d'immenso.[36]

Les poèmes suivants, toujours en italien, soulignent le retour au pays natal de la mère, la prégnance du paysage de Casarsa sur le poète : *Ritorno al paese, Ode a un fiore a Casarsa, Nostalgia d'un tempo presente* et *Acqua di Casarsa* traduisent bien ce sentiment indispensable à l'évocation poétique prolongeant, dans la matière même de la langue, l'épiphanie[37]. La continuité apparaît donc naturelle : le frioulan correspond à une autre révélation, linguistique celle-là, qui permet l'éclosion d'une nouvelle lumière. Les premiers vers en frioulan évoquent naturellement le soir illuminé :

> Sere imbarlumide, tal fosal
> a cress l'aghe, na femine plene
> a ciamine tal ciamp.[38]

Cette première version, transcrite sous le titre *Frammenti*, sera reprise dans un poème adressé à Luciano Serra en août 1941, premier poème en frioulan intitulé *El nini muart*, publié par la suite dans *Poesie a Casarsa* avec quelques variantes linguistiques. Ces soirs, qui deviendront singuliers dans la version publiée, renouant en quelque sorte avec une portée générale, révèlent le paradoxe des naissances futures que sanctifie l'image de la femme enceinte cheminant à travers les champs, lumière éblouissante revenant à plusieurs reprises :

> O me donzel, serena
> la sera a tens la ombrena
> tai vecius murs : tal sèil
> la lus a imbarlumìs[39]

Les termes « *imbarlumide – imbarlumìs* » qui appartiennent au frioulan, ne peuvent être totalement traduits par Pasolini, à tel point que l'édition de *Poesie a Casarsa* laisse tel quel le mot frioulan que le poète italianise d'ailleurs dans un poème postérieur[40]. Dans *La meglio gioventù* et *La nuova gioventù*, le mot est traduit en italien par « *luminosa* » dans le premier poème et « *acceca* » dans le second[41]. Le choix et l'emploi de ce terme, proche de l'italien *abbagliare*, éblouir, aveugler, montre clairement l'intention pasolinienne confirmée par les traductions en italien : de lumineuse, intense, la lumière devient aveuglante[42], éclats éphémères prolongeant la poétique des lucioles. C'est donc toute une poétique qui *imbarlumìs* le poète et répand ses éclats sur le monde ; c'est de la communion avec la terre, la langue et la mère que le chant naîtra, communion pétrie des désirs d'immensité et de chair, désirs avoués et pourtant si douloureux.

Il est cependant difficile de relever ce qui relève de l'expérience individuelle, et ce qui découle de l'appropriation culturelle. Comme le note justement Georges Didi-Huberman, les années d'université et l'enseignement de Roberto Longhi ont dû porter leurs fruits, et quelle part de l'apprentissage de la lumière faut-il accorder aux écrits critiques d'un historien de l'art dont on connaît également l'influence sur Giorgio Bassani ?[43] Cette lumière, trace du bleu du Quattrocento, des ciels effilés et des *Madonne,* trouve des prolongements inattendus chez Pasolini, comme une révélation soudaine qui put s'offrir à lui en contemplant ce qui demeure traces de la lumière, bien plus que lumière elle-même. Il nous plaît à penser que le peintre joué par Pasolini dans le *Decameron* définit la lumière et le cadre entre ses doigts pour la représenter, même si comme l'exprime Pasolini à la fin du film en regardant la fresque réalisée : « *Perchè realizzare un' opera, quando è così bello sognarla soltanto ?* »

L'avènement poétique dans la langue s'effectue à partir de l'éclosion du mot, celui de « *rosada* » que l'on retrouve dès les premiers poèmes. L'isotopie de la lumière est en effet associée à celle de l'eau et des fontaines : de la même manière que les lucioles désignent l'éclat surprenant et éphémère, la rosée contient en son sein, par son caractère périssable, la puissance de l'évocation liquide, canaux, pluie, fontaines que l'on retrouve dans les premiers poèmes. La rosée est ainsi associée au sentiment proustien du temps passé et perdu :

> Ti jos, nini, tai nustris cuàrps,
> la fres-cia rosada
> dal timp pierdùt.[44]

rosée des années enfuies d'enfance qui continue à hanter le poète trente ans plus tard :

> L'idea che mi ha svegliato, miracolosa come la rugiada,
> è quella di come e dove potrei uccidermi[45]

Les fontaines de Casarsa ouvrent le recueil de 1942, poème écrit en italien dans une première version adressée en juillet 1941 à Luciano Serra, traduit par la suite en frioulan, le poète transposant ce qui figurait comme *Acque di Casarsa* en une *Dedica* symbolisant une démarche :

> Fontana di aga dal me paìs
> A no è aga pì fres-cia che tal me paìs
> Fontana di rustic amoùr.[46]

Les nombreuses occurrences de l'eau, de la pluie et des canaux révèlent, comme la critique l'a bien montré à propos des fontaines, une influence ibérique, celle de Machado et de García Lorca, et une inscription dans une tradition cosmologique remontant aux mythes de la création du monde[47], mais elles expriment ici encore plus clairement les non-dits et les images d'un discours érotique et sensuel qui relie la naissance au paysage :

O me donzel ! Jo i nas
Ta l'odòur che la ploja
A suspira tai pras
Di erba viva… I nas
Tal spieli da la roja.
In chel spieli Ciarsarsa
coma i pras di rosada –
di timp antic a trima.[48]

Ces occurences soulignent les évocations de Narcisse et des jeunes hommes appuyés sur la margelle des puits, images sensuelles, réellement observées par Pasolini a Casarsa ou à Versuta, et qui laissent transparaître d'autres angoisses, celles d'un désir retenu conduisant à la mort :

DAVID

Pognèt tal pos, puòr zòvin,
ti voltis viers di me il to ciaf zintìl
cu' un ridi pens tal vuj.
Ti sos, David, coma un toru ta un dì di Avrìl
che ta li mans di un frut ch'al rit
al va dols a la muàrt.[49]

Les *Poesie a Casarsa* et l'ensemble de *La meglio gioventù* sont traversées par l'évocation agreste du paysage de Casarsa tissant le décor d'une évocation du désir naissant : images des jeunes hommes, des canaux, des champs traversés par les paysans, images des étés du désir que viendra infirmer la réécriture de *La nuova gioventù* plus de trente ans après ; le désir est alors devenu, en partie seulement, l'expression d'un corps en souffrance que l'on devine parfois dans le texte de 1941.

*

L'épiphanie des lucioles, la découverte incantatoire de la lumière et la réappropriation de la langue frioulane se nouent chez Pasolini à une exaspération des pulsions érotiques, *Trieben* de vie et de mort mêlées. Éros et Thanatos sont liés dès les premiers essais poétiques ; on sait qu'ils déterminent chez l'auteur des *Poesie a Casarsa* un cheminement repoussant les limites de la représentation des scènes érotiques, souvent liées à la violence la plus crue, à l'insoutenable par lequel on définit souvent *Salò ou les cent vingt journées de Sodome*. Dans quelle mesure les poésies frioulanes permettent-elles de comprendre les origines de ces images ? Dès les premiers poèmes, apparaissent avec netteté les images du corps souffrant que l'on conçoit comme une identification christique atteignant son apogée dans une mise en perspective singulière quand le cinéaste accorde à sa propre mère le rôle de la Vierge dans *L'Évangile selon Matthieu*. Cette identification christique conduit aux images du sacrifice et du corps souffrant ; Pasolini l'évoque en notant ces images entrevues dès l'enfance :

> Dans mon imagination, affleurait expressément le désir d'imiter Jésus dans son sacrifice pour les autres hommes, qui consistait à être condamné et tué, quoique tout à fait innocent. [...] Ce martyre public finit par devenir une image voluptueuse et peu à peu je fus cloué, le corps entièrement nu.[50]

On pourrait aisément repérer dans la constitution de la psyché pasolinienne les formes d'un *trauma* originel entre l'ombre portée d'un père absent, faisant sacrifice de son corps à la guerre, revenant chez lui diminué et alcoolique, et une mère modèle de soutien et de courage, tissant avec ses fils une relation fusionnelle dont on sait que Pier Paolo ne se départit jamais. On peut également penser que la mort du jeune frère, sacrificielle elle aussi, poussa Pasolini jusque dans ses retranchements, et que ces images de corps malmenés, sacrifiés, souffrants et même dépecés répondent en grande partie à ce que représente la mort de Guido, tout au moins un chemin désormais emprunté dès les années de Versuta et que le poète a parcouru avec peine et tourments. L'homosexualité pasolinienne vécue et assumée en un temps où il n'était pas facile de le faire l'a offert à la vindicte populaire, que ce soit d'ailleurs dans les premières années de l'après-guerre, lors du procès qui le conduisit en exil, que dans les années soixante où il occupa la place d'un intellectuel résolument libre, mais payant le prix de sa liberté. Quoi qu'il en soit, la vision extatique, lumineuse, du corps souffrant s'affirme déjà avec force dans les premières poésies frioulanes. Ce *Nini muàrt* que nous avons déjà évoqué, et qui s'inspire clairement de la *Gacela del niño muerto* de García Lorca[51] - une autre figure sacrificielle pour Pasolini - est accompagné par la lumière du soir et l'eau des fossés qui monte inexorablement :

Sera imbarlumida, tal fossàl
a cres l'aga, na fèmina plena
a ciamina pal ciamp.
Jo ti recuardi, Narcìs, ti vèvis il colòur
da la sera, quand li ciampanis
a sùnin di muàrt.[52]

Évocation de Narcìs ou de David gardant entre ses mains le taureau qui s'en va à la mort, ce *Linguaggio dei fanciulli di sera* s'ouvre par les *Ciants di un muàrt* comme une veillée funèbre s'emplit de cris et de *lamenti,* images du rosaire et d'un *fanciullo* auquel est dédié un poème où la chair devient lumière au ciel, emplie de fraîcheur, et que définit le destin d'un pur, destin beaucoup plus empreint de pessimisme dans la réécriture de *La nuova gioventù* où l'absence révèle la trahison. La *Pastorela di Narcìs* illustre pleinement l'identification christique où un vendredi de fête - le vendredi saint - est décrite la rencontre du Je poétique et narratif avec une jeune fille blonde ramassant de l'herbe dans la brume, jeune fille qui, épiée, s'avère être l'image réfléchie de ce sujet parlant et écrivant, fixation autoérotique et narcissique :

[...] e al so post i soj jo :
mi jot sintàt ta un soc
sot i rams dal pòul.
I vuj di me mari
    neris coma il fons dal stali,
il stomi lusìnt
        sot da l'abit risìnt
    e una man pojada sora il grin.[53]

C'est plus sûrement dans le poème *Il dì da la me muàrt* que Pasolini révèle l'intensité d'un tourment insurmontable, celui de la confrontation du désir et de la mort, du corps aimant et souffrant et du dernier plaisir accordé par un jeune homme, la main posée sur un ventre de cristal :

Sot di un tèj clìpit di vert
    i colarài tal neri
da la me muàrt ch' a dispièrt
    i tèjs e i soreli.

I bièjs zuvinùs
a coraràn ta chè lus
ch' i ài pena pierdùt,
svualànt fòur da li scuelis
cui ris tal sorneli.
Jo I saràì' ciamò zòvin
cu na blusa clara
e i dols ciavèj ch' a plòvin
tal pòlvar amàr.
Saràì' ciamò cialt
e un frut curìnt pal sfalt
clìpit dal viàl
mi pojarà na man
tal grin de cristàl.[54]

Réminiscences de l'*Inferno* de Dante, ces corps abandonnés, sans qu'il soit nettement fait allusion à un événement politique, trahissent le malaise de Pasolini en ces années où le désir éveillé se noue à la pulsion de mort, les corps semblant se désarticuler ou plutôt s'effondrer, la lumière des lucioles désormais enfuie, perdue, l'esprit entrant dans les ténèbres accompagné par la caresse d'un jeune homme sur un ventre pur et transparent d'un corps agenouillé. La mise en croix du désir est accomplie.

Le lieu de l'écriture, le lieu natal de la mère et le désir sont étroitement liés par l'évocation des jeunes hommes, jeunes paysans de Casarsa dont nous pouvons penser qu'ils ne furent pas pour le poète que de simples amis, mais l'objet d'un désir dissimulé, socialement occulté jusqu'en 1949, mais transparaissant nettement dans l'ensemble des poèmes frioulans. C'est sans doute cette inscription singulière du sujet qui mène à une lecture exemplaire : elle définit le poète Pasolini bien plus que les proclamations renaissantistes du *Stroligùt*, elle modèle la langue et le poème vers une expression unique que remarqua Gianfranco Contini en la qualifiant de « *scandalo* »[55], notant ce qui est de l'ordre de la transgression, cette poésie tranchant avec tout ce qui existait alors comme littérature dialectale. Les évocations des paysages et des jeunes hommes ne constituent nullement une louange du Frioul, rien de tout cela, mais révèlent l'inscription d'une identité problématique dans le texte : en se saisissant d'une langue neuve, Pasolini est arrivé à la hisser à la hauteur d'une langue littéraire qu'il entend toute sa vie pétrir, modeler, former afin de donner corps au poème.

*

Les poésies frioulanes de Pasolini, rassemblées en 1941, réécrites au début des années 1970, poursuivent donc une quête unique : celle de la langue et du désir, du désir de langue et de l'évocation quasi impossible en 1941 du désir de chair, celui des dévoilements successifs de l'identité spectrale et de la *meditatio mortis* selon l'expression de Massimo Cacciari[56]. Pour comprendre et apprécier ce cheminement, ces permanences et ces ruptures, il faut revenir à 1941, au long apprentissage poétique qui fut celui de Pasolini à Bologne, et à ce qui fonde non seulement sa culture, mais son expression. Comme l'écrit avec justesse Fernando Bandini : « [...] *Pasolini pensa alla scrittura poetica come scrittura privilegiata, luogo dell' assoluto, dove ogni asserzione diventa verità e il privato può presentarsi come un universale.* »[57] La nuit des lucioles consiste en un dépassement de soi, une ouverture vers un monde nouveau où la parole et le corps peuvent se libérer, l'espace d'un moment, afin de suivre les traces de la lumière, éphémères traces éperdues dans les ténèbres. La recomposition du sujet littéraire en frioulan fait écho au cheminement vers le lieu natal de la mère, et à la nécessaire séparation qu'il produit : la fusion conditionne également une forme de distance linguistique, celle de la langue que la mère aurait perdue, et littéraire, prolongement de la culture scolaire de Susanna Colussi[58]. Ainsi comprises, les poésies frioulanes reflètent bien plus un engagement personnel qu'une préoccupation renaissantiste, même si cette dernière fut réelle et nécessaire à la construction d'un sujet Pasolini. Les mots de la langue de Casarsa demeurent perdus, oubliés, et Pasolini se doit de les inscrire dans une poétique en construction. Il en demeure pas moins qu'ils élaborent, dans leur nouveauté et leur éclosion, les contours et les fondations d'une perte originelle, d'une distance que sanctifie la permanence de *L'Amor de lonh* de Jaufre Rudel sous le signe duquel s'ouvre *La meglio gioventù* de 1941, renouvelé en 1975 par l'insistance de la dédicace à Contini, le « *sempre* » défiant le temps. Les fondations de cette poésie, entre autres images celles du désir, des fontaines, du paysage de Casarsa et des corps souffrants, sont en place pour une œuvre future, bien que Pasolini, homme en mouvement comme on a pu le suggérer pour Montaigne, réfute dans le miroir le reflet d'une identité figée. La réécriture de la *Gioventù*, qu'elle soit *meglio* ou *nuova*, traduit l'espace-temps ainsi que son abolition dans une contradiction acceptée, revendiquée, que le poète fait sienne. La nuit des lucioles initie, par l'événement qu'elle constitue et qu'elle place indirectement en poésie, les formes d'une *avventura* terrestre que seule la lumière pouvait accompagner, illustrer, mais une lumière dont on devine les traces inscrites dans notre mémoire : celles des lucioles s'inscrivent dans la chair de la langue, l'épaisseur du poème, la puissance du désir et l'effondrement du corps. Impossible désir que celui de la jeunesse perdue comme l'exprime la chanson traditionnelle qui servit de modèle au titre du recueil de 1954 : « *La megio zoventù la va soto terra* ». Pessimisme fondamental ou lucidité exemplaire, on ne pourrait et on ne devrait trancher ; il faut pour comprendre la poésie de Pasolini *seguire la luce delle lucciole.*

Jean-Yves Casanova
Centre de Recherches
Poétiques et Histoire Littéraire
UPPA

NOTES

[1] Nous nous référons essentiellement aux deux volumes des poésies complètes : Pier Paolo Pasolini, *Tutte le poesie*, a cura e con uno scritto di Walter Siti, saggio introduttivo di Fernando Bandini, cronologia a cura di Nico Naldini, 2 vol., Milano, Mondadori, « I Meridiani », 2003. *La meglio gioventù* et les autres poésies frioulanes figurent aux pages 1-380 du premier volume, *La nuova gioventù* aux pages 391-527 du second volume (abrégés désormais par *TlP I ou TlP II*). Cf. également la traduction française, *Poésie 1953-1964*, Paris, Gallimard, 1980 et *Poèmes de jeunesse et quelques autres*, Paris, Gallimard, « Poésie/Gallimard », 1995 (abrégé en *PJ*). Sauf indication contraire, les traductions françaises sont tirées de ce recueil. Ce dernier ouvrage contient des extraits de *La meglio gioventù* et de *La nuova gioventù* (p. 21-67).

[2] Remarquons donc que le frioulan occupe une place paradoxale, étagée de diglossie intérieure. Le vénitien est un dialecte de plus haut prestige, aux œuvres littéraires conséquentes, et le frioulan apparaît se conformer suivant le parler d'Udine, variété de la rive nord du Tagliamento. Le parler de Casarsa, dans lequel Pasolini a écrit, est en 1941 considéré comme rustique.

[3] *Fascinus* désigne le sexe masculin. L'aveu du *thetis* conforte notre point de vue, référentiel inconscient du *teta-veleta* de l'enfance pasolinienne selon Gianfranco Contini. Pasolini a explicité l'image du *teta-veleta*, révélation de la partie intérieure des genoux des jeunes garçons qui éveilla ses désirs sensuels et sexuels : « Ce sentiment d'affection, je l'avais appelé Teta-veleta. Il y a quelques jours, Contini m'a fait observer qu'en grec *Thetis* veut dire sexe (masculin ou féminin) et que Teta-veleta serait un *reminder* du type dont on use dans les langues archaïques. Ce même sentiment de Teta-veleta, je l'ai éprouvé pour la poitrine de ma mère. » (In Nico Naldini, *Pasolini*, Paris, Gallimard, 1991 (cf. également Dacia Maraini, *E tu chi eri ? 26 interviste sull' infanzia*, Milano, Rizzoli, 1998, p. 316-328).

[4] Guido Pasolini, né en 1925, a trois ans de plus que Pier Paolo. Il s'engage dans la résistance dès 1944 et est capturé par des partisans titistes, favorables au rattachement du Frioul à la future Yougoslavie. Il s'échappa, mais fut rattrapé et assassiné à coups de pioche après avoir creusé sa tombe. À trente années de distance, les deux frères connurent le même supplice.

[5] Cf. *Stroligut di cà da l'Aga (1944) – Il Stroligut (1945-1946) – Quaderno romanzo (1947)*, riproduzione anastatica delle reviste dell' Academiuta friulana, a cura del circolo filologico linguistico padovano, Padova, 1983.

[6] Le 22 octobre 1949, Pasolini est dénoncé pour avoir entraîné deux jeunes garçons dans un bosquet. Il est ensuite radié de l'éducation nationale et exclu du parti communiste qui entend « dénoncer encore une fois les délétères influences de certains courants idéologiques et philosophiques des Gide, Sartre et autres poètes et littérateurs décadents qui se veulent progressistes, mais qui en réalité recueillent les plus délétères aspects de la dégénérescence bourgeoise. » (cf. *TlP I*, p. xx et René de Ceccaty, *Pasolini*, Paris, Gallimard, « Folio Biographie », 2005, p. 90 et suiv.). Il part pour Rome en janvier 1950 et sera condamné en décembre de la même année à trois mois de prison avec sursis.

[7] Roberto Longhi (1890-1970), historien de l'art, exerça un magistère reconnu à Bologne puis à Florence. Il fut l'époux de la romancière Anna Banti avec qui il anima la revue *Paragone* et l'un des maîtres du Ferrarais Giorgio Bassani.

[8] Cf. entre autres références la citation de Peire Vidal en en-tête de *Poesie a Casarsa* : « Ab l'alen tir vas me l'aire / Qu'eu sen venir de Proensa : / Tot quant es de lai m'agensa », celle d'Antonio Machado en en-tête de *Suite furlana* : « Mi juventud, veinte años en tierra de Castilla… », et la dédicace à Gianfranco Contini de *La meglio gioventù* qui cite « L'Amor de loinh » de Jaufre Rudel. La première citation a disparu dans l'édition de *La nuova gioventù.*

[9] Cf. notre ouvrage *L'Enfant, la mort et les rêves. Frédéric Mistral*, Perpignan, Trabucaire, 2004.

[10] Gianfranco Contini (1912-1990) écrivit un compte rendu de *Poesie a Casarsa* en 1943.

[11] Les activités de traduction de Pasolini sont nombreuses à cette époque. Il traduit notamment en frioulan ou en italien, outre les classiques de l'Antiquité, le félibre Théodore Aubanel, les catalans Joan Rois de Corella, Jacint Verdaguer, Josep Carner, les Français Baudelaire, Verlaine, Rimbaud, Laforgue, Apollinaire notamment, les Castillans Jimenez, Salinas, Guillén, García Lorca, l'Anglais Eliot, les Allemands Hölderlin, George, Trakl… (cf. *TlP II*, p. 1329-1505).

[12] Carles Cardó i Sanjoan (1884-1958), poète, érudit, traducteur catalan, qui collabora entre autres à *La Veu de Catalunya*. Il s'exila en Suisse, à Fribourg, où il se lia d'amitié avec Contini. Carles Cardó fit connaître à Pasolini la poésie catalane médiévale et contemporaine. Pasolini présente et traduit de nombreux poètes catalans dans le n° 3 des *Quaderno romanzo* qui reprend la numéritation du *Stroligùt*.

[13] Cf. l'étude de Massimo Cacciari, « Pasolini provençal », parue dans la revue *Po&sie* (Paris, Belin, 1996) (disponible sur internet sur www.lyber-eclat.net/lyber/cacciari/pasolini.html), reprise d'un article antérieur publié en 1988 chez Garzanti à Milan. Notons qu'une traduction en occitan moderne des poésies frioulanes a été publiée (*La Nòva Joventut*, traductions de Pierre Bec, Toulouse, Institut d'Études Occitanes, 1987).

[14] « Livio parlait évidemment de choses simples et innocentes. Le mot « *rosada* », prononcé par ce matin ensoleillé, n'était qu'une pointe expressive de sa vivacité orale. / Certainement ce mot, à travers tous les siècles de son usage dans le Frioul qui s'étend au-delà du Tagliamento, *n'avait jamais été écrit*. Ce n'avait été toujours qu'un *son*. / Quoi que j'aie été en train de faire ce matin-là, peindre ou écrire, je m'interrompis alors aussitôt : ça fait partie du souvenir hallucinatoire. Et j'écrivis immédiatement des vers dans ce parler frioulan de la rive droite du Tagliamento, qui jusque-là n'avait été qu'*un ensemble de sons* : je commençais en premier lieu, à rendre graphique le mot ROSADA. » (In Nico Naldini, *Pasolini*, op. cit., p. 38 et René de Ceccaty, *Pasolini*, op. cit., p. 53). Cf. également Francesca Cadel, *La Lingua dei desideri. Il dialetto secondo Pier Paolo Pasolini*, Manni, Lecce, 2002 et du même auteur *La Langue de la poésie. Langue et dialecte chez Pier Paolo Pasolini (1922-1975) et Andrea Zanzotto*„ Presses Universitaires du Septentrion, Villeneuve-d'Ascq, 2001.

[15] Albino Pierro (1916-1995), poète lucanien, a écrit dans le dialecte tursitano. Pierro raconte sa « conversion » au dialecte de Tursi en septembre 1959, de retour à Rome, quand il prit conscience de « 'a parlèta frische du paise » (cf. Albino Pierro, *Metaponte*, Paris, Orphée – La Différence, 1996).

[16] La correspondance de Pasolini a été publiée en deux volumes. Nous faisons référence à : *Lettere 1940-1954*, a cura di Nico Naldini, Einaudi, Torino, 1986 (désormais abrégé en *Let*) (traduction française : *Correspondance générale (1940-1975)*, texte établi et présenté par Nico Naldini, lettres choisies de l'italien par René de Ceccaty, Paris, Gallimard, 1994).

[17] Lettre à Luciano Serra du 18 juillet 1941 (*Let*, p. 46-50 et 69-77).

[18] Chez la Libreria Antiquaria Mario Landi (cf. la bibliographie publiée in *TlP* II). Notons que la préposition *a* peut avoir en italien un sens attributif ou de localisation. Les *Poesie* proviennent de Casarsa et lui sont offertes.

[19] Firenze, Sansoni, « Biblioteca di Paragone ». La gestation du recueil est maintenant bien connue. Pasolini avait pensé à plusieurs titres, notamment *Romancero* et *Ciants di un muàrt*.

[20] Respectivement à Milan chez Garzanti et toujours à Milan chez Longanesi.

[21] In *Nuova Corrente* en janvier 1955 (*TlP II*, p. 791-878).

[22] Parma, Guanda. Traduction française : *Les Anges distraits*, Paris, Gallimard, 1995 (« Folio », 2001).

[23] Parma, Guanda, pour les deux titres.

[24] « Pour moi, maintenant écrire en frioulan est le moyen que j'ai trouvé pour fixer ce que les symbolistes et les musiciens du XIXe siècle ont tant cherché (et même notre Pascoli si maladroitement que ce soit), à savoir une « mélodie infinie ». (lettre de novembre 1945 à Franco De Gironcoli in Nico Naldini, *Pasolini*, *op. cit.,* p. 92).

[25] *TlP I*, p. 9 et *TlP II*, p. 407.

[26] *Let*, p. 36-38, *Correspondance générale*, *op. cit.*, p. 36-38.

[27] « L'articolo delle lucciole », in *Saggi sulla politica e sulla società*, edizione di W. Siti e S. De Laude, Milano, Mondadori, « I Meridiani », 1999, p. 404-411. L'article publié auparavant dans le *Corriere della sera* le 1er janvier 1975 s'intitulait « Il vuoto del potere in Italia ».

[28] Georges Didi-Huberman, *Survivance des lucioles*, Paris, Minuit, 2009, p. 20.

[29] *Let*, p. 36-37 (*Correspondance générale*, *op. cit.*, p. 37).

[30] *Ibid.*

[31] *Ibid.*

[32] *Ibid.*

[33] *Ibid.*, p. 38.

[34] Lecture évidente que celle de Dante par Pasolini. Au chant xxvi de l'*Inferno*, Dante évoque ces lucioles : « Quante 'l villan ch'al poggio si riposa, / nel tempo che colui che 'l mondo schiara / la faccia sua a noi tien meno ascosa, / come la mosca cede a la zanzara, / vede lucciole giú per la vallea » (« Comme le paysan se reposant sur le coteau, / pendant le temps où le flambeau du monde / nous tient sa face le moins longtemps cachée, / à l'heure où la mouche fait place au moustique, / voit des lucioles dans la vallée »), in *La Divine Comédie Inferno*, traduction de Jacqueline Risset, Paris, Garnier – Flammarion, 1992, p. 237-239. La portée des vers de Dante est politique, car elle concerne la lumière de la bolge des « conseillers perfides ». L'intertextualité dantesque est évidente chez Pasolini, mais elle ne suffit pas à conduire une analyse politique excluant le poétique. Nous ne pouvons pas écarter une explication purement physique faisant de la lumière du crépuscule estival le décor d'une danse des lucioles, phénomène fréquemment observable en Italie.

[35] In *Let*, p. 42 : « Je ne veux pas m'assoupir / parce qu'au songe / suivra le réveil… », « Je ne veux pas me perdre dans la nuit… Maman, dors près de moi /

et tiens moi la main serrée. », « Ils étaient deux : / lui et son ombre » (traduction de notre fait).

[36] « Je m'éblouis / d'infini ». Ce distique de Giuseppe Ungaretti est daté du 26 janvier 1917 et est intitulé *Mattina*. Son premier titre était *Cielo e mare* (Giuseppe Ungaretti, *Vie d'un homme. Poésie 1914-1970*, Paris, Gallimard, « Poésie/Gallimard », 1981, p. 80).

[37] *Let*, p. 48-49, 52 et 55.

[38] *Let*, p. 60. Nous reproduisons le texte tel qu'il figure dans sa première version adressée à Luciano Serra. Quelques variantes linguistiques le distinguent de la version publiée dans *Poesie a Casarsa* : « Soirs lumineux, l'eau monte / dans le fossé, une femme enceinte / chemine à travers le champ. » (traduction de notre fait).

[39] *TlP I*, p. 13 : « Ô moi, jeune homme, serein / le soir colore l'ombre / sur les vieux murs : dans le ciel / la lumière rend aveugle », *PJ*, p. 28-29 (traduction de notre fait).

[40] Dans *L'Italiano è ladro* : « io e te si partiva pel sentiero, sui muschi / e i frondai molli di guazza, / imbarlumiti dall' alba, che gusto ! » « nous allions tous deux sur le sentier, sur les mousses / et les amoncellements de branches molles de rosée, / illuminées par l'aube, quel délice ! » (traduction de notre fait), in *TlP II*, p. 795.

[41] Le vers du second poème où ce mot est présent ne figure pas dans *La nuova gioventù*.

[42] Un parallèle pourrait être établi avec *Œdipe roi* : l'aveugle s'est volontairement privé de la lumière du monde en accomplissant un sacrifice.

[43] Bassani fréquenta l'université de Bologne et Roberto Longhi dès 1935, quelques années avant Pasolini. La trajectoire d'écriture et de pensée des deux écrivains est différente, mais tous deux s'accordent sur une forme de dénonciation du fascisme et de l'intolérance bien visible dans *Gli occhiali d'oro* par exemple, récit évoquant les années d'étude de Bassani.

[44] *TlP I*, p. 12 : « Regarde, enfant, sur nos corps / la rosée fraîche / du temps perdu. », *PJ*, p. 27.

[45] *L'Hobby del sonetto* (*TlP II*, p. 1121) : « L'idée qui m'a réveillée, miraculeuse comme la rosée, // est comment et où pourrais-je me tuer » (traduction de notre fait).

[46] *TlP I*, p. 9 : « Fontaine de l'eau de mon pays. // Il n'est pas d'eau plus fraîche que celle de mon pays. // Fontaine d'amour rustique. » (traduction de notre fait).

[47] Cf. ce qui est attesté dans les mythologies sumériennes ou dans certains écrits védiques à propos de l'eau-sperme du créateur jaillissant sur le monde.

[48] *Ibid.*, p. 13 : « Ô moi jeune homme ! Je nais / dans l'odeur que la pluie / exhale des prairies / d'herbe vive… Je nais / dans le miroir du canal. // Dans ce miroir Casarsa / – comme les prairies de rosée – / tremble depuis bien longtemps. » (traduction de notre fait).

[49] *Ibid.*, p. 17 : « Appuyé sur la margelle du puits, pauvre garçon, / tu tournes vers moi ton visage gracieux, / un rire pensif dans tes yeux. // Tu es, David, comme un taureau un jour d'Avril / qui entre les mains d'un enfant moqueur /

s'en va doucement vers la mort. » Le poème est également inspiré par une sculpture de Giovanni Manzù.
[50] In René de Ceccaty, *Pasolini*, op. cit., p. 30.
[51] In *Le Divan du Tamarit* (*Poésies III*, Paris, Gallimard, « Poésie/Gallimard », 2005, p. 157).
[52] *TlP I*, p. 10 : « L'Enfant mort // Soir lumineux, l'eau monte / dans le fossé, une femme enceinte / chemine à travers le champ. // Je me souviens de toi, Narcisse, tu revêtais la couleur / du soir, quand les cloches / sonnent le glas. » (traduction de notre fait).
[53] *Ibid.*, p. 70 : « [...] et à sa place, c'est moi : / je me vois assis sur une souche / sous les branches du peuplier. / Les yeux de ma mère, noirs comme le fond de l'étable, / la poitrine brillante / sous l'habit neuf / et une main posée sur le ventre. » (traduction de notre fait). « Grin », « grembo » en italien, désigne la cavité que fait le corps quand on est agenouillé, recroquevillé, ainsi que la matrice. Conformément à son étymologie latine « gremium », « grembo » désigne par extension l'intériorité des choses ou de quelqu'un ; on évoquera ainsi « il grembo della terra » La portée érotique de ce « ventre » est à remarquer, ainsi d'ailleurs que la position du fœtus soulignant l'image poétique.
[54] *Ibid.*, p. 78-79 : « Sous un tiède tilleul de verdure / je chuterai dans le noir / de ma mort qui disperse / les tilleuls et le soleil. / Les beaux garçons / courront dans cette lumière / que je viens de perdre, / s'enfuyant des écoles / boucles sur le front. // Je serai encore jeune / vêtu d'une chemise claire / les doux cheveux tombant en pluie / sur la poussière amère. / Je serai encore chaud / et un enfant courant sur l'asphalte / tiède de la chaussée / posera une main / sur le ventre de cristal. » (traduction de notre fait).
[55] Le compte rendu de Gianfranco Contini aurait dû paraître dans *Primato*, une revue littéraire, mais fut censuré en raison de son sujet « dialectal ». Il parut dans *Il Corriere del Ticino* le 24 avril 1943. Contini écrit qu'il faut se rendre compte du « scandale que [cette publication] introduit dans les annales de la poésie dialectale. » On peut également penser que Contini, fin lecteur, se rendit compte d'un autre « scandale » que pouvait causer *Poesie a Casarsa*.
[56] Cf. note 13.
[57] *TlP I*, p. xv.
[58] Institutrice, elle écrivait des poésies. Pasolini l'a souvent présentée comme celle qui lui révéla la présence poétique du monde.

CRITIQUE

Sone de Nansay. Traduit en français moderne par Claude Lachet, Paris, H. Champion, 2012, « Traductions des classiques du Moyen Âge » n° 93, 584 p. ISBN : 978-2-7453-2429-0

En attendant que paraisse prochainement l'édition du texte original qu'il vient de mettre au point, Claude Lachet met à notre disposition la première traduction de ce long roman d'aventures (21324 vers) datant du dernier tiers du XIIIe siècle et composé par un clerc brabançon qui se présente sous le nom ou pseudonyme de Branque dans le prologue, inconnu par ailleurs. Lors de l'incendie, en janvier 1904, de la Bibliothèque nationale de Turin, la seule copie qui nous soit parvenue a été gravement endommagée et, d'autre part, le treizième cahier, comportant 2400 vers, avait disparu. Mais Moritz Goldschmidt en avait fait une précieuse transcription en 1899, sur laquelle a pu s'appuyer, comme d'autres chercheurs, C. Lachet lui-même qui a publié en 1992 chez Champion sa thèse d'État, *Sone de Nansay et le roman d'aventures en vers au XIIIe siècle*.

Issu d'un bon lignage mais orphelin, cadet donc dépourvu de fief, Sone est un adolescent d'une beauté resplendissante et unanimement reconnue, animé d'un appétit de vivre et d'apprendre qui ne faiblit jamais, et doué de qualités chevaleresques et humaines exceptionnelles, dont la discrétion et la modestie ne sont pas les moindres. Écuyer, puis mercenaire et tournoyeur - l'auteur a un vrai plaisir à faire évoluer son champion à travers les combats-spectacles, en particulier les *tables rondes* pour lesquelles il semble avoir une prédilection -, le chevalier, jamais vaincu grâce à l'indéfectible protection de la Vierge, livrera toutes sortes de combats, singuliers ou collectifs, duel judiciaire, bataille *aramie*, joutes, tournois et guerres, alliant la bravoure et la sagesse d'un *preudome*. En ce sens, comme le dit C. Lachet, le roman est « un véritable manuel de chevalerie » (p. 15).

Profondément blessé par l'orgueilleuse Yde de Donchery, qui ne cesse de l'éconduire cruellement et lui fait « détester sa vie » (p. 320) - mais on apprendra plus tard (p. 328) que leur union n'aurait pas été acceptée par l'Église, du fait qu'elle était la filleule de la mère de Sone ! -, le héros tente de l'oublier en s'éloignant. Il se met au service du roi de Norvège, d'une avarice insolite, et l'aide à repousser une coalition d'Irlandais et d'Écossais, assuré de la victoire par un abbé qui lui présente les saintes reliques du Graal, conservées dans le château qu'a fondé Joseph d'Arimathie sur l'île de Galoche, et lui remet l'épée d'invincibilité de ce fondateur. Puis il rentre en France et multiplie les exploits dans les joutes de Chalon-sur-Saône, Châlons-sur-Marne,

Machault et Montargis. Au cours de son premier séjour en Norvège, Sone avait involontairement séduit le cœur de la fille du roi, Odée ; à son retour, il l'épouse par amour et, succédant au défunt père d'Odée, il est couronné roi de Norvège ; ils auront trois fils. Par la suite, répondant à l'appel du pape, il sera sacré empereur de la chrétienté qu'il défendra contre les Sarrasins. À sa mort et à celle d'Odée - qui s'étend sur son corps pour pousser son dernier soupir -, leurs quatre fils s'inscrivent dans la grandeur du lignage : Houdiant est roi de Norvège, Henri roi de Jérusalem, Milon a été élu pape, et Margon est roi de Sicile.

Car, avant de connaître Odée et au cours d'une nuit organisée par le Maître-Templier (p. 228), Sone avait cédé aux charmes de la lascive reine d'Irlande : de cette union furtive (« ils n'ont pas fait grand bruit », dit l'auteur p. 233) était né Margon, que Sone découvrira deux ans plus tard (p. 472) et qu'il élèvera avec Odée. C'est dire que le résumé que nous venons de faire à grands traits ne peut rendre compte du foisonnement et de la richesse d'un texte qu'éclaire judicieusement l'introduction de C. Lachet, véritable étude littéraire. *Sone de Nansay* est un roman jubilatoire, inspiré et humaniste, dont la psychologie, la spiritualité, les ressorts dramatiques, l'importance donnée à l'argent et au butin aussi, le sens de l'humour, la variété et la subtilité du discours, le rôle des femmes - parfois rivales, parfois combattantes (elles peuvent manier la hache et le poignard !), très présentes pendant les tournois et les soirées, musiciennes avérées, etc. - et celui de personnages de second rang - on pense à la comtesse de Champagne, amoureuse du héros mais toute en retenue, au frère aîné Henri, le « nain de Nansay », que Sone protège loyalement, à Gratien, le fidèle capitaine norvégien, ou à Rommenal, le ménestrel dévoué -, sont le fruit d'une imagination sans limites, tentée par des excursions dans l'au-delà des tempêtes du Nord et de leurs marins traîtres ou pirates, voire par le fantastique (épisode de l'île carrée), mais solidement appuyée sur le socle de la foi et d'une culture littéraire impressionnante.

C. Lachet a d'ailleurs pensé à éclairer le lecteur sur ce point en lui offrant dans ses notes des références précises à Chrétien de Troyes et à Jean Renart surtout, en mentionnant des rapprochements ou des emprunts aux romans et chansons de geste d'autres prédécesseurs, qui enluminent, véritablement, l'art de l'auteur. Ces notes proposent aussi de nombreuses remarques sur le lexique ou les faits de civilisation - ce que faisait déjà l'auteur quand il expliquait la fonction des deux trompettes ! (p. 118) -, signalent les lacunes du manuscrit qui peuvent le rendre incompréhensible (n. 162), justifient le choix d'une leçon dans l'édition du texte (n. 146 et 187), expliquent un comportement qu'on peut croire inhabituel (n. 77), avouent une hésitation de traduction (n. 112) et, bien entendu, reconnaissent éventuellement la dette du traducteur à Gaston Paris ou à Gilles Roques. À noter que l'importance de ces diverses remarques a poussé C. Lachet à joindre un « Index des termes, motifs, personnages et toponymes évoqués dans les notes », suivi d'un « Index des œuvres citées dans les notes », que complète la « Table des noms propres » d'usage.

Le soin et la rigueur de ces commentaires sont à l'image de la traduction, dont C. Lachet a brièvement énoncé ses principes (p. 63) : exactitude et fidélité à l'original, sans concession à l'embellissement et à la « modernité », quitte à conserver certaines répétitions de l'auteur, dont on ne sait, même si elles nous gênent, l'effet qu'elles avaient sur le lecteur de l'époque. En l'absence de l'édition attendue, on peut se reporter aux extraits que C. Lachet propose dans *Les Métamorphoses du Graal. Anthologie* (GF Flammarion, 2012, p. 313-323) : la présentation vers à vers prouve qu'il s'agit bien d'une traduction et non d'une mise en français moderne. Mais, pour tenter de rendre sensibles les effets de la prosodie médiévale, C. Lachet a traduit les insertions lyriques, deux rondets de carole (p. 313 et 325) et un lai (p. 434-439), en conservant le mètre et la césure des originaux et, quand il l'a pu, le système des rimes.

Enfin, pour nous faciliter la lecture d'un texte où l'on pourrait s'égarer, C. Lachet a eu l'heureuse idée d'introduire des titres et des sous-titres, étayés par la numérotation des vers et repris dans la table des matières. Peut-être en manque-t-il un, au moment où fait irruption, sans qu'on l'ait vu venir, Celot, le Breton insolent ? Toujours est-il que nous avons enfin accès à ce grand roman, dont on citait souvent des extraits mais que seuls des initiés pouvaient lire en ancien français dans une édition ancienne, et qu'on pourra lui ménager une place à côté de *Cristal et Clarie*, *Gui de Warewic*, *Richard le beau*, *Cleomadés* ou *Meliacin*, entre autres romans d'aventures de la même époque.

Marcel Faure

En mémoire de Jean Lacroix

Notre ami et très fidèle collaborateur de la *Revue des langues romanes* Jean Lacroix nous a quittés à la fin du mois d'avril et nous voulons dire aux siens la part que nous prenons à leur chagrin.

Ancien élève de l'E.N.S. de Saint-Cloud à laquelle il vouait toujours une grande affection, il était spécialiste d'italien, ce qui ne l'empêchait pas de s'intéresser à bien d'autres domaines : le roumain d'abord, selon la tradition qui voulait que, souvent, ces deux langues latines aillent de pair, mais aussi des littératures non romanes comme celle de Russie, et tant d'autres. Il faut lui rendre justice, Jean Lacroix était un véritable savant et on avait quelquefois l'impression que, derrière le rempart de sa bibliothèque, il s'abritait d'une université dont il ne comprenait ni n'approuvait bien les pratiques : la vraie vie était ailleurs à ses yeux, dans sa famille et dans ses livres bien aimés.

Aussi, ce fut un bonheur et une chance pour notre Revue lorsque Jean nous proposa en 1988 de se charger d'une partie des comptes rendus. Dans ce monde un peu étroit dont un collègue espagnol disait, avec quelque exagération, que les romanistes français connaissaient une langue romane, le français, sa grande érudition lui permettait d'ouvrir des perspectives. Nous nous moquions parfois gentiment en lui demandant s'il existait un sujet à propos duquel il ne pourrait citer sa triade italienne chérie, Dante, Pétrarque et Boccace, et il y a fort à parier que la réponse était négative. En réalité, les auteurs qu'il citait étaient bien plus nombreux, et tous lui étaient chers.

Si l'on doit présenter un bilan, ce sont plus de quatre-vingts recensions que notre ami aura publiées dans la revue, sans compter les trois qui suivent et celles que nous publierons encore par la suite. Car Jean Lacroix était fermement persuadé qu'écrire était le véritable moyen de continuer à vivre et d'empêcher les ravages du temps. Il faut bien constater qu'il avait raison.

Un dernier mot, Jean, enfant de l'Oisans, aimait sa montagne : c'est près d'elle qu'il repose désormais.

La Revue des langues romanes

Jacques Dalarun, *Bérard des Marses (1080-1130), un évêque exemplaire*, Presses universitaires de la Sorbonne, Paris, 2013, 150 p.

L'ouvrage de J. Dalarun consacré à Bérard des Marses concerne sa vie et ses miracles, œuvre rédigée, par plus d'une main, après sa mort (1130) en vue d'une canonisation (manquée). C'est donc le récit de nature hagiographique d'un aristocrate devenu homme d'église, ayant gravi tous les échelons, du plus humble au plus prestigieux (p. 9). C'est également un condensé des principes de la réforme grégorienne, de ce vaste mouvement de transformation de l'Église entre le milieu du XIe siècle et le début du XIIe. L'une de ces mutations a été bien définie par Georges Duby dans son ouvrage *Le chevalier, la femme et le prêtre* lorsqu'il rappelait que vers 1075 débutait l'action vigoureuse contre le mariage des prêtres (IIIe partie, p. 151) et que, dans la seconde moitié du XIIe siècle, « la culture chevaleresque cessait d'être tout entière orale et gestuelle ; celle-ci devenait alors, par le truchement de la mémoire, une culture confiée à l'écriture » (IVe partie, p. 242).

Pour ce qui concerne l'intitulé, non original et non voulu par son auteur, il peut, à la rigueur, faire référence à une option « vitaliste » ; mais il s'explique plutôt, encore à cette époque (première moitié du XIIe siècle), par une quête de spiritualité et, dans le cas de Bérard des Marses, d'une spiritualité souffrant de nombreux maux, donc à revitaliser de cette façon. Ce qu'ont mis en lumière les colloques de ces dernières années consacrés à cette personnalité éminente : colloque romain en 2000, colloque arétin en 2002, ou, plus récemment, celui consacré aux Abruzzes médiévales. Au sujet de ce personnage devenu, en religion, emblématique d'une foi militante, il sera difficile, même dans l'optique d'un panégyrique posthume et tardif, de parler de *dette hagiographique* classique, bien que, avec Bérard des Marses, on soit encore fort loin d'une optique refondatrice du type de celle d'un Marsile Ficin dans son *De Vita* (1489) qui promeut un univers à portée de l'humain et non plus tributaire de la tutelle du Divin, et qui, en tant que prêtre, aspire à une religion naturelle, à la mesure de l'homme ici-bas, créature de passage à la brève et labile destinée.

Texte elliptique qui fait vœu de s'en tenir à l'essentiel, ces mémoires posthumes par témoins interposés (dont un seul est nommé, Jean de Signe) visent deux cibles de nature pédagogique ou méthodologique : la cible de la *brevitas*, souvent commentée (p. 75, 86, 92, etc.), tellement contraire à l'esprit hagiographique traditionnel, et la cible de la théâtralité qui, en apparence, pourrait prêter à la prolixité. En ce qui concerne la première, elle équivaut, ponctuellement, à ne pas tout dire, à ne pas pouvoir tout dire ; une humilité et une discrétion peu communes, là encore, dans l'esprit hagiographique si enclin à relater les *mirabilia* du personnage louangé et comme modélisé ; par conséquent, elle ne perdra pas de temps à s'abandonner à d'inutiles digressions, à des commentaires superfétatoires nuisibles pour une lecture qui distingue le faux du vrai (p. 43) ; à l'extrême limite du dire, on enregistrera également dans ce genre de « mémoires » une volonté de garder éventuellement le silence par légitime pudeur plus que par impuissance à formuler un état de conscience ou un sentiment rare. Cette première règle, souligne J. Dalarun, fait preuve chez les rédacteurs de ces « mémoires », *post res gestas,* d'une humble retenue, qui pousse ce même J. Dalarun à qualifier le récit malgré tout exemplaire de « récit à la fois muet et prolixe » (p. 61).

L'autre cible que visent ces « mémoires » est celle d'une certaine tendance à la théâtralité : ce genre de confessions à plusieurs voix, une fois le modèle disparu, est surtout perceptible dans l'usage de portraits mixtes, à la fois des plus flatteurs (par ex. p. 107) et des moins reluisants, en référence dans ce cas à une rumeur que peuvent produire la médisance ou la curiosité malsaine, mais, par ailleurs, apport bénéfique de la *vox populi* tellement portée, de façon antinomique, à magnifier comme à vilipender et à condamner, fût-ce hâtivement et sommairement, une *fama,* envers et revers des caprices de Fortune en vigueur dans la littérature médiévale, religieuse ou profane, politique ou morale, mais plus encore dans les écrits politiques ou satiriques comme celle des poètes « comico-realistici » en Italie. À cet égard, la seconde partie de l'ouvrage de dévotion et d'admiration contenue, là encore si différente d'esprit des écrits hagiographiques, surtout ceux rédigés après la disparition du « saint » ou de la « sainte », cette seconde partie, *in memoriam* de Bérard des Marses, répond peut-être au fait d'une canonisation qui n'aboutit pas (p. 83, n. 4).

Certes, et cette fois plus conformément à la littérature hagiographique ou d'un point de vue plus profane (comme Bonvesin da la Riva et son *De magnalibus urbis Mediolani,* fin XIIIe siècle), les mémoires en question ne reculent pas devant une accumulation occasionnelle « au superlatif » de l'action sextuple de Bérard au cours de sa vie (p. 45) ou encore du prestige décuplé de ses vertus (p. 79), tout comme celle, au négatif dans ce cas, de péchés quintuplés (p. 55).

Encore en conformité, d'une certaine manière, avec la pratique encomiastique de l'hagiographie des *vitae* si nombreuses dans les mêmes siècles comme dans les siècles immédiatement postérieurs du Moyen Âge, on pourra noter que le fait y compte plus que le dit, et que l'œil est l'agent majeur d'un tel panégyrique, référence du véridique constante du début à la fin des « mémoires » (p. 41, 72-73, 81, 83, 89, 95, etc.), soit une véritable obsession et fascination visuelle ; un œil investigateur et vérificateur associé à l'ouïe (p. 97, 101, deux fois p. 115, etc.).

Actualisation appelle mémorisation : évident est le souci d'un des narrateurs de redire cette double nécessité pour assurer avec certitude une postérité exemplaire au témoignage, fût-il *post mortem* : de là, les formules répétitives, « nos contemporains », « nous qui étions tous présents », « les miracles que nous avons vus pour les transcrire » ou, formule peut-être plus significative d'une conscience d'éternisation de ce dire, « comme nous l'avons expérimenté par la suite ». Une pratique discursive qui durera longtemps encore si l'on songe, par exemple, aux *Fioretti* du XIVe siècle, postérieurs à leur modèle (début XIIIe siècle). Les « mémoires » de Bérard des Marses multiplient ainsi à souhait les signes (par ex. p. 110-111) dont J. Dalarun, dans une note de la p. 109, rappelle l'ambivalence fondamentale : ne jamais oublier le sceau de la mort mais aussi mieux marquer la manifestation du prodige décrypté.

L'ouvrage de J. Dalarun contribue de la sorte à mieux faire connaître les effets de la réforme grégorienne dans la seconde moitié du XIe siècle, à la lumière de ces mémoires posthumes, de mains étrangères, de Bérard des Marses : une « vie » et des « miracles » qui auront bénéficié par ailleurs de variantes notables par rapport aux canons et aux codes des écrits hagiographiques des XIe-XIIIe siècles d'abord. Un genre quelque peu modifié pour célébrer moins un saint (sainteté à laquelle Bérard ne put accéder) qu'une éminente personnalité du monde religieux et des problèmes de haute spiritualité de son époque, qui n'eut point cependant la large audience d'un François d'Assise avec l'Ombrie : Bérard se contentera des limites d'une région montagneuse, les Abruzzes (d'où son patronyme géographique lié à une zone à l'écart) que ne feront que lentement sortir de l'oubli d'abord des pèlerinages comme celui du Mont Cassin, souvent cité, ou de Saint-Michel du Gargano, puis un pape itinérant, Pie II le Toscan vers le milieu du Quattrocento (*I Commentarii*), sans oublier, à notre époque, en 1930, le pamphlet antifasciste, d'Ignazio Silone (*Fontamara*) dont l'épicentre géopolitique se trouve confiné dans la zone du lac Fucino, d'une région appelée la Marsica.

L'ouvrage est assorti d'un choix de citations de textes latins et de repères géographiques régionaux, bien nécessaires pour éclairer la lecture de ces « mémoires » à plusieurs mains. Raison pour laquelle, peut-être, la reproduction cadastrale du XVIIIe siècle de la vignette de couverture est plus qu'une préface ou un plan directeur du texte consacré à Bérard des Marses.

Jean Lacroix
Université Paul-Valéry
Montpellier III

Théodore Agallianos, *Dialogue avec un moine contre les Latins (1442)*, édition critique, traduction française et commentaire par Marie-Hélène Blanchet, P.U. de La Sorbonne, « Byzantina sorbonensia », Paris 3, 2013, 264 p.

Figure de proue de l'interminable controverse entre les églises d'Orient et d'Occident, Théodore Agallianos l'est également au titre de farouche opposant à la réconciliation, provisoire mais officialisée par un concile du milieu du XVe siècle, concile florentin qui avait réuni Latins et Byzantins.

Œuvre foncièrement polémique dont le titre se distingue à pareille époque de tant d'intitulés relevant plutôt du panégyrique, de la volonté constructive et des voies ouvertes à un renouveau de nature humaniste, elle resurgit au XVIIe siècle, grâce à de nombreuses copies ou republications, engouement dû, pour cette satire d'un pasteur avant la lettre, à la rigueur et au sursaut doctrinal de l'Italie de la Contre-Réforme dans la seconde moitié du XVIe siècle, c'est-à-dire plus d'un siècle après la rédaction de la *Vie d'Agallianos* et de ses *Miracles*.

Ce traité sous forme de dialogue est un violent pamphlet contre tout ce que peut présenter de pervers et de nocif une « latinité » condamnable (rien moins qu'« un composé de porcs » !), visant à séparer radicalement les clercs des laïcs, près de quatre siècles après la réforme grégorienne.

Le titre contribue à alimenter en Italie – plus qu'en France, en Espagne ou au Portugal, qualifiés de « néo-latins » – la polysémie du terme de « latinité » qui, souvent mais jusqu'à une certaine période, rappelle l'emprise de la romanité sur la civilisation italienne. Mais il peut aussi bien évoquer le danger que serait un usage excessif, voire prépondérant du « vulgaire », c'est-à-dire du parler facile, fluide, tout le contraire de celui qui avait été la marque élogieuse et prestigieuse d'une *romanità*.

Avec Théodore Agallianos, c'est encore la première terminologie qui fait référence, certes révisée qu'elle peut être vers le milieu du Quattrocento. À cette date encore, le latin sert aussi bien pour les traités d'artistes que pour des ouvrages d'une polémique soutenue comme, par exemple, celui de Pacifico Massimi à Florence, intitulé *Hecatelegium*, féroce satire des mœurs et d'une libido insatiable, produit une bonne quarantaine d'années plus tard que le traité d'Agallianos.

Contrairement aux intervenants d'autres traités du Quattrocento et du Cinquecento, les deux antagonistes du récit de Théodore Agallianos se proposent d'aller à l'essentiel, dans l'urgence : le moine déclare « être de passage » (p. 44) et l'un et l'autre veulent profiter de tout ce qui pourrait rendre plus efficace le message à transmettre sans tarder, sans divagations superflues. La simplification narrative et la facilité de la lecture qui s'ensuit reposent essentiellement sur un texte d'un seul tenant, drastique (p. 29). Le texte n'en est pas moins animé par des échanges de pure oralité, ni dogmatiques ni systématiques cependant, au plus près d'un naturel fait de doutes, de relances après des moments de perplexité et d'objections furtives, tant de la part du moine interrogateur que de la part de l'hiéromnémon qui lui donne la réplique non exempte de correctifs judicieux. Précautions oratoires d'autant plus nécessaires que l'auteur et metteur en scène d'une telle stratégie a été (et ne le cache pas) absent lors de l'affrontement conciliaire entre les deux partis en présence, pour simplifier entre les clercs et les métropolites.

Ce qui frappe d'entrée lorsque s'engage *ex abrupto* le débat sous forme de questions-réponses, ce sont à la fois la place qu'occupent le concept de « patrie » en vue d'une acculturation spécifiquement profane et terrestre, et le rôle actif que joue l'argent, autre moteur profane et terrestre dans la conduite des affaires humaines ici-bas ; avec l'argent, figure en bonne place le florin, véritable leitmotiv référentiel de ce débat, constamment soutenu par le double appui sensoriel de l'œil et de l'ouïe.

S'il fallait ne retenir qu'un terme de cette polémique, ce pourrait être celui d'orthodoxie, ou art du droit chemin, et ce d'un bout à l'autre de ce discours hérissé de débats houleux, volontiers théâtralisés, dominé assez souvent par des figures plutôt négatives qui rendent plus nécessaire, plus urgente et plus radicale une révision des valeurs opérationnelles d'une civilisation en pleine évolution.

Le texte de confrontation entre deux types de civilisation et de culture n'occupe dans sa version bilingue (française/grecque) qu'une cinquantaine de pages (p. 51-97) ; mais les deux parties les plus instructives sont les deux chapitres de la partie I (édition imprimée et tradition manuscrite) et surtout de la partie III, exégèse minutieuse par rapport aux deux interlocuteurs (p. 101-201).

Cet ouvrage se situe dans un cadre de redécouverte de son auteur, Théodore Agallianos, un Oriental, dont la recension systématique des œuvres ne date que d'une cinquantaine d'années (1966, voir p. 21). Grâce à l'examen du seul manuscrit parvenu jusqu'à nous, moscovite, M.-H. Blanchet aura sorti de l'oubli un texte des plus précieux, fondamental même, sur le vaste débat qui opposa Byzance à l'Occident ; un document qui aura montré que le vieux débat des premiers siècles du Moyen Âge, pas seulement italien, entre Guelfes et Gibelins, était loin d'être terminé et que, d'une autre manière, à Florence, se constituait le pouvoir médicéen, celui de l'argent et du florin, qui aurait sur le tard (à la fin du Quattrocento) plus qu'une controverse avec un autre pouvoir, religieux, fanatique mais éphémère, celui du dominicain Savonarole.

L'appareil critique vient compléter le travail minutieux de traduction à l'aide de notes d'actualisation grammaticales et lexicales (p. 203-250), outre la bibliographie proprement dite ; celle-ci explicite l'intérêt récent qu'ont manifesté notamment des colloques qui, partiellement ou intégralement, ressuscitent littéralement et l'ouvrage et l'auteur en question. L'information est complétée par un important glossaire de termes grecs (p. 220-237) et par la reproduction de cinq plaquettes (en couleurs) de cet unique manuscrit M.G. 248 du Musée historique de Moscou.

Étroitement lié au sujet du débat entrepris, avec son « témoin », par Théodore Agallianos, est l'aspect politico-religieux dont l'index porte trace : rubrique conciliaire oblige, des précisions figurent, relatives en particulier au milieu florentin et, plus largement, à l'histoire culturelle de l'Italie et des Italiens, notamment en référence au legs de la pensée franciscaine (chez Claire aussi bien que chez François d'Assise).

L'examen critique de Marie-Hélène Blanchet aura bien mis en lumière la stratégie des mécanismes de la propagande antilatine, vus à travers le prisme oriental byzantin.

Jean Lacroix
Université Paul-Valéry
Montpellier III

Claire Le Ninan, *Le Sage Roi et la clergesse. L'Écriture du politique dans l'œuvre de Christine de Pizan*, Paris, H. Champion, « Études christiniennes » n° 12, 2013, 434 p.

C'est sous le binôme magistral du Sage Roi et de la clergesse, qui évoque un pouvoir à double facette, que se place l'enquête de Claire Le Ninan consacrée à l'œuvre de Christine de Pizan et à l'écriture du politique, aspect qui a fait récemment l'objet d'un ouvrage de Françoise Autrand (cité p. 23, n. 29). Le sous-titre propose au lecteur une double piste : celle de la majuscule d'« Écriture », et celle du masculin de « politique », terme devenu monnaie courante de nos jours. La majuscule du premier terme - qui semble rappeler une autorité d'obédience chrétienne, optique toujours présente à l'esprit de Christine de Pizan dans ses trente années de carrière (p. 17) - solennise et vise à promouvoir la nouvelle fonction de cette « femme de lettres » (voir l'ouvrage collectif, *Une femme de lettres au Moyen Âge…*, sous la direction de Liliane Dulac et de Bernard Ribémont, Orléans, Paradigme, 1995). Christine de Pizan aurait eu grand plaisir, en matière d'écriture, à découvrir l'innovation grammaticale, qui sept siècles après elle, fera de l'*auctor* une ayant droit sous les formes féminisées d'auteure ou d'écrivaine, employées par Claire Le Ninan dans son ouvrage.

Par ailleurs, le découpage que facilite l'index notionnel (p. 427-429) - si parlant avec la confrontation entre l'histoire de ces temps-là (fin XIVe-début XVe siècles) et la transmission orale (autant d'items d'un côté que de l'autre), mais surtout très précieux par la mise en évidence de ce qui intéresse les lecteurs d'alors (le plus grand nombre d'items) et, par voie de conséquence, la fonction de l'écrit consubstantielle de la lecture (p. 425) - ce découpage de l'ouvrage, clairement dessiné et réparti de façon quadripartite, concerne en un premier temps le « personnage » de la veuve Christine (p. 41 *sq.*), qui n'est en rien anecdotique mais qui est à l'origine de la naissance d'une écrivaine, d'une poétesse (p. 40), bien mise en valeur déjà dans l'ouvrage que lui a consacré, en 2000, Yasmina Foehr-Janssens (voir p. 42, n. 63).

Suivent le chapitre relatif à l'histoire (chap. II), puis celui qui traite de la philosophe (chap. III) et, pour finir la série des « masques » de la riche personnalité de Christine, celui consacré à la prophétesse : un personnage qui vient de faire l'objet, en Italie, de la thèse de Maria-Alessandra Soleti, et que, pour son compte, Claire Le Ninan a étudié en profondeur (I, 4, p. 185-225) ; un personnage des plus attractifs pour les critiques christiniens actuels puisqu'il fait aussi l'objet de deux communications dans les Actes du récent colloque amiénois des 9, 10 et 11 décembre 2011 consacré à « Christine de Pizan et son époque »

(*Médiévales* 53, Centre d'Études Médiévales, Univ. de Picardie-Jules Verne), communication de Muriel Schmid consacrée à « La lecture messianique de Jeanne d'Arc » (p. 178-189), et communication de Maria-Alessandra Soleti, « Alla ricerca di un'altra tradizione femminile e profetica… », dans la *Cité des Dames* (p. 199-209).

La seconde partie de l'ouvrage, centrée sur le texte christinien, traite de problèmes de rhétorique porteurs de « la leçon politique » par le truchement de la réécriture (chap. V), de l'allégorie dans l'*Advision Cristine* (chap. VI) et par la voie de l'*exemplum* (chap. VII) dans le *Livre des faits et bonnes mœurs du Sage Roi Charles V*, qui l'a convertie en « clergesse ». Elle traite longuement du processus de métaphorisation, sous trois angles principaux : la métaphore maternelle, « matrice » en quelque sorte de l'œuvre à venir, la métaphore agricole et la métaphore animalière. La première fait l'éloge de la personnification de la mère vue à travers le miroir de la procréation ; la seconde fait la part belle à l'arbre, lien entre la terre et le ciel, suggestif dans son immobilité exemplaire, par le bas (enracinement) comme par le haut (feuillage), et par son existence cyclique (voir Alain Corbin, *Douceur de l'ombre. L'Arbre, source d'émotions, de l'Antiquité à nos jours,* Fayard, 2013, notamment son chapitre chap. VII, « L'âme des arbres », p. 125 *sq.*) ; la troisième, la métaphore animalière, est un bestiaire, d'abord axé sur le Mal, puis tourné vers le Bien.

Les œuvres de Christine citées ont toutes été produites dans les premières années du XVe siècle, où continuent de sévir les désastres de la Guerre de Cent ans, avant l'épopée de Jeanne d'Arc qui trouve un écho dans une œuvre plus tardive comme le *Ditié* dont il est question aussi dans le dernier chapitre (p. 198) : encore une œuvre magistrale en hommage à une figure de femme d'action engagée dans les luttes de son temps, et prophétesse à sa manière, « héroïne » ainsi à un double titre.

La vignette de couverture est exemplaire : elle présente une femme lettrée, une femme engagée, sanctifiée, couronne royale en majesté, mais l'image de clergesse « évoque davantage l'obligation de s'instituer comme une instance énonciatrice et pourvue d'autorité » (p. 27). *Auctor* au féminin, voix auctoriale féminine, féministe à sa manière.

Les références ou hommages déclarés à d'autres voix anciennes (Ovide par exemple) comme l'avait fait, avant elle, Brunetto Latini pour Cicéron, ou à des voix récentes, de la fin du XIIIe siècle et du début du XIVe siècle, comme Brunetto Latini justement ou comme Dante, montrent à l'évidence que Christine n'oubliait pas, jusqu'à un certain point, de se réclamer des leçons d'autres *auctores* qui, à la rigueur, pouvaient lui servir de maîtres en matière d'implication dans les luttes de leur temps.

Le premier de ces modèles (relatifs) de Christine en « écriture politique » (p. 11) est Brunetto Latini, italien comme elle, citoyen engagé dans le vaste débat Guelfes-Gibelins. Il est cité pour la première fois comme auteur d'une définition floue, quoique « utilitaire et civique » (p. 13-14), concernant le concept et surtout la « pratique » du politique comme « science » et « métier ». Aux yeux de Christine, c'est un citoyen qui se préoccupe de la vie politique et civile de la cité terrestre. Il est, de surcroît, un homme de culture européenne avant la lettre au point d'adopter la langue d'oïl pour rédiger une partie de son œuvre encyclopédique, comme le fera Christine, un « philosophe » à la manière de Christine (chap. III de la partie I). Le second est Dante, que Christine connaît bien et qui n'est point pour elle un guide souverain, trop inspiré qu'il se dit de la voix divine, mais investi d'une fonction de prophète et admirateur lui aussi de Brunetto jusqu'à voir en lui un maître « à penser ». Chacun à sa manière, prosateur ou poète, ces deux Italiens ont eu pour Christine un certain prestige en tant que divulgateurs du savoir et en tant que démonstrateurs d'une passion pédagogique, sans pour autant renoncer à un puissant désir de responsabilité personnelle et d'autonomie auctoriale.

Pour terminer, Claire Le Ninan procède très prudemment en mentionnant deux « vérités » quant au jugement que l'on peut porter sur l'œuvre de Christine de Pizan : d'une part, la négation chez elle d'un système novateur, déjà perçu, en 1974, par Gianni Mombello (p. 23) qui allait trop loin lorsqu'il lui refusait un statut d'écrivaine politique, et, d'autre part, et autre prudence idéologique et méthodologique, celle d'une mise en œuvre, chez Christine, d'une optique qui ne serait pas systématique.

Jean Lacroix
Université Paul-Valéry
Montpellier III

Presses universitaires de la Méditerranée
(Université Paul-Valéry Montpellier 3)
pulm@univ-montp3.fr
www.PULM.fr

Dépôt légal : juillet 2014

Achevé d'imprimer en France par Présence Graphique
2, rue de la Pinsonnière - 37260 Monts
N° d'imprimeur : 071448829